Mikael Henrik von Nauckhoff

Investieren in Strategische Metalle und Seltene Erden

Mikael Henrik von Nauckhoff

Investieren in Strategische Metalle und Seltene Erden

Alles über physische Investments in Technologiemetalle

FBV

Bibliografische Information der Deutschen Nationalbibliothek
Die Deutsche Nationalbibliothek verzeichnet diese Publikation in der Deutschen Nationalbibliografie.
Detaillierte bibliografische Daten sind im Internet über http://dnb.d-nb.de abrufbar.

Für Fragen und Anregungen:
info@finanzbuchverlag.de

1. Auflage 2017

ein Imprint der Münchner Verlagsgruppe GmbH
Nymphenburger Straße 86
D-80636 München
Tel.: 089 651285-0
Fax: 089 652096

Redaktion: Desirée Šimeg
Korrektorat: Silvia Kinkel
Umschlaggestaltung: Maria Wittek, München
Umschlagabbildung: shutterstock/Mike Mc Donald
Satz: ZeroSoft, Timisoara
Druck: Florjancic Tisk d.o.o., Slowenien
Printed in the EU
Symbole auf Seite 270 mit freundlicher Genehmigung von Shutterstock/BEGUN, Shutterstock/mydes und Shutterstock/Powerful_Design.

ISBN Print 978-3-95972-030-4
ISBN E-Book (PDF)978-3-96092-040-3
ISBN E-Book (EPUB, Mobi) 978-3-96092-041-0

Inhalt

Vorwort von Matthias Rüth

Metallische Rohstoffe sind wieder ins Blickfeld gerückt. Die globalen Finanzmärkte verfolgen nicht nur Öl und seine Derivate sowie die für uns alle lebenswichtigen Nahrungsmittelrohstoffe, auch Kupfer, Zink, Strategische Metalle oder gar Seltene Erden sorgen für Schlagzeilen. Sie gehören naturgemäß zum Tagesgeschäft der verarbeitenden Industrien, aber sie haben darüber hinaus für die Beurteilung der Wirtschaftslage insgesamt eine nicht zu unterschätzende Rolle gewonnen.

Warum also Metalle? Der historische Aufschwung der Schwellenländer (Emerging Markets), die als neue Wachstumsländer zu einem Pfeiler der Weltwirtschaft geworden sind, hat die Angebots- und Nachfrageentwicklungen stark beeinflusst. Dabei drehte sich bisher fast alles um China – jetzt kommen andere Länder wie Indien und Teile des afrikanischen Kontinents dazu. Die wachsende Weltbevölkerung, größeres weltwirtschaftliches Wachstum und der langfristig stark steigende Bedarf in den Schwellenländern sind Rahmenbedingungen, die trotz der Entdeckung und Erschließung neuer Vorkommen deutlich machen, dass fossile und mineralische Rohstoffe endlich sind; sie werden langfristig tendenziell knapper. Allein daraus ergibt sich ein spannendes und volkswirtschaftlich wichtiges Betätigungsfeld.

Mich persönlich begeistert das Thema Rohstoffe und Technologiemetalle schon seit vielen Jahren. Nach der Beendigung meiner Lehrjahre als Industriekaufmann blieb ich daher bei Degussa und bewarb mich für die Stelle eines Rohstoffhändlers. Bereits damals war ich der festen Überzeugung, dass diese Metalle und deren Anwendungsgebiete eine spannende Zukunft haben würden.

1999 gründete ich die TRADIUM GmbH, deren Fokus gestern wie heute die Belieferung von Industriekunden und ein enger Kontakt zu den internationalen Produzenten von Spezialmetallen war und ist. »Look east!« ist für mein Geschäft ein wichtiges Motto: Auf verschiedenen Asienreisen haben sich persönliche Freundschaften entwickelt und mein Unternehmen zum Vertreter verschiedener Hersteller gemacht. TRADIUM vertritt beispielsweise schon seit vielen Jahren Beijing JiYa, einen der prominenten und größten Galliumproduzenten weltweit.

In den Anfangsjahren hatten wir noch nicht die Möglichkeit der privaten physischen Kapitalanlage in solchen Rohstoffen im Blickfeld. Uns ging es stets darum, einen Zugang zu namhaften und zuverlässigen Quellen zu finden und nachhaltig zu sichern. Mit der schnellen Weiterentwicklung der einzelnen Hightech-Anwendungsgebiete hat sich – begleitet und gefördert von einem stark zunehmenden Medieninteresse – auch ein breiteres Interesse an Technologiemetallen entwickelt. In den Jahren 2009 und 2010 zeichnete sich ein derart großes Privatkundeninteresse ab, dass wir uns noch intensiver mit der Logistik beschäftigen mussten. So erwarben wir einen Bunker aus dem Zweiten Weltkrieg mit einer Innenfläche von 1400 Quadratmetern und bauten ihn nach unseren Bedürfnissen um: Decken und Wände sind undurchdringlich, den Eingang schützt eine aufwendige Tresortür mit Alarm- und Sicherheitstechnik. Für die Einlagerung und Verwaltung der Strategischen Metalle gründeten wir als zollfreie Hochsicherheitsverwahrung die METLOCK GmbH. Darüber hinaus kann ich auch auf zahlreiche Kontakte aus verwandten Geschäftsfeldern bauen – beispielsweise durch meine Mitgliedschaft im Aufsichtsrat der Ceritech GmbH, deren Mitgründer die Deutsche Rohstoff AG ist. Ceritech beschäftigt sich vor allem mit unkonventionellen Verfahren zur Gewinnung Seltener Erden aus Sekundärlagerstätten.

Hat die Abkühlung der teilweise stark überhitzten Preise von Technologiemetallen die Einschätzung der langfristigen Marktperspektiven verändert? Keineswegs. Sondereinflüsse und spekulative Übertreibungen wirken sich in engen und wenig transparenten Märkten nun einmal besonders intensiv aus. Die mittlerweile historisch niedrigen Preise belegen dies eindrucksvoll. Doch die aufgebauten Überkapazitäten sind inzwischen drastisch reduziert worden. Schon deshalb ist mit steigenden Preisen zu rechnen.

Ja, ich bin der Überzeugung, dass die Zukunft der Strategischen Metalle gerade erst begonnen hat. Dem betont langfristigen Privatinvestor bieten diese so wichtigen Rohstoffe eine attraktive Diversifikationsmöglichkeit – gerade im Zeitalter der handfesten Sachwerte. Deshalb unterstütze ich alle qualifizierten Maßnahmen zur Information über dieses spannende Rohstoffsegment, für das wir, die Verantwortlichen, mehr Verständnis und Transparenz schaffen sollten. Dieses Buch liefert dazu einen wichtigen Beitrag!

Matthias Rüth,
TRADIUM GmbH, Frankfurt am Main,
Oktober 2016

1 Einleitung, Grundlagen

Unter anderem bedingt durch die Finanzkrise 2008/2009 rücken Rohstoffe im Allgemeinen und Energieträger und Metalle im Speziellen zunehmend in den Fokus privater Investoren, die sich bislang hauptsächlich mit Aktien, Aktienfonds und anderen Finanzinstrumenten aus der Welt der Industrie, der Medien und der Banken beschäftigt haben. Deshalb ist nach dem Vorläufer *Strategische Metalle und Seltene Erden* das vorliegende Buch über die beiden Metallgruppen entstanden, die zusammengefasst auch Technologiemetalle oder Hightech-Metalle genannt werden.

Die Finanzkrise ist noch nicht überwunden, aber Krisen in den Medien sind heute andere. Denken Sie nur an die bewaffneten Auseinandersetzungen im Nahen Osten mit ihren ganz unterschiedlichen Gründen und Auswirkungen, an die zunehmende Erstarkung rechter Parteien in Europa, an die Flüchtlingsproblematik, an die Diskussionen über Handelsabkommen, an den Brexit und vieles andere mehr.

Nicht geändert hat sich das Problem, dass die Finanzspekulationen in ihrer Größenordnung nichts mehr mit der vom Handel mit Gütern, inklusive Metallen, und Dienstleistungen zu tun haben. Das weltweite Derivatevolumen liegt geschätzt bei ca. 650 Billionen US-Dollar! Das Welt-Bruttoinlandsprodukt (BIP) lag 2014 bei rund 80 Billionen US-Dollar, das Handelsvolumen an den Finanzmärkten inklusive Derivaten nach unterschiedlichen Angaben dagegen beim Zehn- bis Vierzigfachen dessen. Schon der »normale« Forex-Handel für das Währungspaar Euro/ US-Dollar (EURUSD) beträgt etwa 6 Billionen US-Dollar pro Tag – und gemeint ist hier wirklich die deutsche Billion gleich 1000 Milliarden, nicht die amerikanische *billion* gleich 1 Milliarde! Der Dollarhandel mit all seinen Spekulationsmöglichkeiten hat natürlich Einfluss auf die Rohstoffnotierungen, da weltweit Rohstoffe ohne Ausnahme in US-Dollar gehandelt werden.

Durch all das hat sich das Interesse an Sachwerten und insbesondere an Rohstoffen als Investmentmöglichkeit eher gesteigert als verringert.

Mit wenig Arbeit und Sorgen verbunden ist eine Inflationsabsicherung mit der uralten Medizin: Gold und andere Anlagemetalle (siehe Kapitel 8). Neu ist die Möglichkeit, in den Sachwert Technologiemetalle, also Strategische Metalle und Seltene Erden, zu investieren. Das werden wir in Kapitel 11 und 12 noch weiter thematisieren. Wer auf Aktien und Aktienfonds setzt: Börsenexperten empfehlen zurzeit – wohlgemerkt immer auf lange Sicht – Aktien von sehr großen, international aufgestellten Industrie- oder konsumorientierten Unternehmen mit Standorten weltweit, da diese viele Absicherungsmöglichkeiten bei Krisen haben. Dies gilt auch für ETFs, auf die in Kapitel 3 noch näher eingegangen wird.

In diesem Zusammenhang ist ein weitverbreitetes Missverständnis interessant, das sich auch in den vorangegangenen Zeilen widerspiegelt: Natürlich sind auch Aktien Sachwerte, obwohl der in den letzten zwei Jahren häufig benutzte Ausdruck »Flucht in Sachwerte« im allgemeinen Sprachgebrauch meist eine Abgrenzung gerade zu Aktien und daraus abgeleiteten Investitionsmöglichkeiten meint.

Was hat das alles mit unseren Metallen zu tun? Viel, sehr viel! Mehr dazu und zu der Konstellation Europa/USA/Asien erfahren Sie in Kapitel 3.

Ein kleiner Trost für Krisenverlierer

Wer bisher schon durch die Krise gelitten und Geld verloren hat, mag sich mit folgender Weisheit des griechischen Philosophen Epikur (341–271 v. Chr.) trösten:

> »Reich ist man nicht durch das, was man besitzt, sondern mehr noch durch das, was man mit Würde zu entbehren weiß.«

Bereits rund 100 Jahre vor Epikur hat dies der sogenannte lachende Philosoph Demokrit (460–371 v. Chr.) erkannt, der damals schon ein Atommodell entwickelte und auf den der Begriff »Atom«, aus dem Griechischen *àtomos* (»unzerschneidbar«), zurückgeht:

> »Das Glück wohnt nicht im Besitze und nicht im Golde, das Glücksgefühl ist in der Seele zu Hause.«

Schauen Sie also nicht auf Ihr Bankkonto, sondern in Ihre Seele und seien Sie mit Entbehrung und in Würde glücklich. Sie befinden sich dann in bester Gesellschaft, wie folgende Meldung aus dem März 2010 beweist:

> Der russische Mathematiker Dr. Grigori Perelman löste bereits 2002 eines der schwierigsten Rätsel, die sogenannte Poincaré-Vermutung, an der sich 100 Jahre lang Mathematiker der ganzen Welt die Zähne ausbissen. Drei Jahre benötigten Kollegen, um die Richtigkeit seiner Beweise zu prüfen, dann sollte ihm die Fields-Medaille, der Nobelpreis der Mathematik, verliehen werden. Dies lehnte er ab. So weit, so gut, aber nun sollte er nach weiteren Prüfungen eine Million Dollar Preisgeld, die ein Institut für die Lösung des Problems ausgesetzt hatte, erhalten. Auch dies lehnte er ab mit der Bemerkung, er hätte alles, was er benötige. Er lebt in St. Petersburg bei seiner Mutter und hat dort ein Zimmer mit einem Bett, einem Schrank, einem Tisch und einem Stuhl.

Was ist die Poincaré-Vermutung? Spannend, aber für hier und jetzt kein Thema.

Verknappung durch neue Anwendungen

Der an dieser Stelle geforderte literarische Übergang von Atomen und Mathematik zu Metallen und deren Anwendungen ist gnädigerweise nicht groß und so scheint es nun an der Zeit, sich einmal näher mit den Technologiemetallen, also den Strategischen Metallen und den Metallen der Seltenen Erden zu befassen, da es bereits ausreichend Literatur über die anderen Rohstoffe als Investitionsgrundlage gibt. Für beide

Metallgruppen findet man neuerdings in Publikationen auch Begriffe wie »Gewürzmetalle« oder »Pfeffermetalle«, da sie für verschiedene Anwendungen oft nur in kleinsten Mengen eingesetzt werden. So befinden sich in einem kleinen Computerchip beispielsweise bis zu 60 verschiedene Metalle, viele davon nur im Milligramm-Bereich. Bekannte Einsatzgebiete sind Smartphones, Laptops und Tablets, aber auch alle anderen Geräte mit elektronischen Steuerungen. Selbst Haushaltsgeräte haben solche Chips und lassen sich im »Smart Home« vernetzen. Solche smarten Geräte finden einerseits eine immer größere Verbreitung, auch in Entwicklungsländern, andererseits werden ihre Funktionen immer umfangreicher. Beides bedingt einen steigenden Bedarf an »Gewürzmetallen«.

Lassen Sie mich an dieser Stelle aus eigenem Erleben die Schnelllebigkeit unserer Zeit und ihrer Technik in Erinnerung rufen: Direkt nach der deutschen Wiedervereinigung 1990 hatte ich oft in den »neuen Bundesländern« zu tun. Die Festnetztelefonie dort war veraltet und für private Nutzer kaum zugänglich, eine moderne noch nicht installiert. Die neue Geschäftswelt verständigte sich über analoge C-Netz-Telefone. Das waren Telefone, so groß wie eine kleine Aktentasche, 8 Kilogramm schwer, aber immerhin mobil. Das Gerät war herausnehmbar im Kofferraum eingebaut, der Hörer, ebenfalls herausnehmbar, am Armaturenbrett. Gekostet hat es damals, glaube ich mich zu erinnern, über 8000 D-Mark. Solch ein Telefon galt damals besonders in Westdeutschland als schick, also bauten sich dort viele Zeitgenossen eine Hörerattrappe für knapp 100 D-Mark ans Armaturenbrett. Der Vorteil der analogen Übertragungstechnik der damaligen Zeit war, dass das Netz der Sendestationen grobmaschig sein und viel schneller aufgebaut werden konnte als die Festnetztelefonie.

1992 gab es dann das erste Handy in Deutschland, den Motorola-»Knochen« für das neu erstellte digitale D1- und D2-Netz. Mobiltelefone bürgerten sich aufgrund der noch lange ungenügenden Festnetzdichte in den neuen Bundesländern trotz hoher Anschaffungskosten und Nutzungsgebühren schnell ein, erst später auch im Westen. Im Osten war das Telefonieren mit Handys in den 1990er Jahren der simplen Notwendigkeit wegen so selbstverständlich, dass niemand auf die Idee kam, dies als dekadent oder angeberisch anzusehen wie anfangs im Westen. Hellmuth

Karasek beschrieb für das Feuilleton im *Berliner Tagesspiegel* seine damalige Sicht der Dinge:

> Der heutige Handyist ist als Telefonterrorist geoutet, er erntet hasserfüllte, verachtende Blicke: Der muss es nötig haben! Ein Selbstbewusstsein, klein wie eine Erbse! Eine alberne Spezies Mensch, vorwiegend Mann. Es ist die Informationsüberflussgesellschaft, die Derartiges hervorbringt.

Diese Zeiten sind längst vorbei – die heutigen überall präsenten Smartphone-Nutzer können darüber nur noch lachen. Dass die Mobiltelefone bei zunehmenden Funktionen immer kleiner wurden, liegt übrigens unter anderem auch am zunehmenden Einsatz von Technologiemetallen.

Technische Neuerungen beziehen sich längst nicht mehr nur auf Anwendungen in reichen Industrieländern, Elektronik in Form von einfachen Geräten gibt es zunehmend auch in Entwicklungsländern. Dort findet heutzutage Kommunikation mittels Internet und Smartphones zum Leidwesen diktatorischer Strukturen intensiv statt.

Die Entwicklung von Elektronik für den Hausgebrauch geht natürlich ebenfalls weiter. Dafür wird schon die Industrie sorgen. Lassen Sie mich in diesem Zusammenhang mit einem weitverbreiteten Irrtum aufräumen: Nicht der Kunde verlangt nach immer mehr, wie gerne behauptet wird, sondern der Wettbewerbsdruck der Anbieter kreiert immer mehr Neues. Und das ist gut so, hält es doch die Wirtschaft auf Trab und schafft Arbeitsplätze – wenn auch nicht immer bei uns. Nehmen Sie als Beispiel den Automobilmarkt: Nicht die potenziellen Käufer haben vor Jahren die Automobilindustrie angebettelt, man möge doch bitte, bitte endlich Säcke in Lenkrad und Armaturenbrett einbauen, die sich bei einem Unfall aufblasen, weil der Sicherheitsgurt ihnen nicht mehr ausreichte. Und es waren auch nicht die Kunden, die es überhaupt nicht gut fanden, dass man nach wie vor zu seinem Auto laufen musste, um dessen Tür aufzuschließen, und den Wunsch äußerten, man benötige hierfür ganz dringend eine Fernbedienung. Das und vieles andere waren Erfindungen von Autoherstellern beziehungsweise deren Zubehörlieferanten, um sich vom Wettbewerb abzusetzen und neue Bedürfnisse zu schaffen, die vorher kein Mensch hatte. Dabei wird dem Verbraucher verschwiegen, dass die vielen zusätzlichen

Abb. 1.1: Trabant (© Shutterstock/Attila JANDI)

Einrichtungen in Autos, die der Bequemlichkeit und der Sicherheit dienen, zusätzliches Gewicht bedeuten, das beschleunigt und abgebremst werden will und auch mehr Strom verbraucht. Beides wirkt sich nachteilig auf den Treibstoffverbrauch aus – wobei auch hier Fortschritte gemacht wurden, was teilweise die Nachteile dieser Errungenschaften kompensiert.

Und so wird es weitergehen. Belegen lässt sich das sehr schön am Beispiel der Autoindustrie in Ost und West vor der Wende: Die Menschen in der DDR hätten gerne bessere Autos gehabt – solche, die sie aus dem Westen kannten. Doch der fehlende Wettbewerb hatte ihnen Trabbis und Co. beschert, mitsamt endlos langen Wartezeiten. Anders im Westen, wo der Wettbewerb laufend für neue Innovationen und dennoch kurze Lieferzeiten sorgte. Wettbewerb führt zu einer immer intensiveren Verwendung von hochwertigeren Materialien und von Elektronik mit der Folge, dass im Automobilbau immer mehr Strategische Metalle und Seltene Erden benötigt werden.

Doch nicht nur für elektronische Anwendungen, sondern auch als hochwertige Materialien für besonders beanspruchte Bauteile werden Strategische Metalle und Seltene Erden benötigt: für sogenannte Superlegierungen. Bestes Beispiel hierfür ist der Flugverkehr, der einen rasanten Aufschwung nimmt. Er ist neben dem Internet der Hauptantriebsmotor für die weltweite Vernetzung; die

Abb. 1.2: Modernes Fahrzeug
(© Shutterstock/Dong liu)

Zunahme von Seefracht ist deren Ergebnis, auch wenn es natürlich konjunkturelle Schwankungen gibt.

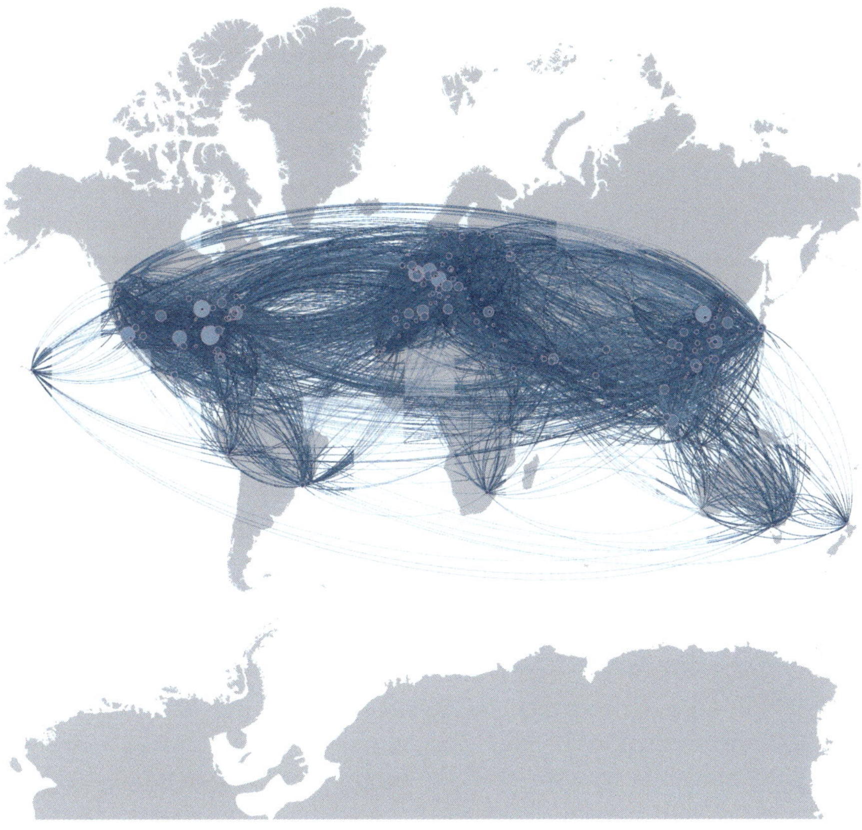

Abb. 1.3: Luftverkehr weltweit (© Shutterstock/cetus)

Abbildung 1.3 zeigt, dass der Luftverkehr sich zurzeit hauptsächlich auf Europa, Asien und Nordamerika konzentriert. Benötigt werden konsequenterweise immer mehr Flugzeuge aller Größenordnungen, obwohl Flugzeuge generell durch regelmäßige Wartung, Austausch von beanspruchten Teilen und Einbau von Systemen mit neuerer Technologie eine

Abb. 1.4: Die B-52 (© Shutterstock/Dan Simonsen)

hohe Lebenserwartung haben. Das bekannteste Beispiel ist der amerikanische Bomber Boeing B-52 (siehe Abbildung 1.4), der 1952 erstmals abhob und bis 2040 im Dienst bleiben soll. Würde man noch ein Dutzend Jahre drauflegen, wäre ein Flugzeugtyp aus der technisch ansonsten eher kurzlebigen Welt des Militärs 100 Jahre lang geflogen. Fast unvorstellbar, denken Sie nur mal an die vielen technologischen Quantensprünge vom Jahr 1900 bis zum Jahr 2000!

Natürlich gibt es noch unendlich viele andere Anwendungen für Strategische Metalle und Seltene Erden: Kraftwerkstechnik mit und ohne Nukleartechnologie, Maschinenbau, Medizintechnik, Chemie, Lichttechnik und viele mehr. Mehr dazu erfahren Sie in den Beschreibungen der einzelnen Metalle in den entsprechenden Kapiteln.

Zu diesem Buch

Bevor wir zu den Kapiteln »Strategische Metalle, Sondermetalle« und »Metalle der Seltenen Erden« kommen, auf die Sie nach dieser Einleitung sicher schon gespannt sind, schicke ich zum besseren Verständnis eine kurze Betrachtung über Rohstoffe im Allgemeinen und Metalle im Besonderen voraus. Auch soll es im Vorfeld um generelle Anlagemöglichkeiten, Märkte und Börsen gehen. In diesem Zusammenhang ist es notwendig, sich ausführlich mit China zu beschäftigen, weil dieses Land einerseits als Verbraucher für die beiden Metallgruppen Strategische Metalle und Seltene Erden eine bedeutende Rolle spielt, andererseits als Lieferant für Letztere fast eine Monopolstellung innehat.

In dieser aktualisierten Auflage werden Sie wie gewohnt nicht nur streng sachlich über wissenschaftliche, technische und finanzielle Aspekte informiert werden, sondern als unterhaltende Auflockerung einiges über Personen, Geschichte und Geschichten erfahren – und ich werde Sie mit einigen Zitaten von klugen Menschen beglücken. Da dieses Buch aber auch als Nachschlagewerk dienen soll und nicht jeder Leser die gleichen Interessen hat, finden Sie die Informationen getrennt zusammengefasst und klar gegliedert vor.

2
Rohstoffe

Rohstoffe sind natürliche Ressourcen, die in der Natur gewonnen werden. Sie werden entweder in ihrem Urzustand konsumiert beziehungsweise verwendet oder als Arbeitsmittel und Ausgangsmaterialien weiterverarbeitet. Insofern lassen sich Rohstoffe in viele Kategorien nach unterschiedlichen Gesichtspunkten einteilen.

- Man kann beispielsweise eine Einteilung in *organische* und *anorganische* Rohstoffe vornehmen. Organische Rohstoffe entstammen der Tier- und Pflanzenwelt, anorganische Rohstoffe der unbelebten Natur, also Gesteine, Wasser, Luft et cetera. In diesem Kontext sind so wirtschaftlich bedeutende Rohstoffe wie Öl und Kohle, die auch fossile Rohstoffe genannt werden, den organischen Rohstoffen zuzuordnen. Mineralien sind meist anorganischen Ursprungs, Ausnahmen sind beispielsweise die Mineralöle oder auch Ihre hoffentlich nicht vorhandenen Nierensteine.
- Man kann Rohstoffe auch einteilen in *erneuerbar* und *nicht erneuerbar* oder in *Primär-* und *Sekundärrohstoffe*. Letztere sind wiederaufbereitete Abfallstoffe.
- Man kann sich aber auch ihre Herkunft in der Geosphäre anschauen: Diese unterteilt sich von oben nach unten in die Atmosphäre (Troposphäre, Stratosphäre et cetera), dann kommt die Biosphäre, also das Leben in und auf der Erdoberfläche, parallel dazu die Hydrosphäre (hiervon 94 Prozent Meerwasser) inklusive Kryosphäre (Eis) mit den im Wasser lebenden Organismen, und schließlich die Lithosphäre, die Erdkruste.

In der Finanzwelt geht man naturgemäß andere Wege, denn hier spielen ausschließlich Märkte eine Rolle. Dass diese wiederum auch Schwankungen unterliegen, die in unserer belebten und unbelebten Natur begründet sind, hat etwas Tröstliches. Schließlich ist der Mensch nur ein Teil dieser Natur (die Betonung liegt auf »nur«).

Vielleicht ist es am Anfang in diesem Zusammenhang ganz nützlich, sich die wirkliche Bedeutung und die Größenordnungen in Erinnerung zu rufen, wenn wir Menschen schon so selbstverständlich von unserer Erde und ihren Rohstoffen wie von einer x-beliebigen Ware sprechen. Letztlich sind alle für uns erreichbaren Stoffe der Erde Rohstoffe, auch das Meerwasser und der Sand in der Wüste. Keine Sorge, es soll sich nicht in philosophischen Betrachtungen verloren werden. Aber: Nach wissenschaftlichen Erkenntnissen entstand vor etwa 4,5 Milliarden Jahren die Sonne und später in der Folge unser Sonnensystem. Nach weiteren 4,5 Milliarden Jahren wird sich die Sonne dramatisch aufblähen und erlöschen. Wer aber nun glaubt, wir hätten erst Halbzeit, irrt. Denn bereits in circa 1 Milliarde Jahren wird die Temperatur auf unserer Erde unerträglich hoch werden und alles Leben vernichten. Wir befinden uns also jetzt schon auf dem absteigenden Ast!

Der Chemieprofessor und Rektor der Ludwig-Maximilians-Universität 1957/58 in München, Dr. Egon Wilberg, brachte die Bedeutung dieser Thematik während einer Vorlesung einst sehr schön auf den Punkt:

> »Die Frage, ob eine große Atombombenexplosion zur Vernichtung der Erde führen könnte, ist nicht von der Hand zu weisen. Sie wäre aber ohne nachhaltige Folgen, da es sich bei der Erde nur um einen Planeten niederer Ordnung handelt.«

Einen Planeten, der uns nicht braucht. Das hat er eindrucksvoll im April 2010 bewiesen, als in Island der Vulkan Eyjafjallajökull mit seiner Asche mal eben den Flugverkehr eines ganzen Kontinents und darüber hinaus lahmlegte und Island somit den Europäern erneut Milliardenverluste verursachte. Zuvor hatte die Finanzkrise des kleinen Landes (Stichwort Kaupthing Bank) Ähnliches zustande gebracht, was fast zwangsläufig den

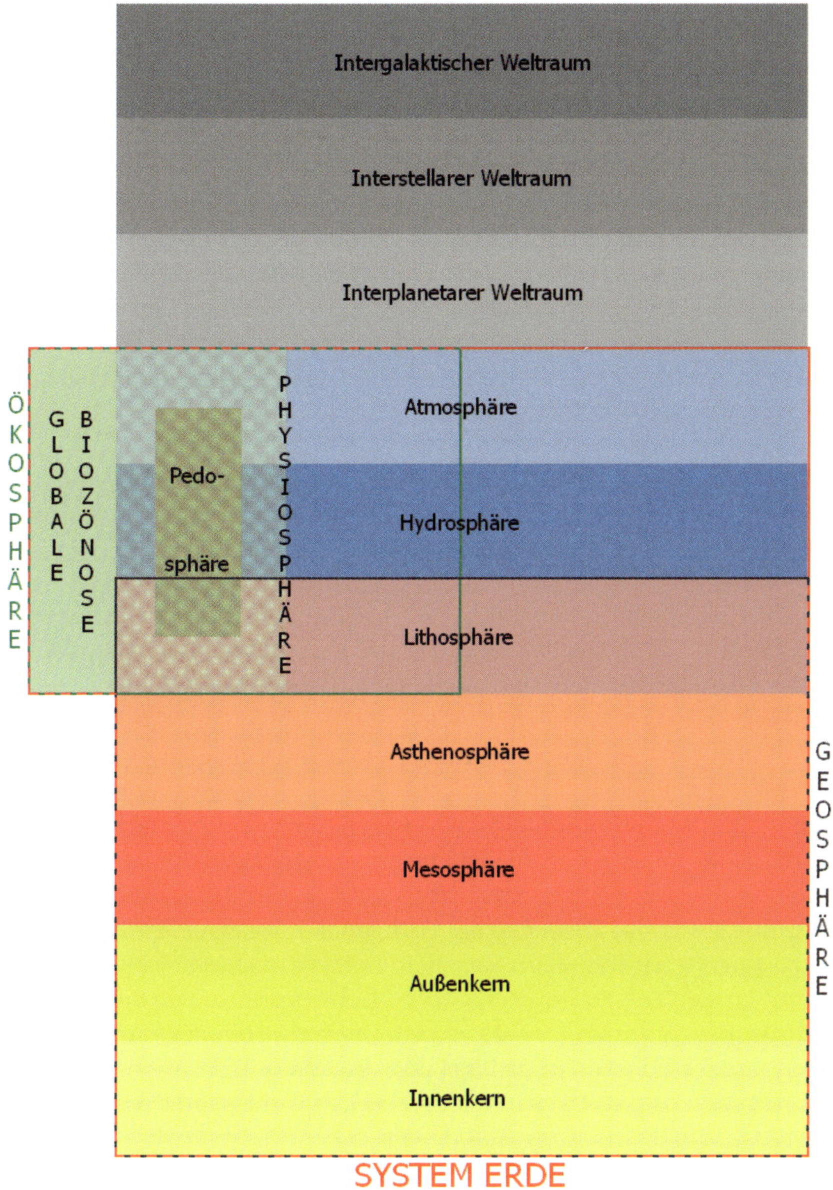

Abb. 2.1: Geosphäre (© Wikimedia Commons/Dreisam)

Spruch kreierte: »Give us cash, don't give us ash!« – wobei »Asche« umgangssprachlich ja auch ... Na ja.

Vulkane haben übrigens auch etwas mit unseren Agrarrohstoffen zu tun: Vulkanasche ist besonders fruchtbar. Deshalb haben sich schon vor langer Zeit weltweit viele Menschen in der Nähe von Vulkanen angesiedelt.

Immer wieder wird der Verkehr Europas – in der Luft sowie auf Straße und Schiene – durch Schnee, Eis und Überflutungen lahmgelegt, und die Verluste gehen regelmäßig in die Milliarden, wie auch immer man das rechnen mag. All das ist natürlich nicht vergleichbar mit den Naturkatastrophen unfassbaren Ausmaßes meist in Entwicklungsländern, die nicht unsere Möglichkeiten der schnellen Hilfe und des Aufräumens haben.

Rohstoffe als Finanzinstrumente

Der belebten und der unbelebten Natur entspricht auch die grundsätzliche Einteilung der Märkte mit ihren auch mental und regional unterschiedlich geprägten Lieferanten und Kunden. Zumindest gilt Letzteres insbesondere in Europa, wenn es um die physische Verwertung der Materialien geht und Händler und Verbraucher direkt mit der Ware konfrontiert sind.

In Form von weltweiten Finanzderivaten gehandelt, ist es dem Investor, der nicht direkt aus der Branche kommt, hingegen meist ziemlich gleichgültig, wie glücklich die Tiere waren, bevor sie ihre Schweinebäuche hergeben mussten, ob zu viel Zucker dick macht oder ob durch zu viel Sojaanbau die Umwelt zerstört wird. Auch dass der Begriff »Saisonalität« nicht nur etwas mit Börsenschwankungen, sondern auch mit Jahreszeiten zu tun hat, ist ihm egal. Saisonale Börsenkurse sehen keine Kinder, die mit großen Augen im Frühjahr die Geheimnisse einer Blumenwiese entdecken, im Sommer im Wasser planschen, im Herbst Drachen steigen lassen und im Winter jeden Hügel zum Rodeln nutzen.

Ihrer Meinung nach gehört das überhaupt nicht hierher? Gut, also weiter im Text.

Der englische Begriff für Rohstoffe in der Finanzwelt lautet nicht *raw* oder *basic materials,* sondern *commodities.* Sie finden ihn auch in deutschen Publikationen, nicht nur in Abkürzungen wie ETC (Exchange Traded Commodities; mehr dazu in Kapitel 3). Das ist so, also bitte merken! Schließlich suchen Sie am Bahnhof ja auch nicht mehr die Fahrplanauskunft, sondern – leider – den »Servicepoint«.

Börsengehandelte Rohstoffe lassen sich prinzipiell unterscheiden in:

- Agrarrohstoffe (Soft Commodities),
- energetische Rohstoffe,
- Industrierohstoffe.

Bitte beachten Sie: Die folgenden Auflistungen zu den einzelnen börsengehandelten Rohstoffarten sind nicht von einer übergeordneten Institution »genormt«, sondern beinhalten lediglich die weltweit meistgehandelten Rohstoffe. Es gibt auch viele länderspezifische Märkte mit kleinen Börsen, beispielsweise für Gewürze in Indien.

Zu den *Agrarrohstoffen* zählen (in alphabetischer Reihenfolge): Bauholz, Baumwolle, Hafer, Kaffee, Kakao, Lebendrind, Mais, Mastrind, Molkereiprodukte, Orangensaft, Palmöl, Reis, Schweinebäuche, Sojabohnen, Sojamehl, Sojaöl, Weizen und Zucker.

Aber gibt es nicht weltweit auch Tee, Apfelsaft, Gerste, Wolle, Hähnchen, Olivenöl, Salz und geschlachtete Ziegen? Warum sind diese und viele andere nicht aufgeführt? Gedulden Sie sich noch ein wenig, schon im nächsten Kapitel kommen wir zu einem ganz wichtigen Punkt, der für das Verständnis des Themas dieses Buchs wichtig ist und der diese Frage beantwortet: die Börsen.

Die *energetischen Rohstoffe* entstammen alle der belebten Natur (fossile Rohstoffe), anders als beispielsweise die Metalle. Für die Einschätzung von Lagervorkommen wichtig ist die Altersdatierung von Fossilien aus der Tier- und Pflanzenwelt, für die es viele wissenschaftliche Methoden gibt. Zu den energetischen Rohstoffen zählen (in alphabetischer Reihenfolge): Benzin, Erdgas, Ethanol, Heizöl, Kohle, Rohöl sowie der Sonderfall Strom. Sonderfall deshalb, weil Strom über den Zwischenschritt Wärme die Energieform ist, in welche die energetischen Rohstoffe meist umgewandelt werden, sofern sie nicht Antrieben für Autos, Flugzeuge, Schiffe et cetera dienen. Ein weiterer Sonderfall energetischer Rohstoffe ist Kohlendioxid (CO_2), das mittels Zertifikaten aus Gründen des Klimaschutzes als Verschmutzungsrecht gehandelt wird (Emissionshandel). Über Sinn oder Unsinn dieses Marktes kann man trefflich streiten, wir lassen es hier.

Im Gegensatz zu der Liste der börsengehandelten Agrarrohstoffe beinhaltet diese Aufzählung fast alle Stoffe, die zur Energiegewinnung genutzt werden.

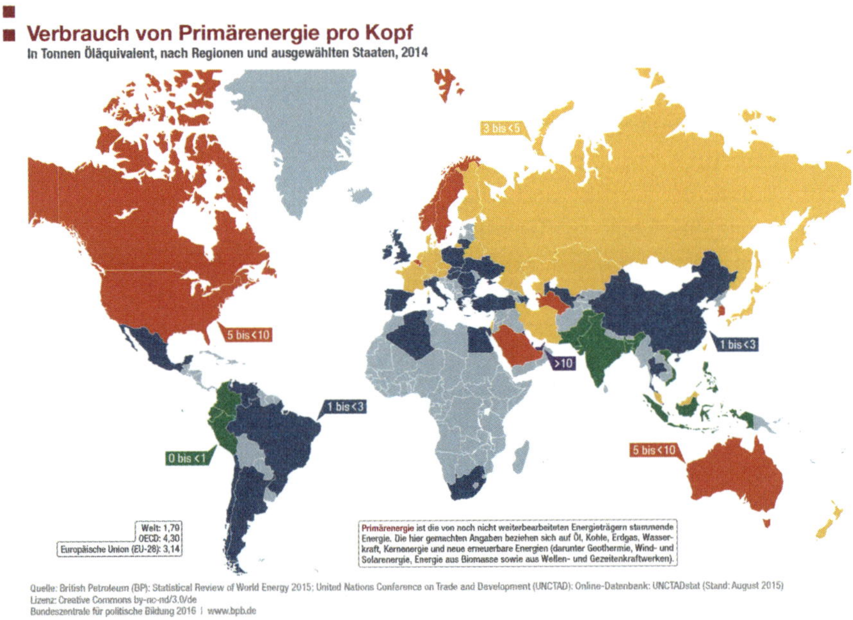

Abb. 2.2: Energieverbrauch pro Person (Quelle: BP: Statistical Review of World Energy 2015; UNCTAD: Online-Datenbank: UNCTADstat (Stand: August 2015), Lizenz: cc by-nc-nd/3.0/de/)

Wie schwierig und gefährlich die Ölförderung sein kann, zeigt das Schicksal der Ölplattform Deepwater Horizon, die im April 2010 im Golf von Mexiko, rund 80 Kilometer vor der Küste von Lousiana, explodierte, sank und eine Ölpest verursachte. Neu entdeckte Öllagerstätten liegen immer tiefer und man muss im Gegensatz zu früher, als noch in Küstennähe exploriert werden konnte, jetzt schon Wassertiefen von mehreren Tausend Metern überbrücken, bevor das eigentliche Bohren beginnen kann. In den Zeitungen machte im Jahr 2009 die Meldung Schlagzeilen, dass BP ein neues »riesiges« Ölfeld namens Tiberwell im Golf von Mexiko entdeckt habe. Es soll 11 000 Meter tief liegen und 3 Milliarden Barrel Öl enthalten. Davon kann der Tiefe wegen nur ein Drittel gefördert werden. Bei einem momentanen Ölverbrauch von rund 85 Millionen Barrel Öl pro Tag reicht diese Lagerstätte zur Deckung der globalen Nachfrage für gerade einmal zwölf Tage! Seit einiger Zeit gibt es eine russische Theorie, die besagt, dass Erdöl nicht nur aus fossilen Tier- und Pflanzenresten bestehe. Die Kohlenwasserstoffe könnten auch anorganischen Ursprungs sein, was mit einigen auf den ersten Blick sehr einleuchtenden Indizien belegt wird. An dieser Stelle können wir nicht weiter darauf eingehen, aber falls sich das bewahrheiten sollte, wären die Vorräte an Erdöl nahezu unerschöpflich. Fachleute bezweifeln diese Theorie allerdings.

Exkurs: Regenerative, erneuerbare Energien

Die sogenannten *regenerativen Energien* sind auch Rohstoffe und werden als solche für die Erzeugung von Elektrizität genutzt. Dies sind Wasser, Wind, Sonne, Geothermie und die Gezeiten, die aber nicht als Wert gehandelt werden, sondern ganz im Gegenteil kostenlos zur Verfügung stehen. Bioenergie aus nachwachsenden Rohstoffen, die in engerem Sinne auch zu den erneuerbaren Energien zählt, lassen wir hier einmal außen vor. Alle diese Energien werden schon seit Urzeiten lokal unterschiedlich genutzt, aber in der heutigen Zeit sind sie in Bezug auf ihre Effizienz erforscht und in entsprechender Technik verpackt. Auch in diesem Bereich werden überall Technologiemetalle benötigt, sei es für Steuerungen, in Turbinen, in Windrädern oder für den Stromtransport. Für Solarzellen werden sie ebenfalls benötigt.

Sonnenenergie hat zwei direkte Anwendungen, die von Laien oft verwechselt werden: Da ist zu einem die Nutzung der Wärme in Sonnenkollektoren, die *Solarthermie*, um damit Strom in Dampfturbinen zu erzeugen. Zum anderen gibt es die Nutzung des Lichts in Solarzellen, die *Photovoltaik*, um direkt Gleichstrom zu erzeugen. Gleichstrom hat generell wesentlich geringere Leitungsverluste als der bisher in Hochspannungsleitungen genutzte Drehstrom, sodass künftig solche Netze ausgebaut werden. Strom lässt sich durch regenerative Energien zentral in großen Einheiten, beispielsweise durch Solarkraftwerke in der Sahara oder Windparks in der Nordsee, oder dezentral in kleinen Einheiten in Verbrauchernähe erzeugen. Beides hat Vor- und Nachteile. Die zurzeit unwirtschaftlichste Stromerzeugung ist die mittels Photovoltaik, aus Umweltschutzgründen wird diese in Deutschland aber per Gesetz von allen Stromkunden subventioniert. Doch auch dieses Thema können wir hier nicht näher behandeln.

Die *Industrierohstoffe* kann man mit den sechs Industriemetallen (mehr dazu in Kapitel 9) gleichsetzen. Die beiden Metallgruppen Sondermetalle und Seltenerdmetalle sind demnach ausgenommen, obwohl in vielen Publikationen manche von ihnen fälschlicherweise als Industriemetalle bezeichnet werden. Das ist verzeihlich, denn sie sind nun einmal Metalle und sie werden ausschließlich industriell verarbeitet. Manche Quellen zählen auch die Edelmetalle dazu, solange nicht ihre Verwendung als Anlagemetalle in Form von Barren und Münzen gemeint ist.

Strategische Metalle und Seltene Erden werden nicht an Börsen gehandelt – aber sie werden gebraucht! Die folgenden Aussagen zeigen den Ernst der Situation. In den Kapiteln, in denen die Metalle einzeln beschrieben werden, erfahren Sie mehr dazu.

Die Verknappung teurer Rohstoffe »wird uns in den kommenden Jahrzehnten nicht mehr loslassen«, ist Rolf Kreibich, wissenschaftlicher Direktor des Berliner Instituts für Zukunftsstudien und Technologiebewertung (IZT), überzeugt. Insgesamt 22 Rohstoffe und 32 Zukunftstechnologien haben die Forscher gemeinsam mit dem Fraunhofer-Institut für System- und Innovationsforschung (ISI) unter die Lupe genommen: Es wird in absehbarer Zeit in vielen Bereichen zu ernsthaften Engpässen kommen.

Die Nachfrage nach dem besonders knappen Metall Indium, um das sowohl die Displayindustrie als auch die Photovoltaikhersteller konkurrieren, wird bis 2030 sehr viel höher sein als die derzeitige Produktion. Dabei sind die Hersteller von Displays im Vorteil, weil bei ihren Produkten der Preis des teuren Rohstoffs deutlich weniger ins Gewicht fällt als bei Solarzellen.

Für viele Metalle, die etwa wegen ihrer hohen Temperaturbeständigkeit, ihrer Flexibilität oder ihres Korrosionsschutzes begehrt sind, sagen die Forscher eine ähnliche Verknappung voraus. Die Nachfrage nach Neodym wird demnach bis 2030 ein Vielfaches der heutigen Produktion betragen, diejenige nach Gallium ebenfalls.

Die Vorkommen der teuren Hightech-Metalle sind auch deshalb äußerst begrenzt, weil sie oft nur als Nebenprodukt bei der Förderung anderer Rohstoffe abfallen. Indium beispielsweise findet sich in kleinen Mengen in Zinkminen. Eine Wiederverwertung scheidet zudem in vielen Fällen aus, weil die Rohstoffe zusammen mit anderen Metallen verarbeitet werden und sich kaum wieder trennen lassen. Auch der Bedarf lässt sich nur schwer abschätzen, da diese Rohstoffe zum Teil in der wenig transparenten Rüstungsindustrie gebraucht werden.

Zudem sind die gefragten Metalle auf der Welt sehr ungleich verteilt. Das größte Vorkommen an Lithium – unverzichtbar für die Entwicklung von Batterien für Elektroautos – liegt beispielsweise in Bolivien. China dagegen dominiert die Produktion von Neodym zu 97 Prozent und hat sich bereits Reserven in Afrika gesichert. In manchen Ländern hat der Krieg um teure Rohstoffe bereits begonnen. Im Bürgerkrieg in der Demokratischen Republik Kongo steht der Zugang zum Roherz Coltan auf dem Spiel, woraus das begehrte Tantal gewonnen wird, das unter anderem für die Herstellung von Smartphones gebraucht wird. Auf den umkämpften Rohstoffmärkten herrscht bereits heute eine bewusste Verknappung durch Spekulation, selbst wenn die Lieferverträge für diese begehrten Güter meist langfristig laufen und daher nur wenig Spielraum für Spekulanten besteht. Zum Schutz der Zukunftstechnologien wird schon eine internationale oder zumindest europäische Agentur gefordert.

Letzteres ist meines Erachtens ein frommer Wunsch ohne Aussicht auf Erfolg, wenn man die Fast-Monopolstellung Chinas als Lieferant vieler Metalle berücksichtigt. Damit ist nicht nur das Land selbst gemeint, sondern auch die Nutzungsrechte Chinas an vielen Vorkommen weltweit.

Recycling

In Kapitel 4 werden wir uns ausführlich mit dem Recycling von Strategischen Metallen und Seltenen Erden beschäftigen, aber natürlich gibt es Formen der Wiederverwertung auch für fast alle anderen Rohstoffe, die nicht aufgegessen oder verbrannt werden. Damit werden wir schon durch Mülltrennung im täglichen Leben konfrontiert: Es gibt große und kleine Behälter entweder pro Haus oder an öffentlichen Plätzen für Glas, Papier, Kunststoffe, Kleidung, Batterien, Biomüll et cetera und an separaten Abgabestellen oder mittels Sperrmüllabfuhren für Elektrogeräte, Metalle, Bauabfälle, Chemikalien und vieles mehr.

Ein großer Teil dieser Materialien sind Rohstoffe, die aufbereitet oder nur sortiert gehandelt werden, und nicht alle sind legalen Ursprungs. Bedingt durch ihren Wertzuwachs in den letzten Jahren werden speziell Metalle gerne von Baustellen und anderen Orten entwendet. Kupferkabel auf Großrollen beispielsweise werden bereits geschützt durch den Endlosaufdruck »Gestohlen von ...«, und auf stillgelegten Güterbahnhöfen sind schon ganze Gleisanlagen verschwunden. Selbst vor der Demontage von Bronzestatuen auf Friedhöfen schrecken Diebe nicht zurück, andere begeben sich in Lebensgefahr und montieren Hochspannungsleitungen ab.

Rohstoffe als Indikatoren

Börseninsider wissen, dass Rohstoffe oft, aber nicht immer, Frühindikatoren für Aktienbörsen sein können. Im Jahr 2009 gaben Kupfer und Öl das Startsignal für eine Erholung des Marktes nach der Finanzkrise.

Zudem muss man wissen, dass Rohstoffpreise grundsätzlich auch bei einer zwangsläufigen Tendenz zu Preissteigerungen aufgrund von Verknappung durch Marktteilnehmer gewollt starken Schwankungen unterliegen können.

Rohstoffindizes

Es gibt mehrere Rohstoffindizes, die nach ganz unterschiedlichen Kriterien von verschiedenen Institutionen gewichtet werden. Die Zusammensetzung ändert sich laufend, auf Finanzportalen im Internet können Sie sich den aktuellen Stand anschauen. Rohstoffindizes können auch zusammengesetzt sein aus Indizes der einzelnen Rohstoffe. Die Gewichtung kann sich beziehen auf Wirtschaftsfaktoren, Liquidität, Konsumverhalten und andere mehr. Da keine Börsenwerte, werden Technologiemetalle selbst sowie die seltenen Platinmetalle Iridium, Ruthenium und Rhodium in keinem Index gelistet. Es gibt aber mittlerweile einige Indizes, die Aktien von Unternehmen zum Inhalt haben, die Technologiemetalle fördern und/oder verarbeiten. Diese finden Sie in Kapitel 13.

Nachfolgend finden Sie die bekanntesten vor dem Technologiemetall-Boom eingeführten Indizes.

CMCI (Constant Maturity Commodity Index) von UBS Bloomberg: Dieser Index ist eine Indexfamilie aus 28 Rohstoffkontrakten mit unterschiedlichen Fristigkeiten und sehr komplex gewichtet.

CRB von Reuters: Er wurde 1957 ins Leben gerufen und ist damit der älteste Rohstoffindex. Er durchlief viele Revisionen, von ursprünglich 28 Rohstoffen sind heute noch 17 gelistet.

DJ-UBSCI (Dow Jones – UBS Commodity Index): Der Index enthält 19 verschiedene Rohstoffe. Er wurde 1998 ins Leben gerufen.

GSCI (S & P Goldman Sachs Commodity Index): Dieser Index enthält 24 verschiedene Rohstoffe, er ist sehr energielastig.

RICI (Rogers International Commodities Index): Dieser Index wurde 1998 von Jim Rogers entwickelt. Er ist breit gefächert und enthält 36 Rohstoffe, davon in der Gewichtung zu 35 Prozent Öl.

Commodity	Allocation
Crude Oil	21,00%
Brent Oil	14,00%
Wheat	7,00%
Corn	4,75%

Cotton	4,05%
Copper	4,00%
Aluminium	4,00%
Soybeans	3,00%
Gold	3,00%
Natural Gas	3,00%
Bean Oil	2,00%
Live Cattle	2,00%
Silver	2,00%
Sugar	2,00%
Coffee	2,00%
Lead	2,00%
Zinc	2,00%
Heat Oil	1,80%
Platinum	1,80%
RBOB Gasoline	3,00%
Gas Oil	1,20%
Lumber	1,00%
Lean Hogs	1,00%
Cocoa	1,00%
Nickel	1,00%
Tin	1,00%
Rubber	1,00%
Bean Meal	0,75%
Canola	0,67%
OJ	0,66%
Oats	0,50%
Rice	0,50%
Azuki Beans	0,50%
Palladium	0,30%
Barley	0,27%
Wool	0,25%
	100,00%

Rogers INT'l Commodity, RICIXTM

SPCI (Standard & Poor's Commodity Index): Der Index wurde 2001 aufgelegt, die Daten bis 1970 zurückgerechnet. Enthalten sind 17 verschiedene Rohstoffe. Seit 2008 wird dieser Index nicht mehr gepflegt.

Rohstoffe als physisches Investment

Bisher gab es für Kleinanleger nur wenige Möglichkeiten, in direkten Besitz statt über den Umweg von Bankderivaten zu investieren. Einmal abgesehen von Kunstwerken, Sammlerstücken, Anteilen an Unternehmen als Teilhaber oder mit Aktien, die man als Bruchteileigentum an einem Unternehmen ansehen kann, waren dies letztlich nur Immobilien, Edelmetalle und Edelsteine. Die meisten Rohstoffe waren hierfür nicht geeignet.

Nun bieten neuerdings Unternehmen an, direkt in den physischen Besitz von Technologiemetallen, also in Strategische Metalle und Seltene Erden, zu investieren. Das ist vielversprechend, bietet es doch die direkte und unmittelbare Teilhabe an wahrscheinlich erheblichen Wertzuwächsen. Allerdings hat es keinen Sinn, diese Metalle selbst einzulagern, da sie nicht wie Edelmetalle zur nächsten Bank oder zum Juwelier gebracht werden können, wo sie mit einfachen Mitteln auf ihren Wert hin überprüft werden können. Diese Metalle werden mit genau einzuhaltenden Lieferformen, Liefermengen, Verpackungen und Spezifikationen gehandelt, die nur von Fachhändlern garantiert werden können. Konsequenterweise müssen sie also beim Fachhändler eingelagert werden. Anders als bei Beteiligungen an Minen und Produzenten ist es bei einer Beteiligung an physischen Metallen dem Metall gleichgültig, wo es herkommt. Es kann also auch aus Recycling bereits verarbeiteten Materials stammen.

Hinzu kommt, dass bei einer Einlagerung der Metalle durch den Metallhändler in einem Zollfreilager, das sich auch in Deutschland befinden kann, für den Privatinvestor, der nicht vorsteuerabzugsberechtigt ist, bei Kauf und Verkauf im Zollfreilager keine Mehrwertsteuer anfällt. Diese ist nur dann fällig, wenn Ware aus dem Freilager entnommen wird, um es beispielsweise einem anderen Händler zu verkaufen. Bei einem Verkauf innerhalb eines Jahres nach Ankauf ist bei einem Gewinn Einkommensteuer fällig, bei einer Haltedauer von über einem Jahr nicht. Eine

Abgeltungssteuer für Kapitaleinkünfte fällt nicht an, da die Metalle Waren sind.

Diese Angaben sind ohne Gewähr, Änderungen sind jederzeit möglich und vor einem Investment beziehungsweise einem Verkauf sollten Sie sich vorsichtshalber über den Stand der Dinge zum jeweiligen Zeitpunkt informieren!

3
Märkte, Börsen und China

In diesem Kapitel wollen wir uns mit den generellen Möglichkeiten beschäftigen, wie Sie in Rohstoffe investieren können, und uns explizit mit dem Land China beschäftigen, weil dieses in Bezug auf das Hauptthema, Strategische Metalle und Seltene Erden, eine herausragende Rolle spielt.

Märkte

Was ist eigentlich ein Markt? – Blöde Frage? Nein, ganz und gar nicht. Einerseits leicht zu verstehen, andererseits ungeheuer komplex. Denn ein Markt kann völlig divergierende Interessen zusammenführen, die man sonst durchaus auch mit Gewalt, sprich Krieg, vertreten könnte. Er kann aber auch, wenn dies nicht gelingt, zu Gewalt und Krieg führen.

Wenn Sie im Supermarkt ein Paket Zucker kaufen, sind Sie bereits Marktteilnehmer auf dem großen Gebiet der Agrarrohstoffe. Wenn Sie nun an der Supermarktkasse für fünf Pakete einen anderen als den am Regal angebrachten Preis aushandeln wollen, wird sich Ihre Bedeutung als Marktteilnehmer allerdings schnell relativieren. Schon anders sieht das auf dem Wochenmarkt aus: Dort können Sie bei Abnahme größerer Mengen durchaus etwas handeln oder Ihr Glück, wenn es an diesem Stand nicht klappt, einige Meter entfernt bei einem anderen Händler versuchen. Allerdings handelt es sich bei diesem oft – wie in der »großen« Wirtschaft auch und nicht erkennbar für den Kunden – nicht um einen

Konkurrenten, sondern um einen Anbieter aus dem gleichem Familienunternehmen.

Noch anders funktioniert es bei Händlern an den entsprechenden Börsen, die genormte Qualitäten und Größenordnungen handeln. Ein Börsenhändler kann die Marktlage und die damit verbundenen Preise anhand von veröffentlichten Charts und Tabellen erkennen. Er kann kaufen beziehungsweise verkaufen, ohne Preise aushandeln zu müssen. Je nach Höhe seines Angebots beziehungsweise seiner Nachfrage nimmt aber auch er Einfluss auf die Kurse.

Für viele Rohstoffe, nicht nur Agrarrohstoffe, gibt es indes keine Börsen, sondern nur den direkten Handel zwischen zwei oder mehr Parteien. Natürlich richten sich die Preise nach den Interessen dieser Parteien, vergleichbar mit einem Handel auf dem Flohmarkt. Wenn Sie beispielsweise altes Geschirr sammeln, sind Sie gegebenenfalls bereit, für ein bestimmtes Stück einen wesentlich höheren Preis zu zahlen als jemand, der zwar Gefallen an dem Teil findet, es aber nur als Gebrauchsgegenstand erwerben will. Ähnlich verhält sich das bei den Strategischen Metallen und den Metallen der Seltenen Erden, für die es keine Börsen gibt. Wenn ein solches Metall für eine bestimmte Anwendung dringend benötigt wird, kann es an diesen Interessenten zu einem höheren Preis verkauft werden als an einen Verbraucher, der dieses Metall für seinen Zweck auch durch ein preiswerteres ersetzen oder auf für ihn bessere Zeiten warten kann.

Dennoch gibt es auch hier nachzuvollziehende Marktpreise, die Sie im Internet finden können. Händler wissen allerdings, dass in der Handelspraxis die Preise oft davon abweichen. Das hängt unter anderem auch davon ab, ob das von einem Verarbeiter gesuchte Metall beim Stammlieferanten momentan in der gewünschten Menge vorrätig ist oder nicht.

Börsen

In den täglichen Börsennachrichten werden Sie zunächst meist informiert über die weltweit wichtigsten Aktienindizes wie Dax (Frankfurt am Main), Dow Jones (New York), Nikkei (Tokio), Hang Seng (Hongkong)

Abb. 3.1: Börse in Frankfurt am Main (© Shutterstock/Val Thoermer)

und andere. Das sind die Werte der wichtigsten Aktienunternehmen in den jeweiligen Ländern.

Die Börse Frankfurt ist den meisten bekannt durch den in den Fernsehnachrichten immer wieder gezeigten Handelssaal mit seinen weißen Schranken (so heißen die weißen Ringe intern), hinter denen Händler sitzen. Die sind aber gar keine Börsenmitarbeiter, sondern Geschäftspartner der Börse von verschiedenen Banken. Das Gebäude am Börsenplatz in Frankfurt am Main mit den berühmten großen Bronzefiguren Bulle und Bär gehört der Industrie- und Handelskammer, die Börse mit den meisten Abteilungen befindet sich in Eschborn, einem Vorort von Frankfurt.

Neben den Informationen über Aktien und Unternehmen gibt es fast immer auch Berichte über zwei wichtige Rohstoffe, die unter anderem als Stimmungsbarometer für wirtschaftliche Entwicklungen angesehen werden: Rohöl und Gold. Diese unterscheiden sich jedoch ganz wesentlich, und die Preisentwicklungen werden deshalb auch unterschiedlich

Abb. 3.2: Der Handelssaal der Frankfurter Börse (© Deutsche Börse AG)

interpretiert: Rohöl wird für industrielle Zwecke gebraucht und verbraucht, Gold (fast) nicht.

Und nun kommen wir zu dem in Kapitel 2 angesprochenen wichtigen Punkt: den Börsen!

Für die zuerst genannten Rohstoffe und ihre Indizes gibt es weltweit große und kleine Börsen wie auch für Aktien und ihre Indizes. Das bedeutet, dass Sie problemlos jeden Tag Zugriff auf entsprechende Werte und Charts über verschiedene Zeiträume haben. Die Zuordnung ist, wie beispielsweise bei den aufgeführten Agrarrohstoffen, oft einfach nur historisch bedingt. Die danach aufgeführten Rohstoffe werden nicht oder allenfalls an regionalen Börsen gehandelt.

Warenterminbörsen

Die weltgrößten Rohstoffbörsen – und somit auch Börsen für Metalle aller Art – finden sich, historisch begründet, in den USA und in Großbritannien. Rohstoffmärkte generell, also auch Metallmärkte, sind Dollarmärkte; Anleger müssen daher neben den Metallkursen immer auch die Devisenkursentwicklung im Auge behalten. In Kapitel 8 finden Sie Informationen über die LBMA (London Bullion Market Association) und die LPPM (London Platinum & Palladium Market), die zweimal täglich die Preise für Gold, Silber, Platin und Palladium festlegen. Diese Institutionen sind aber keine Börsen.

NYMEX (New York Mercantile Exchange) und COMEX (New York Commodities Exchange): Die NYMEX ist die weltgrößte Warenterminbörse, auch für Anlagemetalle. In der NYMEX ist 1994 die COMEX (New York Commodities Exchange) aufgegangen. Das ist insofern etwas verwirrend, als nun die NYMEX einerseits den Oberbegriff darstellt, andererseits die Namen NYMEX und COMEX für die jeweiligen Handelsinhalte stehen. Deshalb heißt sie offiziell auch COMEX Division. Ursprünglich wurde die NYMEX 1872 unter dem Namen »Butter and Cheese Exchange of New York« gegründet. Als dann Trockenfrüchte, Geflügel und Konserven dazukamen, erhielt sie ihren bis heute geltenden Namen. Historisch bedingt finden sich Anlagemetalle bei beiden Börsen. So reihen sich Platin und Palladium mit anderen Metallen, wie etwa Stahl und Uran, in eine lange Liste anderer Rohstoffe und Energien bei der NYMEX ein; bei der COMEX finden sich Aluminium, Gold, Kupfer und Silber.

CME (Chicago Mercantile Exchange): Die CME ist ein Ableger der 1848 gegründeten CBOT (Chicago Board of Trade), der heute noch führenden Börse für landwirtschaftliche Rohstoffe. Die CME hieß in ihrem Gründungsjahr 1898 noch »Chicago Butter and Egg Board«, bevor weitere Rohstoffe hinzukamen. Heute werden dort auch Aluminium, Kupfer und Zinn gehandelt.

LME (London Metal Exchange): Die LME ist der größte Handelsplatz für Industriemetalle in Europa und einer der größten der Welt. Ihre Wurzeln als »Royal Exchange« reichen zurück bis 1571; die mit dem heutigen Geschäft vergleichbare Börsenhandelsgesellschaft »London Metal Market and Exchange Company« wurde 1877 gegründet. Anfänglich wurde nur Kupfer gehandelt, später auch die anderen Industriemetalle Aluminium, Blei, Nickel, Zink und Zinn. Der Umsatz wird auf rund 2000 Milliarden US-Dollar pro Jahr geschätzt.

TOCOM (Tokyo Commodity Exchange): Auch in Asien gibt es Rohstoffbörsen. Die für Metalle bedeutendste ist die TOCOM, die 1984 aus dem Zusammenschluss von drei Börsen hervorgegangen ist. Gehandelt werden hier neben anderen Rohstoffen Gold, Silber, Platin und Palladium.

Contango, Backwardation

Insbesondere bei den Industriemetallen sind Terminmärkte entscheidender als Kassamärkte. In einem Terminkontrakt, einem sogenannten *Future,* werden Termin, Menge und Preis festgelegt. Wenn nun der Preis eines auslaufenden unter dem eines neuen Futures liegt, nennt der Fachmann dies *Contango-Situation,* im umgekehrten Fall *Backwardation-Situation.* Der Normalfall ist die Contango-Situation.

COT, CFTC

Um den Rohstoffmarkt transparenter zu machen, wurde 1974 in den USA die *Commodity Futures Trading Commission (CFTC)* gegründet. Ihre

Aufgabe ist es, alle Informationen über Handelsbewegungen zu sammeln, diese zu überwachen und zu regulieren. Anders als bei Aktien erhalten die Marktteilnehmer Insiderinformationen, die größere Manipulationen verhindern sollen. Daten werden einmal wöchentlich im Commitment-of-Traders-Report, kurz COT, veröffentlicht.

Indizes

Für Aktien gibt es schon sehr viele Indizes, die nach verschiedensten Kriterien geordnet sind. Dies können sein: Länder, Erdteile, Branchen, Technologien et cetera. Es gibt aber auch viele Rohstoffindizes (siehe dazu auch Kapitel 2) mit sehr unterschiedlichen Gewichtungen. In diesen sind zum Teil auch Edelmetalle und/oder Industriemetalle enthalten, allerdings zusammengenommen in den einzelnen Fonds meist nicht mehr als 20 Prozent. Neu sind Indizes für Technologiemetalle, die produzierende Aktiengesellschaften, nicht die Metalle selbst beinhalten. Mehr hierzu erfahren Sie in Kapitel 13.

Die ETs

Nein, natürlich folgt jetzt keine Abhandlung über Extra-Terrestrische, die »nach Hause telefonieren« wollen, wie in dem Spielfilm von Steven Spielberg von 1982, obwohl die Heimatwelten unserer ETs auch manchmal etwas seltsam anmuten. Vielmehr wollen wir uns mit den »Exchange-Traded«-Produkten beschäftigen, wobei »exchange traded« für »börsengehandelt« steht.

Nachdem es lange Zeit nur einigermaßen leicht zu verstehende ETFs (Exchange Traded Funds) und ETCs (Exchange Traded Commodities) gab, finden wir neuerdings auch die Begriffe ETP (Exchange Traded Products) und ETN (Exchange Traded Notes). Aber der Reihe nach ...

Exchange Traded Funds

ETFs sind börsengehandelte Indexfonds, also Fonds, die nicht aktiv gemanagt werden, sondern einen Index abbilden. Dies können Aktienindizes wie Dax oder Dow Jones, Rentenindizes, Kredit-, Geldmarkt-, Rohstoff- und Währungsindizes sein. Vorteile sind Transparenz und geringere Kosten. Nachteil ist die feste Bindung an den Index – allerdings hat die Vergangenheit gezeigt, dass die Performance der meisten aktiv gemanagten Aktienfonds nicht besser war als bei den vergleichbaren Indexfonds. Ausnahmen bestätigen auch hier die Regel, sonst hätten Tausende von Fonds schließlich keinerlei Existenzberechtigung. Der amerikanische Wirtschaftsnobelpreisträger von 1970, Paul Anthony Samuelson (1915–2009), brach eine Lanze für Indexfonds, »... damit sich die Revolverhelden von Fondsmanagern an Indexfonds die Zähne ausbeißen können«.

ETFs für Anlagemetalle beispielsweise bilden deren Kursverlauf nach und bieten die Möglichkeit, ohne direkte Investitionen in physische Anlagemetalle Anteile zu zeichnen. Dies ist zu geringen Kosten möglich, da kein Ausgabeaufschlag und keine Managementkosten anfallen. Man muss aber wissen, dass Rohstoff-ETFs (Gleiches gilt für Rohstoff-ETCs) nicht unbedingt die Marktpreise direkt abbilden, sondern die der zugehörigen Futures. Das kann zu Rollgewinnen, aber auch zu Rollverlusten führen.

Gemäß Fondsrichtlinien soll eine Streuung der Anlage gewährleistet sein; ein einzelner Rohstoff beispielsweise kann durch einen ETF nicht abgebildet werden.

Es können, müssen aber nicht, Edelmetalle als physische Absicherung von Edelmetall-ETFs durch die Emittenten eingelagert sein.

Das ETF-Börsensegment gibt es seit 2000, zunächst für europäische Aktienindizes. Es gehört zu den am schnellsten wachsenden, mittlerweile (Stand 2010) haben Anleger rund 1000 Milliarden US-Dollar investiert. Dabei profitieren ETFs im Wesentlichen von drei Hauptargumenten: Sie sind transparent, günstig und leicht verständlich.

Wichtig: Ein ETF hat den juristischen Status eines Sondervermögens, kann also nicht in die Insolvenzmasse des Emittenten eingehen!

Exchange Traded Commodities

ETCs sind ebenfalls börsengehandelte Wertpapiere, die physisch gelagerte Rohstoffe (Commodities) zum Inhalt haben. Folgende Definition ist wörtlich der Deutsche Börse Group entnommen:

> »ETCs sind offen strukturierte Wertpapiere, die Anleger wie Aktien fortlaufend während der gesamten Handelszeit an der Börse auf Xetra handeln können. Investoren bekommen somit schnellen und transparenten Zugriff auf eine breite Palette von Rohstoffen, ohne dabei Terminkontrakte erstehen oder Rohstoffe physisch beziehen zu müssen. Wie bei Aktien können auch beim Handel mit ETCs Market-, Limit- und Stop-Loss Orders aufgegeben werden. Die kleinste handelbare Einheit ist ein Stück.
>
> ETCs sind ähnlich ausgestaltet wie börsengehandelte Indexfonds (ETFs) und haben mit diesen viele Vorteile gemeinsam: Sie sind offen strukturiert, kostengünstig und ihre Preisbildung ist transparent. Sie haben eine unbegrenzte Laufzeit, werden an der Börse gehandelt und bieten zudem ein hohes Maß an Liquidität. Rechtlich gesehen stellen ETCs jedoch unbefristete, besicherte Schuldverschreibungen des jeweiligen Emittenten dar und nicht Sondervermögen in Form einer Fondsstruktur.«

Ende 2009 wurden aber auch schon Währungs-ETCs eingeführt, wodurch die bisherige eindeutige Zuordnung zu Rohstoffen verloren geht.

Auf Anlagemetalle bezogen sind dies also Papiere, deren Wert physisch eingelagertes Gold, Silber, Platin und Palladium abbildet. Während anfänglich nur einige Gold-ETCs aufgelegt wurden, ist mittlerweile ein regelrechter Boom entstanden und es gibt ETCs für alle Metalle einzeln oder in Kombinationen, mit unterschiedlichen Schwerpunkten. Besichert sind diese Wertpapiere durch den Gegenwert der eingelagerten Metalle im Wert von inzwischen mehreren Milliarden Euro. Sie sind aber kein Sondervermögen, sondern unterliegen dem Emittentenrisiko.

Beide Anlageformen, ETFs und ETCs, sind in der Finanzkrise sprunghaft gewachsen, insbesondere Ende 2008, nach der Insolvenz von Lehman Brothers. Es gab gewaltige Umschichtungen zulasten anderer Anlageformen, insbesondere Aktien und Aktienfonds.

Viele Edelmetalle sind in London eingelagert. Im Großhandel vor den Zeiten von Gold- und Silber-ETCs bedeutete dies, dass Barrenbestände einfach unterschiedlichen Handelspartnern zugeordnet wurden, ohne diese physisch zu trennen. Bei ETCs müssen sie auch physisch zugeordnet werden. ETCs sind letztlich Zertifikate für die Anlageklasse Rohstoffe.

Exchange Traded Notes

ETNs sind Schuldverschreibungen ähnlich ETCs. Sie beziehen sich aber nicht auf Rohstoffe, sondern auf andere Assetklassen. Das können, wie bei den ETFs, Währungen, Aktienindizes und anderes sein. Sie werden besichert oder unbesichert angeboten. Ein ETN ist in Gegensatz zu einem ETF kein Sondervermögen.

ETNs sind noch weitgehend unbekannt, ein ETN wurde bisher von einem Anbieter für einen Volatilitätsindex emittiert.

Exchange Traded Products

ETPs sind nicht einheitlich geregelt. Der Begriff wird von einigen als Sammelbegriff für alle ETs genutzt, die Deutsche Börse versteht darunter hingegen beispielsweise den Oberbegriff für ETC und ETN, nicht aber für ETF.

Die ETs können sehr komplizierte Produkte sein. So kann bei ETFs die Abbildung eines Index durch derivate Instrumente wie Total Return Swaps nachgestellt werden, was wiederum Auswirkungen auf die Besicherung hat. Im Gegensatz zu den ETCs und den ETNs ist dieses Instrument allerdings durch die europäischen Fondsrichtlinien begrenzt. Besicherungen können auch mit Gold oder über Schuldverschreibungen erfolgen, wobei hierbei die von den in jüngster Zeit viel gescholtenen Ratingagenturen Standard & Poor's, Moody's und Fitch Ratings vorgenommenen Bewertungen der Emittenten eine große Rolle spielen. Generell ist es nicht so einfach, die von den Instituten gebotenen Sicherheiten zu bewerten. Interessenten sollten sich sehr ausführlich informieren.

Zertifikate

Einige Zertifikate (lat. *certus* = sicher und *facere* = machen) gibt es neuerdings auch bezogen auf unsere Metalle (mehr dazu in Kapitel 13). Deshalb wollen wir sie ein wenig näher betrachten.

Zertifikate sind rechtlich gesehen Schuldverschreibungen von Banken und können – müssen aber nicht – börsengehandelt sein. Sie können ebenfalls unterschiedliche Basiswerte haben. Das erste Zertifikat in

Deutschland wurde 1990 von der Dresdner Bank auf den Dax emittiert. Einer breiten Öffentlichkeit bekannt wurden Zertifikate in Zusammenhang mit der Pleite der Investmentbank Lehman Brothers im September 2008. Die »Lehman- Zertifikate«, die auch in Deutschland vertrieben und aufgrund des großen Namens als besonders sicher angesehen wurden, waren damals Bestandteil jeder Nachrichtensendung. Schon die Anzahl der Begriffe zeigt die Komplexität des Themas auf: So gibt es Index-, REIT-, Basket-, Tracker-, Discount-, Bonus-, Hebel-, Garantie-, Airbag-, Alpha-, Bandbreiten-, Turbozertifikate und noch weitere.

Die wichtigsten und am leichtesten zu verstehenden Zertifikate sind die folgenden:

- *Indexzertifikate,* die, wie der Name schon sagt, einen Index abbilden.
- *Basketzertifikate* bilden – auch hier ist der Name Programm – einen Korb von Anlageprodukten ab und sind insofern den Indexzertifikaten ähnlich.
- *Trackerzertifikate* diskontieren eventuelle Dividendenzahlungen, berücksichtigen sie also im Kurswert.
- *Quantozertifikate* sichern, natürlich gegen Gebühr, Kursverluste bei Papieren in fremder Währung ab.

Exchange-Traded-Commodities-Zertifikate sind prinzipiell, wie das Beispiel Lehman Brothers drastisch aufzeigte, kein Sondervermögen, sondern unterliegen dem Risiko des Totalverlustes bei Zahlungsunfähigkeit des Emittenten. Gelder in Sparanlagen und in Fonds sind hingegen durch den Einlagensicherungsfonds beziehungsweise als Sondervermögen geschützt.

Bei einem Kauf von Zertifikaten sind auch immer sehr sorgfältig die Kosten zu beachten.

Anlagemöglichkeiten in Technologiemetalle

Für die in diesem Buch zu besprechenden Metallgruppen, die Strategischen Metalle (Sondermetalle) sowie die Seltenerdmetalle, gilt also: Es gibt für diese Metalle, von wenigen Ausnahmen abgesehen, keine Börsenkurse! Diese Metalle unterliegen meist dem Handel zwischen Parteien, die frei von Börsenvorgaben nur ihren Interessen entsprechend den Kaufpreis aushandeln können. Das liegt auch daran, dass der Markt und das Handelsvolumen bei Weitem nicht so groß sind wie bei den anderen Metallen.

Dennoch unterliegen auch diese Preise den Marktgegebenheiten und sind gemäß Angebot und Nachfrage hoch oder niedrig, aber durch das Fehlen entsprechender Publikationen sind Markt und Preise nicht so transparent wie bei einem Börsenmarkt. Das wird sich in Zukunft mit zunehmendem Interesse der Öffentlichkeit zumindest für einige Metalle ändern.

Nur Anwender, Verarbeiter, spezialisierte Händler und ein kleiner Kreis von Finanzexperten kannten die Begriffe »Strategische Metalle« und »Seltene Erden«, aber bei Weitem nicht die meisten der einzelnen Namen und Anwendungen. Für den Anleger bestand bis vor einigen Jahren nur die Möglichkeit, in Aktien von Minenunternehmen oder Produzenten zu investieren, wenn man andere Beimischungen wie bei ETFs oder ETCs vermeiden wollte. Wie in Kapitel 4 näher ausgeführt wird, sind solche Unternehmen für einen Laien aber sehr schwer zu beurteilen.

Nun ist es auch möglich, direkt in solche Metalle zu investieren. Hierfür werden die Metalle einzeln oder als zusammengestellte Warenkörbe angeboten, an denen ein Investor dann einen Eigentumsanteil besitzt. Gelagert werden die Metalle bei einem Händler, der die Marktfähigkeit sicherstellt.

Cost Average Effect

Prinzipiell gibt es zwei Möglichkeiten, sein Geld anzulegen: Zum einen als *Einmalanlage* mit der Option, die Anlage bis zu einem bestimmten Zeitpunkt zu halten, der entweder vorgegeben ist oder selbst gewählt werden kann. Zum anderen gibt es die *Sparanlage*, bei der kleinere Beträge periodisch in gleich langen Zeiträumen, meist Monate, eingezahlt werden. Bei schwankenden Kursen hat die zweite Methode den Vorteil, dass man automatisch mit einem gleich hohen Betrag bei niedrigem Kursstand viele Anteile kauft, bei hohem Kursstand wenige Anteile. Dieses Prinzip, in der Fachsprache Cost Average Effect genannt, lässt sich anhand eines Beispiels anschaulich erklären.

Anteile kaufen ist vergleichbar mit dem Einkauf auf dem Wochenmarkt, wo Frau Einfalt und Frau Geistreich regelmäßig im Jahr Ananas kaufen:

1 Stück kostet	**Frau Einfalt kauft immer 5 Stück**	**Frau Geistreich immer für 20 €**
im Frühjahr 2 €	5 Stück = 10 €	20 € = 10 Stück
im Sommer 10 €	5 Stück = 50 €	20 € = 2 Stück
im Herbst 1 €	5 Stück = 5 €	20 € = 20 Stück
im Winter 3 €	5 Stück = 15 €	21 € = 7 Stück
Ausgegeben haben sie	80 €	81 €
Erhalten haben sie	20 Stück	39 Stück

Wer also regelmäßig einen festen Betrag investiert, beachtet automatisch das wirtschaftliche Prinzip: Wenig kaufen bei hohen Preisen, viel kaufen bei günstigen Preisen. Der Anleger erhält so unterm Strich über einen längeren Zeitraum mehr Anteile!

Doch wie man sein Geld richtig anlegt, ist nicht Thema dieses Buchs. Hierzu sind ganze Bibliotheken mit schlauen Büchern bestückt worden. Für seine »Portfoliotheorie« erhielt 1990 der amerikanische Wirtschaftswissenschaftler Harry Max Markowitz (geb. 1927) zusammen mit Merton Howard Miller (1923–2000) und William Sharpe (geb. 1934) den Wirtschaftsnobelpreis. Schon daran kann man erkennen, wie komplex das Thema betrachtet werden kann. Das Prinzip für Normalsterbliche ist simpel: Wer wenig hat, sollte vorrangig auf Kapitalerhalt achten. Wer viel hat, kann auch mal was riskieren. Zugegeben, das ist arg platt, aber eben auch richtig. Und die alte Börsenweisheit »Nicht alle Eier in einen Korb« wurde schon früh von dem griechischen Philosophen Epiktet (50–125) vorweggenommen:

> »Man darf das Schiff nicht an einen einzigen Anker und das Leben nicht an eine einzige Hoffnung binden.«

China

»Ich sage nur: China, China, China!« So warnte Kurt Georg Kiesinger (Bundeskanzler 1966–1969) im letzten Jahr seiner Amtszeit einst vor der »gelben Gefahr«. Heute dreht sich alles mehr denn je um China. Kein Tag ohne Meldungen aus diesem Land, die uns entweder staunen lassen oder betroffen machen. Und direkt oder indirekt haben alle mit unseren Metallen zu tun, denn einerseits wird China der größte Markt werden, andererseits kommen viele Metalle aus China, die Seltenerdmetalle beispielsweise zu über 90 Prozent. Hinzu kommt, dass China weltweit Minen, Lieferfirmen und Verarbeiter aufkauft. Deshalb müssen wir uns natürlich mit diesem Land beschäftigen. Aber wo soll man da nur anfangen?

Abb. 3.3: Skyline Shanghai (© Shutterstock/gyn9037)

Vielleicht mit einigen Meldungen nur aus 2010, als China die größte Weltausstellung aller Zeiten in Shanghai ausrichtete: Sie brach alle Rekorde, war dreimal größer als die Expo in Hannover in 2000. Offiziell wurden über 30 Milliarden US-Dollar investiert, 2 neue Flughafenterminals, 100 neue U-Bahn-Stationen und 300 neue Hotels gebaut. Mit 73 Millionen Besuchern wurde ein neuer Rekord aufgestellt. Eröffnet wurde die Expo im Mai 2010 mit, natürlich, dem größten Feuerwerk ... na? Richtig, aller Zeiten!

Der chinesische Geely-Konzern hat mal eben den Autobauer Volvo, 1927 in Schweden gegründet, von Ford gekauft. Schon 2005 hatte der PC-Hersteller Lenovo IBM übernommen. Die China Petroleum & Chemical Corp.

Abb. 3.4: Chinas Expo Pavillon (© Shutterstock/ Michel Piccaya)

erwirbt für 2,5 Milliarden US-Dollar 55 Prozent an der angolanischen Sonangol, dem staatseigenen Mineralölunternehmen. An Angolas Küste werden 5 Millionen Barrel Öl vermutet, wobei zurzeit fünfmal mehr Vorkommen neu entdeckt werden als ausgebeutet werden können.

Soweit ein kleiner Auszug der für China positiven Nachrichten aus der Welt der Wirtschaft in nur einem Monat des Jahres 2010. Für unser Verständnis sind solche positiven Meldungen eigentlich nur denkbar in einem Umfeld von Freiheit und Marktwirtschaft und in einer sozial funktionierenden, toleranten Gesellschaft.

Unabhängig von solchen einzelnen Meldungen müssen wir die Gesamtsituation Chinas im Auge behalten. Das offiziell Volksrepublik China genannte Land ist mit 1,3 Milliarden Menschen das bevölkerungsreichste der Erde und das größte in Asien. Der Hauptteil der Bevölkerung, mehr als 90 Prozent, lebt im Osten des Landes. Bildlich darstellen lässt sich das gut mit der *Heihe-Tengchong-Linie*. Dort wachsen immer

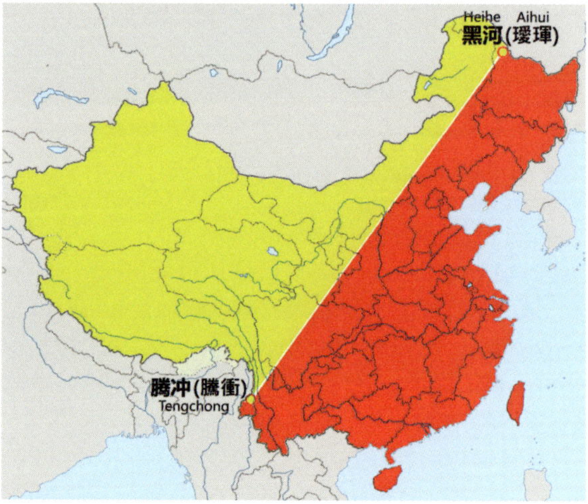

Abb. 3.5: Heihe-Tengchong Linie

Abb. 3.6: China (© Shutterstock/frees)

mehr Millionenstädte. Laut einer McKinsey-Studie kann man davon ausgehen, dass China in den nächsten Jahren ein Äquivalent von mehreren New York Citys bauen wird, auch weil so viele Bauern in die Städte drängen.

Geschichte

Zurückverfolgen lässt sich eine 4000 Jahre alte Geschichte mit entsprechenden Hochkulturen und Kaiserdynastien. Die bei uns bekannteste ist die Ming-Dynastie (1368–1644). Und warum? Wegen der teuren Vasen, die stellvertretend für sehr Wertvolles in Filmen so gern zerdeppert werden!

Wenn wir Europäer an Geschichte denken, fängt diese meist vor etwa 2000 Jahren mit Jesus Christus und anderen diversen Geschehnissen an Orten rund ums Mittelmeer und der Varusschlacht im Teutoburger Wald an. Und kurz davor war noch etwas mit Cäsar und Kleopatra und Alexander dem Großen, und lange davor irgendetwas Geheimnisvolles mit Nofretete, Tutenchamun, Cheops, Pyramiden, Hieroglyphen und so. Stimmt's? Amerika gab es noch lange nicht, von Afrika – mit Ausnahme von Ägypten und Karthago (und Hannibal und seinen Elefanten) – wusste man nichts, und Asien war weit weg. Bis heute findet sich diese Haltung in den üblichen Landkarten mit Europa als Mittelpunkt (Nullmeridian) wieder.

Die Chinesen haben in der Beziehung ein völlig anderes, länger zurückreichendes und viel verwurzelteres Selbstverständnis, aber auch sie sahen natürlich ihr Land als Mittelpunkt der Welt an, von uns *sinozentrisches Weltbild* genannt. Dieses suchte man zu schützen, die Tausende Kilometer lange chinesische Mauer ist nur ein Beispiel. Sie ist neben ihrer Länge aber auch das größte Bauwerk der Welt in Bezug auf Volumen und Masse.

Das riesige China war immer mit sich selbst beschäftigt, so gab es auch keine nennenswerten Eroberungsbestrebungen im Sinne von Kolonien auf anderen Kontinenten, obwohl China im 15. Jahrhundert unter Admiral Zheng He die mächtigste Flotte der Welt mit gewaltigen Schiffen mit bis zu neun Masten und 120 Metern Länge und mit beeindruckenden Einrichtungen wie beispielsweise wasserdichten Schotten hatte. Im Gegenteil: China selbst wurde noch im 19. Jahrhundert Opfer kolonialer Bestrebungen mit der Folge vieler Kriege bis zur Gründung der Volksrepublik im Jahr 1949. Viele Chinesen haben bis heute die Demütigungen nicht vergessen, denen sie von japanischer, aber eben auch europäischer Seite mit teilweise rassistischen Zügen ausgesetzt waren.

Seit Ende der 1970er Jahre unter Deng Xiaoping (1904–1997) versucht China einen eigenen Weg mit einer sozialistischen Marktwirtschaft, was sich eigentlich widerspricht. Gemeint ist eben nicht soziale

Marktwirtschaft in unserem Sinne, und so sieht die Praxis auch aus: Sozialistische Armut, Hunger und Elend stehen völlig selbstverständlich einer brutal kapitalistischen Wirtschaft mit gewaltigem Reichtum gegenüber; der richtige Weg ist noch nicht so recht gefunden.

Aber: Aus China wurde in ganz kurzer Zeit eine gewaltige Wirtschaftsmacht, unter anderem bedingt durch seine pragmatische Diktatur mit wirtschaftspolitischen Entscheidungen, die nicht lange zwischen Parteien diskutiert und verwässert werden. Während in Berlin zehn Jahre über einen Flughafen diskutiert wurde und seine Eröffnung immer wieder verschoben wird, hat China in der gleichen Zeit mal eben hundert gebaut.

Helmut Schmidt, Sie wissen schon, Smoky, wurde einmal gefragt, wer seiner Meinung nach der größte Reformpolitiker der Geschichte gewesen sei, und er antwortete nicht »Ich«, was man eigentlich erwarten konnte, sondern »Deng Xiaoping«. Schon Deng erkannte in seiner Weitsicht übrigens sehr früh:

»Der Nahe Osten hat sein Öl, wir haben die Seltenen Erden.«

Abb. 3.7 Außenminister Genscher bei seinem Besuch in Peking 1985 (© Bundesarchiv, B 145 Bild-F071362-0014/Wienke, Ulrich/CC-BY-SA 3.0)

Aus chinesischer Sicht ist man mit dem eingeschlagenen Weg erfolgreich und hat bei aller Höflichkeit ausländischen Gästen gegenüber, die bei jedem Besuch gebetsmühlenartig Demokratie und ein menschenwürdigeres Rechtssystem einfordern, keinerlei Intentionen in dieser Richtung. Andererseits kommt ein Teil der chinesischen Bevölkerung durch die Globalisierung, das Internet und immer häufigere Kontakte zu Menschen aus demokratisch geprägten Ländern langsam, aber sicher mit freiheitlicheren Einstellungen in Berührung. Eine Demokratisierung des ganzen Landes aber wird sich daraus nach Meinung von Insidern noch lange nicht ergeben. Man hofft auf den Sonderstatus von Hongkong, wo vieles mehr an Meinungsäußerung möglich ist als im Rest des Landes. Heute heißt die offizielle Marschrichtung »Sozialismus chinesischer Prägung«, was nichts anderes ist als staatlich kontrollierter Kapitalismus. Und dieser wird genutzt. Die junge Generation Chinas ehrt ihre Eltern, hat aber mit deren Lebenserfahrung einer Kulturrevolution in den 1960er und 1970er Jahren und mit ihrer totalen und totalitären Gleichmacherei nichts mehr zu tun. Die jungen Leute denken unternehmerisch und träumen von Fortschritt und Wachstum.

An dieser Stelle bietet es sich an, auch einige Worte zum größten Land der Erde, Russland, zu verlieren. An dieser Stelle deshalb, weil sich auch die russische Wirtschaft nach dem Zusammenbruch des Kommunismus anders entwickelte als diejenige westlicher Staaten nach dem Krieg. Zu China gibt es durchaus Parallelen. Und diese werden zunehmend auch von diesen beiden Staaten gesehen, spätestens seit 2008, als die Grenzstreitigkeiten der beiden sich bis dahin feindlich gegenüberstehenden Länder endgültig bereinigt wurden. Parallelen gibt es auch zu der sehr unterschiedlichen Bevölkerungsdichte beider Länder. Ähnlich wie bei der Aufteilung der chinesischen Bevölkerung westlich und östlich der Heihe-Tengchong-Linie leben auch in Russland 80 Prozent der Bevölkerung in einem Teil des Landes, dort aber im Westen, nahe Europa; weite Teile im Osten sind hingegen kaum besiedelt.

Interessant zu beobachten ist das zunehmende Verständnis füreinander und eine immer selbstbewusstere Haltung Amerika gegenüber. Man ist sogar so weit, sich bei Treffen hochrangiger Politiker beider Seiten bis einschließlich der Staatspräsidenten unverhohlen über die USA und deren schwindende Bedeutung lustig zu machen. China hat schon Verträge in großem Umfang über Gaslieferungen aus Russland abgeschlossen; im Kleinen baut sich der Handel in den Grenzregionen aus. Und Russland sucht weiterhin seine Rolle zwischen dem ihm mental näher liegenden westlichen Nachbarn Europa einerseits und dem erstarkten südöstlichen Nachbarn China andererseits. Rohstoffe spielen hierbei eine zentrale Rolle.

Mittlerweile ist China der größte Gläubiger der USA, ein Großteil seiner gigantischen Währungsreserven, mehrere Billionen US-Dollar, ist in US-Staatsanleihen, aber auch in Euro angelegt. Die chinesische Notenbank geht immerhin so weit, europäische und amerikanische Banken vor immer noch allzu vielen faulen Krediten in ihren Bilanzen zu warnen. Die Folge könnte sein, dass ganze westliche Industrienationen einschließlich Großbritannien und USA in China ihre Kreditwürdigkeit verlieren könnten. Solch selbstbewusstes Auftreten wäre vor 20 Jahren noch undenkbar gewesen.

Lustig ist die Begründung für die Zahlung einer deutschen Entwicklungshilfe in Höhe von 27,5 Millionen Euro an China anno 2010. Laut Angaben des Entwicklungshilfeministeriums geht es hierbei um Beratung beim Umwelt- und Klimaschutz und im Rechtsbereich. Die Hilfen sollen aber auslaufen.

Der Einkommenszuwachs in Asien ohne Japan hat sich in den letzten 10 Jahren fast verdoppelt. Gegenüber allen anderen asiatischen Staaten, die in jeder Beziehung Zuwächse verzeichnen, ist Japan mittlerweile ein saturiertes Industrieland ähnlich wie Deutschland. Es hat genauso wie wir Mühe, den Standard zu halten. Das Bruttoinlandsprodukt Chinas, Indiens, Indonesiens und der Philippinen wächst seit einigen Jahren stetig, das der USA, von Europa und Japan stagniert beziehungsweise sinkt.

Für Vergleiche werden immer wieder gerne Autoverkäufe herangezogen. Die größte Autofabrik der Welt steht seit 2010 nicht mehr in Wolfsburg, sondern in Anting bei Shanghai – ebenfalls vom VW-Konzern, mit einer Kapazität von 1 Million Autos pro Jahr. China ist schon jetzt der größte Automarkt der Welt, im Jahr 2010 wurden dort 10 Millionen Fahrzeuge gekauft. Den Bedarf in zehn Jahren schätzt man auf 20 Millionen Autos pro Jahr.

Der Einkommenszuwachs macht sich natürlich auch im sonstigen täglichen Leben der Chinesen bemerkbar. So geht der Trend, natürlich in den Städten zuerst, von der Deckung der Grundbedürfnisse hin zu Luxusartikeln. Der Bedarf an Chauffeur-Fahrzeugen ist in China so groß geworden, dass alle deutschen Premiumhersteller in China Langversionen mit großer Beinfreiheit im Fond anbieten, die es in Europa nicht gibt.

Ein zweifelhafter Zuwachs in Sachen Luxus ist die Entwicklung der ehemaligen portugiesischen Kolonie Macao in der Nähe von Hongkong zum neuen Spielerparadies, das Las Vegas bei den Umsätzen bereits abgelöst hat. Das Venetian Macao Resort Hotel Casino gilt als das flächenmäßig sechstgrößte Gebäude der Welt. Das neuntgrößte ist übrigens das Pentagon und das größte – das weiß kaum jemand – war lange Zeit das Blumenauktionshaus in Aalsmeer, Holland, wurde inzwischen aber von einem Einkaufszentrum in China abgelöst.

In unserem täglichen Leben sind wir geradezu umzingelt von Importen aus China, und das nicht nur in puncto Kleidung und Elektronik. Dabei macht Europa nur 20 Prozent des Exportvolumens Chinas aus, doppelt so viel geht in die anderen asiatischen Länder, Japan ausgenommen.

Wenn Fondsmanager ihre internationalen Aktienfonds bewerben, wird meist der Vergleichsindex MSCI World Index herangezogen. MSCI steht für den amerikanischen Finanzdienstleister Morgan Stanley Capital International. Der Index beinhaltet etwa 50 Prozent US-Aktien und etwa 35 Prozent europäische Aktien. Doch wenn Asien so stark ist, wäre es dann nicht sinnvoller, Asien viel stärker zu gewichten? Oder sich direkt den MSCI Asia-Pacific ex Japan Index anzuschauen? Dieser hat die Ländergewichtung 26 Prozent China, 18 Prozent Südkorea, 16 Prozent Taiwan, 13 Prozent Indien und 12 Prozent Hongkong.

In Abbildung 3.8 sehen Sie den voraussichtlichen Investitionsbedarf Asiens allein in die Infrastruktur bis 2020, unterteilt in neue Anlagen (hellgrau) und Ersatzinvestitionen (dunkelgrau). Die amerikanische Trillion entspricht unserer Billion, die amerikanische Billion (bn) entspricht unserer Milliarde. Insgesamt benötigt Asien also ungefähr 8000 Milliarden oder 8 Billionen US-Dollar.

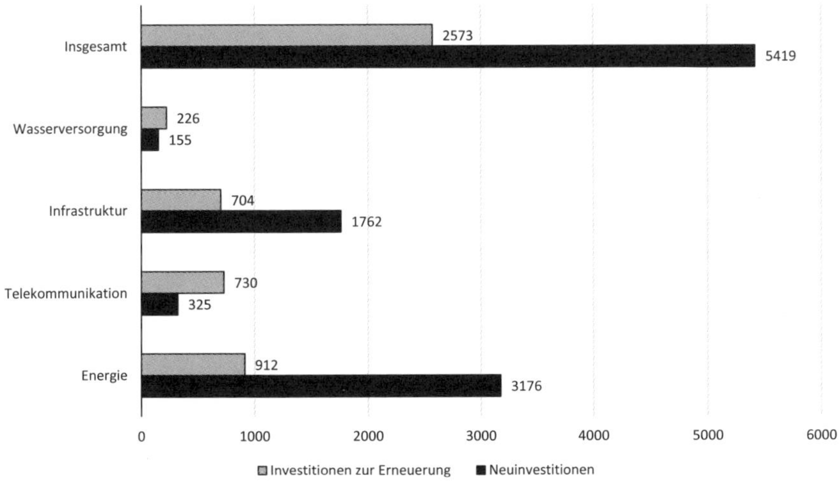

Abb. 3.8: Investitionsbedarf in Asien bis 2020 in Milliarden US-Dollar

Den neuen Großprojekten und Wolkenkratzern, in die dabei investiert wird, sieht man das neue Selbstbewusstsein durchaus an. Maoistische Bescheidenheit war in China früher vielleicht mal eine Zier, aber die heutigen Projekte folgen letztlich infrastrukturellen Notwendigkeiten und sind nicht nur von Größenwahn bestimmt wie die sinnlosen Albernheiten in Dubai – bei aller Wertschätzung für die dort umgesetzten internationalen Ingenieurleistungen.

Natürlich darf man bei all den schwindelerregenden Wirtschaftszahlen Chinas nicht die Probleme übersehen, deren Ursachen in genau diesen Zahlen liegen: wirtschaftliche Überhitzung, Inflationsgefahr, soziale Spannungen, massive Umweltprobleme, Landflucht, Wohnungsnot in den Städten. Die in Abbildung 3.3 gezeigte Skyline von Shanghai beispielsweise lässt die oft unsäglichen Wohnbedingungen der 18 Millionen Einwohner in Hütten und primitiven Plattenbauten nicht erkennen. Einige Volkswirtschaftler sehen China zurzeit in einer riesigen Spekulationsblase. Es fehlt im Land noch an unternehmerischer Erfahrung, einen möglichen Abwärtstrend vorherzusehen und damit richtig umzugehen.

Währung

Wichtig ist das Verstehen der Währungszusammenhänge.

Die chinesische Währung heißt offiziell »Renminbi«, übersetzt »Volkswährung«. Sie ist vom Internationalen Währungsfonds (IWF) nach US-Dollar, Euro, Yen und Pfund zur fünften Leitwährung erklärt worden.

Der Renminbi
Die chinesische Abkürzung ist RMB, die internationale CNY.
Die Einheiten sind Yuan = 10 Jiao = 100 Fen.
Der Wechselkurs zum Euro war am 20.10.2016:
1 EUR = 7,3689 CNY 1 CNY = 0,1357 EUR

Abb. 3.9: Jiao Banknote (© Shutterstock/Vladimir Mijailovic)

Die chinesische Zentralbank sorgt mit Devisenmarktinterventionen dafür, dass die Währung an den US-Dollar gekoppelt ist. Das wiederum hat zur Folge, dass der Renminbi stark unterbewertet ist und China dadurch Kostenvorteile hat. Der Forderung der USA, Europas und der Nachbarn in Asien, die Dollarbindung aufzuheben, hat sich China bisher widersetzt. Aber es kommt Bewegung ins Spiel. So hat China schon zugesagt, die Angelegenheit zu prüfen, mit dem Ziel, langfristig seine Währung in kleinen Schritten freizugeben.

Abb. 3.10: Yuan-Münze Vorder- und Rückseite (© Shutterstock/mnimage)

Interessant ist eine Begründung hierfür, die nicht laut geäußert und deshalb viel zu wenig beachtet wird:

»Der chinesischen Führung ist sehr wohl bewusst, dass der Exporterfolg mit dem niedrig bewerteten Renminbi zu tun hat, und sieht mit Sorge, dass chinesische Unternehmen sich ein wenig auf diesem Exporterfolg ausruhen und in betriebswirtschaftlicher Hinsicht den Anschluß verlieren. Mit einer stärkeren Währung wären Firmen gezwungen, sich die betriebswirtschaftlichen Kennzahlen wieder ein wenig genauer anzuschauen, entsprechend zu reagieren und sich auch auf diese Weise dem Westen anzugleichen.«

Das hätte weitreichende Folgen. Zwar würden Chinas Exporte verteuert, aber Importe wie beispielsweise deutsche Autos verbilligt.

Billiger für China würden aber auch Rohstoffe aus aller Welt, was zur Folge hätte, dass noch mehr Strategische Metalle eingekauft und diese damit für den Rest der Welt teurer werden. Teurer würden natürlich auch die Seltenerdmetalle aus China!

Im Gesamtzusammenhang darf man auch die enormen Dollar- und Euroreserven Chinas nicht übersehen, mit denen es Einfluss nehmen kann. Die anderen wichtigen asiatischen Währungen wie Singapur-Dollar, Indonesiens Rupiah, Koreas Won und Indiens Rupie werden ebenfalls hiervon beeinflusst.

Wie weit der Wettbewerb durch Preisvorteile geht, zeigt folgende Meldung vom Mai 2010: Der chinesische Staatskonzern Covec, eine Tochter der chinesischen Eisenbahn, hat einen Teilauftrag über 340 Millionen Euro zum Ausbau einer Autobahn in Polen erhalten. Das Angebot lag 40 Prozent unter dem deutscher Firmen, auch weil Covec Arbeiter aus China einfliegen wird und keine Kredite benötigt, also subventioniert wird. Erfüllungsbürgschaften werden erstellt durch chinesische Banken, die in Europa nicht zugelassen sind. Finanziert wird das Ganze auch mit EU-Mitteln, also Steuergeldern. Umgekehrt wäre das nicht möglich.

Auf das Thema »China« kommen wir noch einmal zurück in direktem Zusammenhang mit den Metallen, ihrer Herkunft und der Beteiligungsmöglichkeiten.

USA – Asien/Europa

Wie bereits in der Einleitung angedeutet, ist auch die Konstellation zwischen den USA, Asien und Europa wichtig.

Die Interessen der USA verschieben sich in Richtung Asien, aus amerikanischer Sicht also in Richtung Westen. Die wichtigen Handelspartner der USA werden demnach in Zukunft nicht mehr nur hauptsächlich in Europa, Deutschland eingeschlossen (TTIP hin oder her), sein. Erinnert sei in diesem Zusammenhang an den Begriff »Chindonesia« für China, Indien und Indonesien, der für die sprunghaft steigende Wirtschaftskraft dieser drei asiatischen Länder steht. Diese Ausrichtung gilt aus asiatischer Sicht in Richtung Osten, also USA, genauso.

Die Chinesen sind ein wissbegieriges Volk, schon Konfuzius (551–479 v. Chr.) predigte zu seiner Zeit, dass Lernen das höchste Gut sei. China sendet seine Elite nach einem gnadenlosen Auswahlprozess in Schulen und Universitäten gerne zum Studieren ins Ausland, meist nach Amerika. Sogar chinesische Regierungsbeamte studieren an der Eliteuniversität Harvard das Fach Verwaltung. So ist es nicht verwunderlich, dass sich in beiden Richtungen immer mehr Beziehungen aufbauen.

Bereits im 19. Jahrhundert waren für den Eisenbahnbau in den USA zwischen West- und Ostküste Tausende chinesische Gastarbeiter im

Einsatz gewesen. Sie zeichneten sich gegenüber den Einheimischen durch Fleiß, Auffassungsgabe, Ideenreichtum, Disziplin und Genügsamkeit aus. Hop Sing, der chinesische Koch in der in den Jahren um 1870 spielenden Fernsehserie *Bonanza*, war ein Kind dieser Zeit. Heute bildet China neben anderen Naturwissenschaftlern Jahr für Jahr 500 000 Ingenieure aus.

Und wo bleibt Deutschland, dessen Wohlstand ausschließlich auf Naturwissenschaften und Ingenieurleistungen und den daraus resultierenden Exporten von Gütern und Dienstleistungen beruht? Fast drei Millionen Menschen haben hierzulande nicht einmal einen Schulabschluss! Vorhandene Lehrstellen können nicht besetzt werden, weil viele Bewerber, wenn sie überhaupt erscheinen, weder rechnen noch schreiben noch einen vernünftigen Satz formulieren können, von Allgemeinbildung ganz zu schweigen. Deutsche Unternehmen suchen händeringend nach Ingenieuren – und wo? In Osteuropa und Asien!

China wird uns in absehbarer Zeit eingeholt haben. Die Produktpalette, die wir nach Asien liefern, wird immer kleiner. Wir haben es ihnen ja auch beigebracht und jahrelang viele Patente verschenkt, um ein bisschen kurzfristigen Marktzugang zu bekommen. Selbst Solaranlagen kommen inzwischen zu 80 Prozent aus China. Die Volksrepublik wird uns nach dem Erreichen der kritischen Masse für nichts mehr benötigen. Ganz im Gegenteil.

Zum ersten Mal in der Geschichte der Menschheit kommen wir jetzt an den Punkt, an dem Rohstoffe knapp werden. Bislang ging es nur um Förderkosten und Lieferwege. Jetzt kommt echte Knappheit dazu. In Europa kommen auf 100 Einwohner 50 Pkws, in China sind es nicht einmal zwei Fahrzeuge. Wenn die Chinesen diese Quote auch nur auf sechs Autos erhöhen, wird es mit der Lieferung von Eisenerz eng. Von anderen Materialien wie Seltene Erden mal ganz abgesehen. Bei diesem Gedankenexperiment ist nur China mit 1,4 Milliarden Menschen berücksichtigt. Die umliegenden asiatischen Staaten einbezogen, kommen über 3 Milliarden Menschen zusammen, die nach Fortschritt und Wohlstand lechzen. Es wird ein noch nie dagewesener Kampf um Rohstoffe entstehen. Meinen Sie, in einer solchen Phase hat China Interesse daran, die Rohstoffkonkurrenten Europa und USA aufzupäppeln? Wenn die Volksrepublik die eigene Bevölkerung langfristig auf ein ähnliches Niveau bringen will wie im Westen – und das ist das erklärte Ziel –, muss man vom exakten Gegenteil ausgehen: China muss uns als Rohstoffkonkurrenten ausschalten.

Die aktuelle Entwicklung läuft exakt in diese Richtung. Die chinesischen Konjunkturhilfen sind ganz klar daran gekoppelt, dass nur chinesische Lieferanten davon profitieren dürfen. Die deutsche Abwrackprämie durften alle Autohersteller kassieren, dabei war unter den zehn größten Profiteuren nur ein deutscher Autobauer, nämlich VW. Die deutschen Politiker staunen über die bösen Chinesen, ohne im Ansatz zu verstehen, was hier vor sich geht.

China kauft seit Jahren weltweit alle Arten von Industrierohstoffen wie Erze in Südamerika, Afrika und Australien und erwirbt ein Bergbauunternehmen nach dem anderen. Die Erfahrung der letzten Jahre zeigt, dass die von diesen Unternehmen geförderten Erze fast vollständig nach China geleitet werden. Im Bereich der Seltenen Erden – industriell besonders wichtiger Metalle – bestimmt China inzwischen über 97 Prozent der Weltproduktion. Ohne Seltene Erden kein Elektroantrieb, kein Akku, keine Energiesparlampe (das wäre jetzt wieder positiv zu sehen ...). Den Export der Seltenen Erden hat China in den letzten Jahren stark beschränkt.

Immerhin, in Europa ist seit einigen Jahren zumindest das Problem erkannt.

Lassen Sie mich den Ausflug nach China beenden mit dem chinesischen Sprichwort »Jeden Monat ein Huhn stehlen« – und einer Erklärung, was darunter zu verstehen ist:

> Dai Ying, ein Beamter des Song-Staates während der Frühlings- und Herbst-Periode (722–481 v. Chr.), beschloss die Steuern zu senken. Er fragte Mengzi, den bedeutendsten Nachfolger von Konfuzius: »Ich möchte die Steuern senken. Wir haben aber in diesem Jahr nicht genug Staatseinkünfte, um die Steuern so viel zu senken, wie ich möchte. Was hältst du davon, wenn wir in diesem Jahr einen kleinen Steuererlass machen und erst im nächsten Jahr die volle Steuerermäßigung durchführen?«
> Mengzi sagte: »Es gab einen Mann, der jeden Tag ein Huhn von seinem Nachbarn stahl. Man sagte zu ihm: ›Das tut kein anständiger Mann.‹ ›Gut,

> dann werde ich nur einmal im Monat ein Huhn stehlen und im nächsten Jahr stehle ich dann gar nicht mehr.‹ Da er wusste, dass er etwas Schlechtes tat, war er verpflichtet, sofort damit aufzuhören. Warum bis zum nächsten Jahr warten?«

Das chinesische Sprichwort »Jeden Monat ein Huhn stehlen« bezieht sich also auf diejenigen, die wissen, dass sie falsch handeln und sich trotzdem nicht sofort bessern. Kommt uns das irgendwie bekannt vor?

4
Minen, Recycling

Für Recycling besteht bisher noch keine nennenswerte Möglichkeit einer finanziellen Beteiligung, von einzelnen Aktiengesellschaften abgesehen. Auf Messen, die sich mit Finanzanlagen, Rohstoffen und Metallen beschäftigen, habe ich jedenfalls bisher keinen namhaften Aussteller gefunden, der diese Branche vertritt und Beteiligungen, in welcher Form auch immer, anbietet. Dies gilt für Strategische Metalle und Seltene Erden – für Kunststoffrecycling gibt es Anbieter. Das wird sich meines Erachtens sehr schnell ändern.

Minenunternehmen hingegen findet man viele – kleine und große, neue und etablierte –, und zwar sowohl als direkte Beteiligungsmöglichkeit als auch eingebunden in Fonds oder Zertifikate namhafter Emissionshäuser. Mehr dazu finden Sie in Kapitel 13.

Minen

In Kapitel 2 ging es bereits um die Geosphäre. Schauen wir uns die Herkunft von Energierohstoffen und Metallen an, stellen wir fest, dass alle aus der Lithosphäre, also der Erdkruste herausgeholt werden müssen. Sie liegen dort, wenn auch selten, entweder in direkt verwendbarer Form oder in Form von Erzen, chemischen Zusammensetzungen oder verunreinigt mit fremden Stoffen. Sie sind entweder oberflächennah und können in Gruben abgebaut werden oder sie liegen tiefer in der Erde, auch unterhalb von Ozeanen, und müssen von dort mit großem technischem und damit finanziellem Aufwand nach oben geholt werden.

Knappheit, Reichweite, Ressource und Reserve

Alle Rohstoffe in der Erdkruste werden seit Jahrhunderten mit den jeweils vorhandenen wissenschaftlichen Möglichkeiten auf deren Vorkommen hin untersucht. Die Wissenschaft ist heute so weit, dass sie aufgrund bereits bekannter Bodenformationen voraussagen kann, ob die Einlagerung bestimmter Stoffe wahrscheinlich oder eher unwahrscheinlich ist. Dies bedeutet in der Praxis, dass die Suche gezielt eingegrenzt werden kann. Daraus lässt sich ableiten, dass neue, zufällige Entdeckungen von Bodenschätzen größeren Ausmaßes zwar nicht auszuschließen, aber doch eher unwahrscheinlich sind. Eine Ausnahme ist der Meeresboden in großen Tiefen; hier steht man naturgemäß noch am Anfang.

Generell muss uns bewusst sein, dass die Rohstoffvorräte in der mit unseren Möglichkeiten erreichbaren Erdkruste endlich sind. Der Anstieg von Förderung und Verbrauch ab Fund eines Rohstoffs über das Fördermaximum und schließlich die Abnahme der Förderung, und aufgrund steigender Preise auch des Verbrauchs, ähnelt, als Kurve aufgezeichnet, einer Glocke. Bei einigen Rohstoffen, wie beispielsweise Erdöl, gehen Fachleute davon aus, dass das weltweite Fördermaximum, genannt *Peak* (Spitze) bereits erreicht ist. Dies ist aber umstritten.

Um Rohstoffvorräte mit ihren unterschiedlichen Betrachtungsansätzen in Fachberichten nicht jedes Mal langatmig erklären zu müssen, haben sich einige Begriffe etabliert, die kurz, knapp und dennoch ausführlich genug die jeweilig gemeinte Situation beschreiben.

Wann eigentlich ist eine Ressource knapp? Wie soll man das definieren? Man kann Knappheit beziehen auf das weltweite Vorkommen insgesamt. Nach diesem Verständnis sind bekanntermaßen Gold und Platin knapp, aber auch Metalle, die das Hauptthema dieses Buchs ausmachen, wie beispielsweise Gadolinium oder Indium. Knappheit lässt sich aber auch beziehen auf die Verfügungsmöglichkeit, wenn der Abbau des Metalls besonders schwierig ist. Scandium beispielsweise ist weltweit reichlich vorhanden, aber es findet sich nur fein verteilt im Erdreich. Es gibt keine Lagerstätten mit hohen Konzentrationen. Also ist die Gewinnung aufwendig.

Unter *absoluter Knappheit* wird die generelle voraussichtliche Erschöpfung eines Rohstoffs verstanden. *Relative Knappheit* bedeutet eine momentane Engpasssituation, beispielsweise durch Lieferengpässe aufgrund von Förderproblemen.

Der Begriff *Reichweite* wird in Jahren differenziert. Man unterscheidet

- *statische Reichweite,* bei der die bekannte förderbare Reserve durch den aktuellen Verbrauch dividiert wird;
- *dynamische Reichweite,* die einen voraussichtlichen Verbrauchszuwachs mit einrechnet;
- *effektive Reichweite,* die Preissteigerungen zum Ende hin einkalkuliert mit der Folge, dass sich die rechte Seite der oben geschilderten Glockenkurve immer weiter abflacht und der Rohstoff nie ganz versiegen wird.

Die statische Reichweite wurde beispielsweise bei der bekannten Studie des Club of Rome von 1972 mit dem Titel »Die Grenzen des Wachstums« zugrunde gelegt. Diese Studie führte damals in der Öffentlichkeit zu heller Aufregung, sagte sie doch aus, dass aus damaliger Sicht in Kürze die für die Menschheit wichtigsten Rohstoffe durch den ungehemmten Raubbau verschwunden sein würden. Sie berücksichtigte allerdings nicht den technischen Fortschritt und die sich ändernde wirtschaftliche Situation und ging somit in ihren Ausblicken fehl.

Wenn Sie dieses Thema näher interessiert: Die 350 Seiten lange Studie (inklusive 23 Seiten Literaturhinweise) mit dem Titel »Trends der Angebots- und Nachfragesituation bei mineralischen Rohstoffen« beschäftigt sich schwerpunktmäßig mit Industrie- und Nebenmetallen. Erstellt wurde sie vom Rheinisch-Westfälischen Institut für Wirtschaftsforschung (RWI Essen), dem Fraunhofer-Institut für System- und Innovationsforschung (ISI) und der Bundesanstalt für Geowissenschaften und Rohstoffe (BGR). Einen beruhigenden Satz aus dieser Studie möchte ich hier zitieren:

> »Die gesamte Ausstattung der Erdkruste mit einem bestimmten Rohstoff ist zumeist millionenfach umfangreicher als dessen Reserven, welche die

bei derzeitigen Preisen wirtschaftlich gewinnbaren Rohstoffvorkommen darstellen.«

Die Branche trennt sorgfältig in Beteiligungen an Explorationen, also Investitionen in die bevorstehende Ausbeutung neuer Minen, einerseits und Beteiligungen in bereits vorhandene Minen mit neuem Kapitalbedarf andererseits, vergleichbar mit etablierten Industrieunternehmen. Diese Beteiligungen kann man entweder direkt zeichnen – Unternehmen findet man im Internet und auf Anlegermessen –, oder als Aktien beziehungsweise Aktienfonds kaufen. Man muss aber wissen, dass neu entdeckte Vorkommen bis zu zehn Jahre benötigen, bis sie nennenswert zur Weltproduktion beitragen.

Explorationsunternehmungen zu bewerten sollte man Experten überlassen. Viele Firmen glänzen in Verkaufsprospekten mit Zahlen, die für den Fachmann völlig wertlos sind. Wie komplex eine Bewertung ist, sollen folgende grundlegend wichtige Angaben aufzeigen, wobei diese nur der Beginn einer Bewertung sind:

Die *Ressource* beschreibt die Menge an vorhandenem Erz im Boden, wobei eine Gehaltsuntergrenze *(cut-off grade)* festgelegt wird, die als gerade noch abbaubar gilt (zum Beispiel 0,4 g/t Au im Tagebau). Es gibt abgeleitete *(inferred)*, angezeigte *(indicated)* und gemessene *(measured)* Ressourcen, wobei der Unterschied im Abstand der Bohrungen und in der Kontinuität der Vererzung zwischen den Bohrungen besteht.

Eine *Reserve* ist der abbaubare und ausbringbare Teil einer Ressource. Verluste entstehen insbesondere durch die Struktur des Abbaus und bei der Abtrennung des Erzes vom Gestein. Eine Reserve kann 10 Prozent, aber auch über 50 Prozent kleiner sein als die entsprechende Ressource. Nach einer Machbarkeitsstudie lassen sich angezeigte Ressourcen in wahrscheinliche Reserven *(probable)* und gemessene Ressourcen in nachgewiesene Reserven *(proven)* umwandeln.

Für die Bewertung unterscheidet man deshalb auch in Kurzform M+I-Ressourcen (Measured und Indicated) und 2P-Reserven (Proven und Probable).

Bei der Betrachtung der Wirtschaftlichkeit eines Abbaus fließen viele weitere Aspekte in die Berechnung ein. Hierzu gehören die Lage und die Infrastruktur, die soziale und die Umweltsituation, die politische und rechtliche Situation sowie die notwendigen finanziellen Klärungen von Kosten, Finanzierung, Marketing et cetera.

Wenn in einer Lagerstätte mehrere Metalle und auch Gold vorkommen, drücken viele Firmen den kombinierten Wert der in einer Lagerstätte enthaltenen Metalle als *Goldäquivalent* aus. Allerdings muss dazu immer dargestellt werden, welche Metalle in welchen Mengen und Gehalten tatsächlich vorhanden sind. Die Einheit Moz steht für Millionen Feinunzen.

Zum Beispiel: Eine Lagerstätte hat eine Ressource von 500 000 t Cu und 0,7 Moz Au, bei Preisen von US$ 3500/t Cu und US$ 900/oz Au.

Enthaltener Kupferwert: 500 000 × 3500 US$ = 1,75 Mrd. US$
Enthaltener Goldwert: 700 000 × 900 US$ = 0,63 Mrd. US$
Kombinierter Wert: $ 2,38 Mrd./900 $/oz = 2,64 Moz Goldäquivalent

Auch für Investitionen als direkte Beteiligung oder mit Aktien in etablierte Minenunternehmen ist eine fundierte Marktkenntnis erforderlich. Wer diese nicht aufweisen kann, sollte in Minenfonds investieren, die von Experten gemanagt werden. Allerdings ist in diesem Zusammenhang festzuhalten, dass der zuständige Vergleichsindex, der MSCI World Metals & Mining, in den letzten Jahren besser abgeschnitten hat als die meisten Fonds. Interessant ist auch, dass im Sog der Finanzkrise Goldminen-Aktienfonds ebenfalls abstürzten, obwohl der Goldpreis selbst stieg.

Die folgende Auflistung der Stadien von Explorationsvorhaben, sozusagen deren Lebenslauf, ist mit freundlicher Genehmigung der Internetseite der Deutsche Rohstoff AG entnommen.

Exploration oder Aufsuchung

Unter Exploration oder Aufsuchung versteht man die Suche nach neuen Rohstofflagerstätten oder die Entwicklung bereits bekannter Lagerstätten zur Produktionsreife. Beide Alternativen weisen ein sehr unterschiedliches Risikoprofil auf.

1. Frühphasen-Exploration (early stage oder grassroots exploration)

In dieser Phase werden nach Erhalt entsprechender Genehmigungen auf Basis geologischer Hypothesen oder historischer Daten erste Untersuchungen durchgeführt. Ziel ist, Indizien für das Vorliegen einer Mineralisierung zu finden, etwa durch die Entnahme und Analyse von Oberflächenproben. Auch seismische oder magnetische Untersuchungen sind gebräuchlich.

2. Lagerstätten-Identifizierung (resource identification)

Im Falle einer viel versprechenden Frühphasen-Untersuchung steht die Phase der Probebohrungen an. Erst das Bohren bringt an den Tag, in welcher Ausdehnung erzhaltiges Gestein vorliegt und wie hoch der durchschnittliche Metallgehalt tatsächlich ist.

3. Lagerstätten-Definition (resource definition)

Waren die Probebohrungen erfolgreich, ist es zur Ermittlung der tatsächlichen Ausdehnung und Konsistenz einer Lagerstätte erforderlich, Flächenbohrungen mit mehr oder weniger kleinen Abständen zwischen den Bohrlöchern durchzuführen.

4. Vorstudien (pre-feasability study)

Neben der reinen Mineralisierung des Gesteins muss untersucht werden, ob und wie das Metall aus dem Erz lösbar ist, ob die Lage der erzhaltigen Gesteinsgänge eine wirtschaftliche Förderung überhaupt ermöglicht, ob im Tagebau oder im Untertagebau abgebaut werden kann und dergleichen mehr. Häufig beginnen solche Untersuchungen bereits während der Flächenbohrungen (Phase 3).

5. Machbarkeitsstudie (feasability study)

Sind alle Parameter zusammengetragen und Erfolg versprechend, wird ein unabhängiger Gutachter mit der Erstellung einer Machbarkeitsstudie beauftragt, die klären soll, ob aus der Lagerstätte tatsächlich eine Mine werden kann. Hierzu werden vor allem die möglichen Kosten und Erlöse betrachtet und geprüft, welche der in Phase 3 nachgewiesenen Ressourcen im Rahmen einer Mine wirtschaftlich abgebaut, also zu »Reserven« werden können. Schließlich wird prognostiziert, welche Lebensdauer der Mine zu erwarten ist.

6. Konstruktion (development)

Fällt aufgrund der Machbarkeitsstudie eine positive Produktionsentscheidung, beginnt der Aufbau der Mine. Neben dem Aufbau von Gebäuden und der Beschaffung von Fahrzeugen müssen große Gerätschaften wie z. B. Gesteinsmühlen und Flotationstanks beschafft und die Lagerstätte an die Energieversorgung angeschlossen werden. Dies ist ein aufwendiger und meist zwei bis drei Jahre dauernder Prozess. Parallel dazu ist die Einholung einer Abbaugenehmigung erforderlich, häufig verbunden mit der Erstellung eines Umweltgutachtens.

7. Produktion (production)

Nach erfolgter Konstruktion und Genehmigungserteilung kann die Produktion beginnen. Da sich die Prozesse erst einspielen müssen, erreicht die Produktion erst nach zwei bis drei Jahren das mögliche Maximum, um gegen Ende der Lebensdauer wieder abzusinken. Ist die Mine erschöpft, werden die Anlagen abgebaut und die Lagerstätte rekultiviert.

Investitionszeitpunkt

Wenn man sich an einer Mine finanziell beteiligen will, muss man den richtigen Zeitpunkt abwarten. Die Betreiber lösen oft durch hoffnungsvolle Zahlen und Annahmen zu einem frühen Zeitpunkt eine Euphorie aus mit dem Ziel, weitere Mittel zur Erforschung der Mine zu erhalten. Das kann gründlich danebengehen.

Den günstigsten Zeitpunkt erwischt man wie immer bei Finanzprodukten nie, aber ratsam ist in jedem Fall, die seriöse

Wirtschaftlichkeitsberechnung abzuwarten. Dann gilt es, früher als die großen Investoren dabei zu sein, wenn die Einstiegspreise noch niedrig sind. Leichter gesagt als getan? Ja!

Länderrisiken

Ein ganz wichtiger Punkt bei der Bewertung von und Beteiligung an Minenunternehmen sind Länderrisiken, die meist nicht offen kommuniziert werden. Die Risiken sind politischer, kultureller und sozialer Art, sie werden deshalb in der Branche auch *PKS-Risiken* genannt. Hinzu kommen mögliche steuerrechtliche Risiken. Diese Risiken können – jedes für sich – ein Projekt von einem Tag auf den anderen unrentabel machen.

Zu den kritischen Ländern zählen Insider die meisten EU-Länder einschließlich Deutschland, die Staaten der ehemaligen Sowjetunion, die meisten afrikanischen Länder, in Südamerika die Länder Ecuador, Bolivien und Venezuela, China, einige Provinzen Kanadas und andere. Investitionsfreundlich und daher positiv beurteilt werden die Türkei, die USA, Südafrika, Skandinavien, die kanadischen Provinzen Québec und Ontario und überraschenderweise auch Mexiko und Kolumbien. Je nach Interessenlage und politischen Konstellationen kann sich das natürlich jederzeit ändern.

Recycling

Viele Strategische Metalle und Seltenerdmetalle sind in kleinen Mengen vor allem in Computern und Mobiltelefonen verbaut. Wenn man einmal einen Blick in ein solches Gerät wirft, wird klar, dass ein Herausmontieren einzelner Komponenten fast unmöglich oder zumindest sehr aufwendig ist. Das ist auch der Grund, weshalb trotz wertvoller Inhaltsstoffe diese Geräte nach wie vor im Hausmüll entsorgt werden. Pro Jahr werden allein in Deutschland rund zehn Millionen Handys in den Müll geworfen! Damit gehen mindestens ebenso viele Euros an Werten recycelbarer Metalle verloren, künftig sogar noch viel mehr.

Abb. 4.1: Handywerkstoffe (© Beobachter/Daniel Röttele) ▶

YCLING

Velche Schätze in Handys schlummern

er Schweiz liegen rund acht Millionen nicht mehr benutzte Handys in den Schubladen. Würden sie rezykliert, könnten weltweit knapp ordene Metallreserven geschont werden. **DANIEL RÖTTELE (INFOGRAFIK) UND OTTO HOSTETTLER (TEXT)**

eim Handy-Recycling geben Schweizerinnen und Schweizer kein Vorbild ab: Die Rücklaufquote der nicht mehr uchten Geräte beträgt nur 15 Prozent. bfall landet gemäss einer Schätzung Nokia nur ein kleiner Teil; 40 Prozent en weitergegeben oder verkauft – und die Hälfte aller nicht mehr benutzten ys lagern in den Schubladen. Bei jährlich 2,8 Millionen verkaufter Handys dürften sich in den Haushalten zirka acht Millionen alte Geräte angesammelt haben.

In all diesen Geräten schlummern wertvolle Rohstoffe. Rezykliert werden Edelmetalle wie Kupfer, Silber und Gold. In Handys stecken aber auch mehr als 20 exotische Metalle, so etwa Tantal, Indium, Palladium und Gallium. Einige dieser Stoffe sind gesundheitlich problematisch, andere äusserst selten. Gemeinsam ist ihnen, dass sie für die Handy-Herstellung unentbehrlich sind. «Gerade beim Indium ist das Verhältnis zwischen der Nachfrage und den verfügbaren Mengen aus dem Abbau kritisch geworden, deshalb ist das Recycling von indiumhaltigen Geräteteilen nötig», sagt Patrick Wäger von der Eidgenössischen Materialprüfungs- und Forschungsanstalt (Empa).

Indium ist in Form eines leitfähigen Glases ein zentraler Bestandteil des Displays. Der Bedarf hat die Jahresproduktion längst um ein Vielfaches überholt. Die weltweiten Ressourcen, schätzt die deutsche Bundesanstalt für Geowissenschaften und Rohstoffe, reichen höchstens noch 15 Jahre. ■

Ein Handy besteht zu 56 Prozent aus Kunststoffen, zu 25 Prozent aus Metallen, zu 16 Prozent aus Glas und Keramik und zu 3 Prozent aus sonstigen Stoffen.

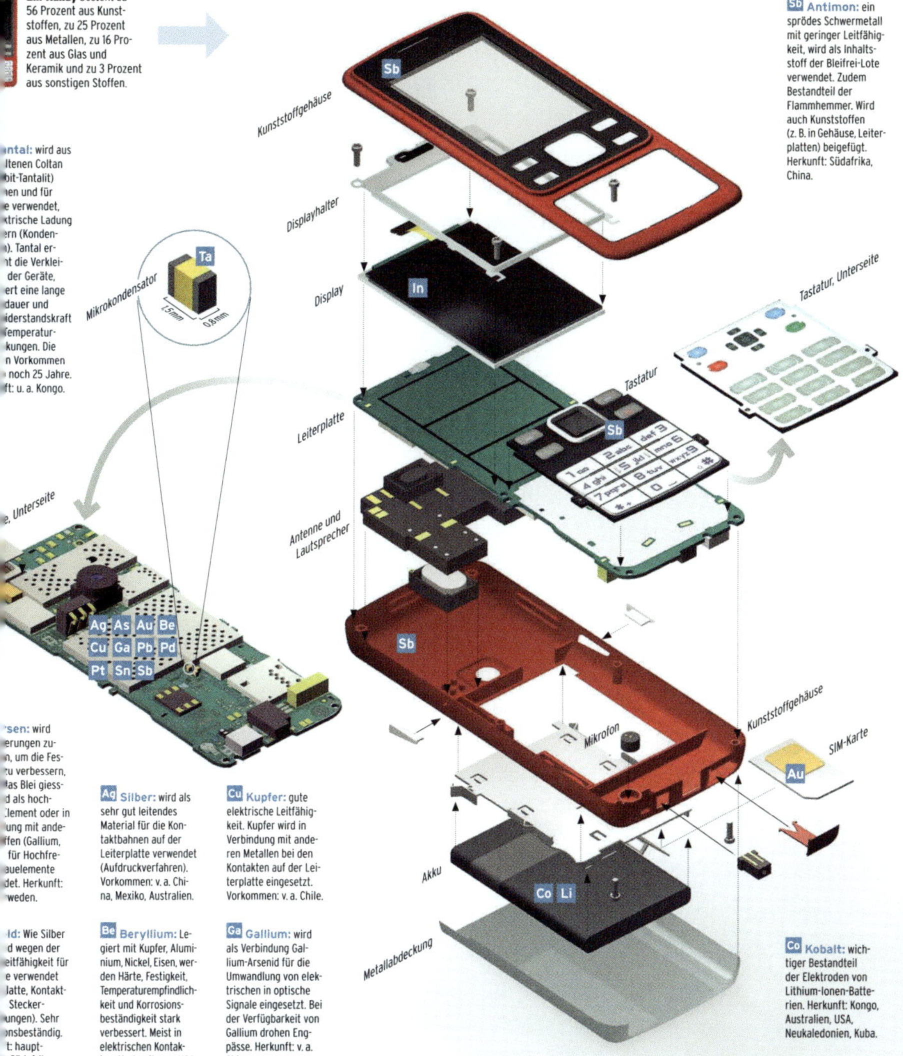

ntal: wird aus ltenen Coltan bit-Tantalit) nen und für e verwendet, ktrische Ladung rn (Konden-). Tantal er-nt die Verkleider Geräte, ert eine lange dauer und iderstandskraft Temperatur-kungen. Die n Vorkommen noch 25 Jahre. ft: u. a. Kongo.

Sb Antimon: ein sprödes Schwermetall mit geringer Leitfähigkeit, wird als Inhaltsstoff der Bleifrei-Lote verwendet. Zudem Bestandteil der Flammhemmer. Wird auch Kunststoffen (z. B. in Gehäuse, Leiterplatten) beigefügt. Herkunft: Südafrika, China.

In Indium: Das weiche Schwermetall wird bei der Verhüttung von Zink gewonnen und kommt bei LCD-Displays zur Anwendung. Die Vorkommen reichen laut Forschern nur noch wenige Jahre. Herkunft: v. a. China, Kanada, Peru.

Pb Blei: wird für Abschirmungen, etwa bei der Beschichtung der Leiterplatten, eingesetzt. Aufgrund von EU-Vorschriften ist die Verwendung von Blei in elektronischen Geräten inzwischen stark eingeschränkt. Vorkommen: USA, Australien, Russland.

Pd Palladium: weist gute elektrische Eigenschaften auf, lässt sich gut umformen und zu dünnen Folien walzen. Korrosions- und oxidationsbeständig, oft mit anderen Metallen legiert. Herkunft: Kanada, Südafrika, Russland.

Pt Platin: wird dort verwendet, wo Metalle auf keinen Fall korrodieren dürfen, etwa bei hochbelasteten Kontakten auf der Leiterplatte. Vorkommen: Südafrika, Russland, Kanada.

sen: wird erungen zu-n, um die Fes-zu verbessern, das Blei giess-d als hoch-Element oder in ung mit ande-ffen (Gallium, für Hochfre-auelemente det. Herkunft: weden.

Ag Silber: wird als sehr gut leitendes Material für die Kontaktbahnen auf der Leiterplatte verwendet (Aufdruckverfahren). Vorkommen: v. a. China, Mexiko, Australien.

Cu Kupfer: gute elektrische Leitfähigkeit. Kupfer wird in Verbindung mit anderen Metallen bei den Kontakten auf der Leiterplatte eingesetzt. Vorkommen: v. a. Chile.

Sn Zinn: weiches, silberweisses Schwermetall, auf Leiterplatten meist in legierter Form eingesetzt, zum Teil auch Ersatz für Indium. Vorkommen: u. a. Australien, Malaysia.

ld: Wie Silber d wegen der eitfähigkeit für e verwendet latte, Kontakt- Stecker-ungen). Sehr nsbeständig. t: haupt- Südafrika.

Be Beryllium: Legiert mit Kupfer, Aluminium, Nickel, Eisen, werden Härte, Festigkeit, Temperaturempfindlichkeit und Korrosionsbeständigkeit stark verbessert. Meist in elektrischen Kontakten. Herkunft: u. a. USA.

Ga Gallium: wird als Verbindung Gallium-Arsenid für die Umwandlung von elektrischen in optische Signale eingesetzt. Bei der Verfügbarkeit von Gallium drohen Engpässe. Herkunft: v. a. China.

Co Kobalt: wichtiger Bestandteil der Elektroden von Lithium-Ionen-Batterien. Herkunft: Kongo, Australien, USA, Neukaledonien, Kuba.

Li Lithium: Zähes Leichtmetall, thermisch stabil, hohe Energiedichte. Wird in Batterien und Akkus eingesetzt. Grosse Vorkommen von Lithiumsalzen u. a. in Chile, Bolivien, USA, Argentinien, Tibet.

: EMPA, SWICO, PUSCH

Es gibt zwar ein Gesetz, das die Entsorgung von Elektro- und Elektronikgeräten als Elektroschrott regelt, aber wie heißt es so schön: Wo kein Kläger, da kein Richter. Diskutiert wird deshalb zumindest für Handys ein Abgabemodell mit separaten öffentlichen Sammelstellen ähnlich den Flaschencontainern oder den Batterieboxen in Supermärkten, die von der Bevölkerung besser angenommen werden. Auch eine Pfandregelung ist vorstellbar.

Forscher der TU Berlin und des Fraunhofer-Instituts für Produktionstechnik haben bereits 2005 ein Verfahren entwickelt, mit dem man Mobiltelefone zerlegen kann: Eine Kamera erkennt den Handytyp, ein Roboter demontiert. Das Verfahren ist dennoch aufwendig und nur bei kleinen Stückzahlen anwendbar. Schneller geht, vor allem bei großen Mengen, ein Recycling der brachialen Art: Der Kunststoff von Handys und anderem Elektronikschrott wird verbrannt, die dabei entstehende Wärme wird genutzt und der übrig bleibende Metallschrott mittels diverser Verfahren getrennt. Das hört sich einfach an, ist es aber natürlich nicht. Deshalb machen die Firmen aus diesen Verfahren auch so ein großes Geheimnis. Vor allem Kupfer wird zurückgewonnen, aber eben auch Metalle wie Gold, Silber, Palladium und unsere »Gewürzmetalle«.

Laut Expertenmeinung könnten 500 000 Tonnen Rohmaterialien eingespart werden, wenn jeder der zurzeit rund 6 Milliarden Handybesitzer weltweit sein ausgedientes Mobiltelefon zurückgeben würde. Die Treibhausgase, die eingespart würden, entsprächen einer Größenordnung, als würden 6 Millionen Autos von den Straßen genommen. Man geht allerdings davon aus, dass nur 3 Prozent aller Handybesitzer ihr Gerät ins Recycling geben.

Schauen wir uns doch einmal einige Zahlen an: Weltweit werden jährlich nur rund 2000 Tonnen Handys fachmännisch recycelt. Ein Tropfen auf den heißen Stein, wenn man bedenkt, dass etwa 80 Millionen Tonnen Handys, Laptops, Drucker, Fernsehgeräte, Radios, Player, Kameras und andere Elektronikgeräte Jahr für Jahr ausgemustert werden. Größere Elektrogeräte wie Kühlschränke, Herde, Waschmaschinen et cetera, die in der Branche »Weiße Ware« genannt werden, sind nicht einmal inbegriffen, obwohl auch in solchen Geräten mittlerweile viel Elektronik verbaut ist. Dabei sind sowohl Mobiltelefone als auch Computer zum Zeitpunkt der Entsorgung oft noch voll funktionsfähig, aber insbesondere in den Industrieländern für den Nutzer vermeintlich nicht mehr modern genug. Die Werbung, Telefon- und Netzanbieter sorgen schon dafür, dass vor allem junge Menschen immer die neuesten Smartphones haben wollen und letztlich doch nur einige der vielen Funktionen nutzen. Dies vor allem dann, wenn sie feststellen, dass die angesagten Funktionen noch einmal Gebühren kosten.

Der Vollständigkeit halber sei angemerkt, dass Fernseher, Radios, Hi-Fi-Anlagen et cetera im Handel immer noch »Braune Ware« genannt werden. Die Begriffe »Weiße Ware« und »Braune Ware« stammen aus früheren Zeiten, als Elektrogeräte für Küche und Waschkeller weiß emailliert beziehungsweise lackiert waren und Unterhaltungsgeräte für das Wohnzimmer ein braunes Holzgehäuse hatten.

Schon jetzt könnte man mit einer verbesserten Recyclingpolitik vor allem in Entwicklungsländern aus »Brauner Ware«, Computern und Handys 2 Millionen Tonnen Metall wiedergewinnen. Insbesondere dort aber wird von vielen Kleinunternehmern mit unterbezahlten Hilfsarbeitern das Ausschlachten alter Geräte mit abenteuerlichen Methoden vorgenommen, in der Regel völlig ineffizient, noch dazu ohne jeden Arbeitsschutz oder Einhaltung irgendwelcher Umweltstandards. Eine staatlich regulierte Recyclingpolitik fehlt meist. Schon deshalb lohnt es sich, Elektromüll aus Industrieländern, der auch große Mengen Gifte enthält, in Entwicklungsländern zu entsorgen. Lötverbindungen enthalten Blei, Prozessoren und Speicher krebserregendes Antimontrioxid, andere Bauteile Quecksilber, Cadmium oder Brom.

Da die Ausfuhr von Elektroschrott aus der EU verboten ist, »verkauft« man den Ausfuhrbehörden wertlose Computer als Spenden für Afrika. Dort dürfen dann Kinder die giftigen Dämpfe einatmen, wenn sie die Platinen übers Feuer halten, um Metalle herauszuschmelzen. Nigeria beispielsweise ist nach Greenpeace-Recherchen zu einer Müllhalde für europäischen Elektroschrott geworden. Eine ganze neue Gesellschaftsschicht von E-Schrott-Verwertern lebt inzwischen auf giftigen Abfallhaufen.

Schon der Abbau von Metallen aus Minen ist sehr umweltbelastend und verwüstet ganze Landschaften. Hiervon betroffen sind wiederum vor allem Entwicklungsländer, die keine Renaturierung ausgebeuteter Minen vornehmen. Für das Recycling als Alternative haben Wissenschaftler deshalb den schönen Begriff »Urban Mining«, Bergbau in der Stadt, geprägt. Angespielt wird damit auf die Tatsache, dass weltweit rund 60 Prozent der zurzeit 7 Milliarden Menschen in Städten leben und dort die meisten elektronischen Geräte zu finden sind. Urban Mining wird aber künftig auch sehr wörtlich zu nehmen sein: Irgendwann wird man beginnen, die alten Müllhalden am Rande von Großstädten, oft mit Erde und Pflanzen bedeckt und von der Bevölkerung verharmlosend »Monte Scherbelino« genannt, auf wertvolle Rohstoffe hin zu untersuchen.

5

Das Periodensystem der Elemente

Keine Angst, jetzt folgt kein Chemieunterricht. Ich beschränke mich auf ganz einfache Zusammenhänge und Sie werden sehen, wie interessant und sogar spannend das PSE, wie das Periodensystem der Elemente abgekürzt heißt, sein kann. Haben Sie beispielsweise noch in Erinnerung, dass es unter den 118 Elementen neben den Gasen nur ganz wenige feste Elemente gibt, die keine Metalle sind? Dazu zählen lediglich Kohlenstoff, Phosphor, Schwefel und, eingeschränkt, Brom. Selen, das auch in diesem Buch vorgestellt wird, ist ein Halbmetall.

Schon vor Jahrtausenden haben die Menschen versucht, die Materialien aus ihrer Umwelt zu verstehen und einzuordnen. Systematische Wissenschaft gab es noch nicht, vieles Unerklärliche wurde schlicht und ergreifend je nach Zeit und Ort verschiedenen Gottheiten als gute oder böse Absicht unterstellt. Erst im 17. Jahrhundert begann die Hochphase der Wissenschaft, und man kann sich nur schwer die Faszination und das Interesse der Menschen dieser Zeit an neuen Erkenntnissen vorstellen, die das einfache religiöse Weltbild in vielen Punkten auf den Kopf stellten. Ehrlicherweise müssen wir zugeben, dass sich alle diese weisen geschichtlichen Erkenntnisse auf Europa beziehen. Erst ganz allmählich wird bei uns deutlich, wie viel andere Kulturen, hauptsächlich in Asien, schon wussten. Viele dieser frühen Errungenschaften erreichten uns auch über Spanien aus dem Orient.

Bis ins Mittelalter gab es in allen Kulturen die Vorstellung, die Welt sei aus den vier Elementen Erde, Wasser, Luft und Feuer aufgebaut. Damit konnte man viel erklären, sogar die Eigenschaften von Menschen, und auch die zwölf Sternzeichen der Astrologie werden diesen vier Elementen zugeordnet. Man kannte aber auch schon in Reinform Kohlenstoff, Schwefel, Eisen, Kupfer, Zink, Zinn, Quecksilber, Blei, Gold und Silber. Wie kann man diese beiden Sachverhalte verknüpfen? Gar nicht. Aus diesem Grund haben wir Robert Boyle 1661 die Definition zu verdanken, dass ein Element ein Stoff sei, der nicht weiter zerlegt werden kann. Nur der Vollständigkeit halber: Heute wird ein chemisches Element definiert durch seinen atomaren Aufbau und im Periodensystem dementsprechend angeordnet.

Abb. 5.1: Das Denkmal Mendelejews mit dem Periodensystem in St. Petersburg
(© Shutterstock/Gshchn)

Das Periodensystem der Elemente (PSE) wurde ab 1869 von Dimitri Mendelejew (1834–1907, nähere Informationen finden Sie im Kapitel 12) und Lothar Meyer (1830–1895) entwickelt. Im 19. Jahrhundert wurden dann durch gezielte Forschung die meisten Elemente entdeckt. In den letzten

Jahrzehnten konnten mit moderner Technik sogar Elemente erzeugt werden, die es in der Natur gar nicht gibt.

Ganz rechts im PSE stehen die Edelgase, etwas weiter links daneben die bereits erwähnten Nichtmetalle. Der überwiegende Rest sind Metalle, unterteilt in Alkalimetalle (mit Lithium), Erdalkalimetalle, Halbmetalle, Metalloide, Übergangsmetalle und innere Übergangsmetalle. In der Gruppe 3, also in der dritten senkrechten Spalte, sind mit den Nummern 21, 39 sowie unter 57 bis 71 die Lanthanoide zusammengefasst: die Seltenerdmetalle. Die uns geläufigsten Metalle Eisen, Kupfer, Zink, Nickel, Chrom sowie die Anlagemetalle zählen zu den Übergangsmetallen.

Es gibt weitere chemische, physikalische und technische Unterteilungen, die nicht im Periodensystem aufgeführt sind:

- Schwermetalle; sie sind nicht genau definiert, aber man versteht darunter im Allgemeinen alle Metalle mit einem spezifischen Gewicht größer als 4,5 g/cm^3;
- Nichteisenmetalle, abgekürzt NE-Metalle, sind alle Metalle ohne Eisenzusatz;
- Weißmetalle, Legierungen auf Zinn- und Bleibasis,
- Buntmetalle (siehe unten), Kupferlegierungen,
- Edelmetalle (siehe unten).

Fragen Sie einmal einen Chemiker, wo sich denn im Periodensystem die Anlagemetalle befinden. Er wird lange grübeln, aber Sie können ihm nun helfen: Sie gehören zu den Edelmetallen und liegen, wie sich das gehört, einträchtig zusammen und haben die Ordnungszahlen 46 (Palladium), 47 (Silber), 78 (Platin) und 79 (Gold). Links daneben, auch brav zusammen, finden sich die vier Metalle Ruthenium (44), Rhodium (45), Osmium (76) und Iridium (77), die zu den Platinmetallen und damit zu den Strategischen Metallen gehören. Hierzu kommen wir später noch. Gold, Silber und Platinmetalle sind die Edelmetalle. Auch bei den Begriffen »Technologiemetalle«, »Strategische Metalle« und »Sondermetalle« ist der Chemiker ratlos. Diese und der Begriff »Anlagemetalle« ebenso wie »Industriemetalle« bezeichnen eben keine Metallgruppen aus der Chemie, sondern stammen aus Politik und Wirtschaft.

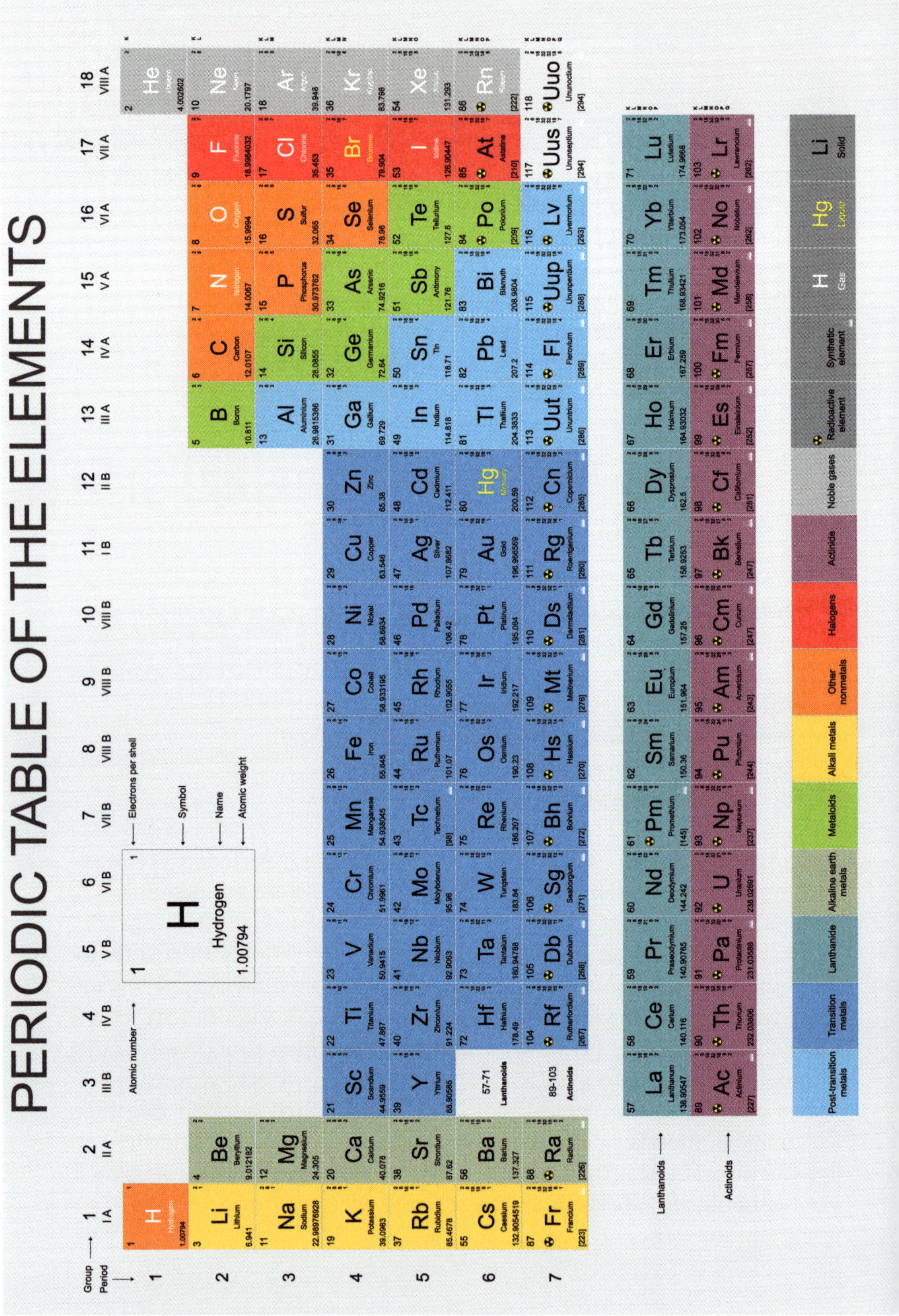

Abb. 5.2: Periodensystem (© Shutterstock/concept w)

Haben Sie sich schon einmal über die Farben von elementaren Metallen Gedanken gemacht? Es fällt doch auf, dass fast alle Metalle – Legierungen ausgenommen – einen mehr oder weniger silbrig glänzenden oder matten, jedoch immer grauen Farbton haben. Ausnahmen sind nur Gold und Kupfer! Diese Überlegung hat nichts zu tun mit dem Begriff »Buntmetall«. Wer sich auf die Suche nach einer genauen Definition dieses Begriffs begibt, wird Schwierigkeiten haben. Durchgesetzt haben sich folgende vier Ansichten:

- Alle Metalle außer Edelmetalle und Eisen sind Buntmetalle.
- Blei, Cadmium, Kupfer, Nickel und Zink sind Buntmetalle, weil ihre Erze farbig sind.
- Farbige Legierungen wie Messing und Bronze sind Buntmetalle (Kupferlegierungen, siehe oben).
- Die Nebengruppen- beziehungsweise Übergangsmetalle, die farbige Verbindungen ausbilden können, sind Buntmetalle.

Refraktärmetalle nennt man jene Metalle, deren Schmelzpunkt oberhalb des Schmelzpunkts von Platin liegt. Sie spielen deshalb in vielen Anwendungen eine besondere Rolle. Näheres hierzu finden Sie in Kapitel 11.

Bei allen in diesem Buch genannten Metallen finden Sie neben den chemischen Abkürzungen auch die zugehörigen *Ordnungszahlen*, die Ihnen helfen, bei Interesse sofort diese Metalle im Periodensystem wiederzufinden. Die Ordnungszahl gibt die Anzahl der Protonen im Atomkern an. Protonen sind die positiv geladenen Teilchen, daneben gibt es im Atomkern noch neutrale Neutronen und negativ geladene Elektronen, die in großem Abstand um den Atomkern herumschwirren. Entwickelt wurde dieses Atommodell von dem dänischen Physiker Niels Bohr (1885–1962), der dafür 1922 den Nobelpreis erhielt. Bis zu seinem Lebensende erhielt er unzählige weitere Ehrungen für viele Erkenntnisse, auch ein chemisches Element, Bohrium, wurde nach ihm benannt. Um Niels Bohr ranken sich viele Anekdoten, auch mit der berühmten »Barometer-Frage« (schauen Sie mal bei Wikipedia, es lohnt sich!) wird er in Verbindung gebracht. Er war begeisterter Fußballer und Torwart der Mannschaft der Universität Kopenhagen. Nach einem Hufeisen über dem Eingang seines Sommerhauses befragt, sagte er:

»Natürlich glaube ich als Wissenschaftler nicht daran. Aber man hat mir versichert, dass es trotzdem funktioniert.«

Niels Bohr war einer der vielen jüdischen Wissenschaftler, die unter dem nationalsozialistischen Rassenwahn zu leiden hatten. So engagierte er sich zunächst nach der deutschen Besatzung Dänemarks im Widerstand, musste dann aber 1943 nach Schweden fliehen. 1950 setzte er sich in einem offenen Brief an die Vereinten Nationen für eine friedliche Nutzung der Kernenergie ein und erhielt dafür 1957 den auf Präsident Eisenhower zurückgehenden Atoms for Peace Award (siehe auch Kapitel 6).

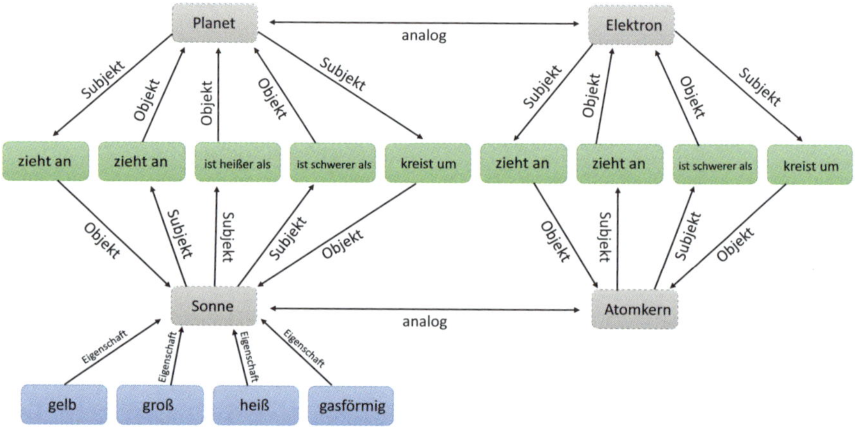

Abb. 5.3: Struktur-Abbild des Rutherfordschen Atommodells nach Gentner

Es wurden im Laufe der Zeit viele Atommodelle entwickelt. Das Bohr-Sommerfeldsche Atommodell zeigt die möglichen Elektronenbahnen für Wasserstoff. Um die Größenordnung zu verstehen, hier ein Vergleich: Wäre ein Atom so groß wie der Kölner Dom (145 Meter lang, 86 Meter breit, Höhe Dachfirst 61 Meter), hätte der Atomkern, bestehend aus Protonen und Neutronen, die Größe eines Kirschkerns und die Elektronen würden im Abstand der Wände darum kreisen.

Seit den 1960er Jahren weiß man, dass es im Atomkern noch weitere Teilchen gibt. In Kapitel 6 finden Sie noch einige Informationen zur Suche nach diesen kleinsten Teilchen. Weiteres würde den Rahmen dieses

Buchs sprengen. Aber wenn Sie ein wenig interessiert sind an der spannenden Geschichte der Entdeckung der Elemente, finden Sie im Internet unter www.seilnacht.com/lexikon/PSframe.html ein tolles Werkzeug. Sie können die einzelnen Elemente im Periodensystem anklicken und erhalten alle Hintergrundinformationen zum jeweiligen Element.

6 Geschichte

Möglicherweise interessieren sich nicht alle Leser für Technik- und Wissenschaftsgeschichte. Das ist schade, aber wissend um diesen Umstand, habe ich mich entschieden, diesen Aspekt in einem eigenen Kapitel zusammenzufassen und mich in den späteren Kapiteln bei der Vorstellung der einzelnen Metalle auf ihre Entdeckung und wichtige andere Ereignisse zu beschränken. Den größeren historischen Zusammenhang und ein wenig über die Rolle, welche die Metalle in den verschiedenen Epochen spielten, sowie ihre Bedeutung für die heutige Technik, finden Sie nachfolgend kurz skizziert.

Ein größerer Zusammenhang bedeutet zwangsläufig auch die Beachtung gesellschaftlicher, politischer und religiöser Entwicklungen, die durch naturwissenschaftliche Erkenntnisse und Erfindungen beeinflusst wurden. Ich möchte Ihnen aber auch einige Zitate, Bonmots und Aphorismen, die manche Zeitgenossen augenzwinkernd von sich gaben, sowie passende Anekdoten nicht vorenthalten.

Ein schöner Ausspruch von Sir Peter Ustinov trifft eigentlich die Entwicklung der gesamten Technikgeschichte:

> »Planung bedeutet den Zufall durch den Irrtum zu ersetzen.«

Albert Einstein hat einem Begleiter während einer Reise einmal beispielhaft kurz und treffend klargemacht, wie wissenschaftliche Beobachtung funktioniert. Als sie die Grenze zu Bayern passierten, bemerkte sein Begleiter eine schwarze Kuh auf einer Wiese und sagte: »Schauen Sie mal, Herr Einstein, in Bayern gibt es Wiesen mit schwarzen Kühen!« Einstein antwortete trocken: »Was Sie bisher sahen, ist nur, dass es in Bayern mindestens eine Wiese mit mindestens einer Kuh gibt, die auf mindestens einer Seite schwarz ist.«

Mit jeder neu gewonnenen Erkenntnis wird die Wissenschaft mit weiteren Fragestellungen konfrontiert, was man sehr schön mit diesem anschaulichen Vergleich beschreiben kann:

> »Umso größer die Insel des Wissens, umso größer das Ufer des Nichtwissens.«

Frühzeit

»Ich war der oberste Leiter jeden Werkes und alle Werkstätten standen unter meinem Befehl. Ich war der Aufseher aller Aufseher und irrte mich nie.« Diese selbstbewusste Einschätzung ließ sich der ägyptische Ingenieur und Baumeister Enene 1500 v. Chr. auf seinen Grabstein meißeln. Dies geschah mit Sicherheit schon nicht mehr mit einem Faustkeil, dem meistgenutzten Werkzeug früher Menschen über Jahrtausende hinweg.

Was man dem bekanntesten Baumeister der Antike, Imhotep (»Der in Frieden kommt«) 2700 v. Chr. auf sein Grab schrieb, weiß man nicht, denn es wurde bisher nicht gefunden. Er war Schriftgelehrter, Erfinder, Magier und Begründer der ägyptischen Medizin. Im Neuen Reich Ägyptens wurde er als Gott verehrt. Viele sehen in ihm das vielleicht erste namentlich genannte Universalgenie der Menschheit.

Schon die alten Ägypter wussten Metalle, nicht nur Gold, zu nutzen. Sie fertigten Werkzeuge aus Kupfer, später auch aus Bronze an. Die Gelehrten dieser Zeit – und in den Jahrtausenden danach – trennten die Wissenschaften nicht nach unseren heutigen Kriterien. Im weitesten Sinne konnte man sie als Ingenieurwissenschaften zusammenfassen, deren Ziel die praktische Umsetzung war. Sie beinhalteten Grundlagenmathematik mit Geometrie und darauf aufbauend Architektur und Materialkunde; diese wiederum enthielt Chemie und Physik.

Der *Papyrus Rhind* von 1850 v. Chr., benannt nach dem schottischen Ägyptologen Alexander Henry Rhind (1833–1863), ist nur 32 Zentimeter breit, aber 5 Meter lang und enthält neben anderen mathematischen Lösungen bereits eine näherungsweise Berechnung der Kreiszahl Pi mit 3,16049. Die richtige Zahl Pi ist eine unendlich lange irrationale Zahl und lautet auf 35 Nachkommastellen genau 3,14159265358979323846264338327950288. Das sollte für Ihre überschlägigen Kreisberechnungen genügen.

Medizin und Astronomie galten als eigene Wissensfelder. Die Ingenieurwissenschaften sind es auch bis heute, welche die in diesem Buch vorgestellten Metalle zum Leben erwecken und ihnen die unendlich vielen Möglichkeiten von Anwendungen verleihen, ohne die unser Leben gar nicht mehr vorstellbar wäre.

Aber fangen wir doch mal ganz vorne an. Der dänische Altertumsforscher Christian Jürgensen Thomsen (1788–1865) untergliederte im Jahr 1830 die Geschichte in drei Phasen, je nach der Verwendung von Materialien zur Werkzeugherstellung. Er nannte sie *Steinzeit, Bronzezeit* und *Eisenzeit* und unterteilte diese noch weiter.

Das Pleistozän reicht bis 10 000 v. Chr., das Holozän bis heute.

Dieses Geschichtsbild bezieht sich auf Europa, Westasien und Nordafrika, also die Regionen, aus denen die bis 1830 am häufigsten gefundenen Werkzeuge und Menschenskelette stammen. Die Herstellung von universell nutzbaren Werkzeugen und Waffen begann erst vor circa 5000 Jahren mit der Erfindung der Bronze, einer Legierung aus Kupfer mit Zinn, die wesentlich härter ist als Kupfer. Diese Entwicklung war der Anlass für gravierende Umwälzungen der Gesellschaftsstrukturen, für den Aufbau eines Handelsnetzes für das im Vergleich zu Kupfer seltene Zinn und damit zum Austausch vieler anderer Waren. Zahlungsmittel waren auch Bronzebarren.

Die Zeitepochen verlaufen regional sehr unterschiedlich. In Palästina kannte man Bronze schon seit 3300 v. Chr., in Mittel- und Nordeuropa erst ab 1800 v. Chr. Diese Unterschiede zeigen sich auch in anderen kulturellen Leistungen. Während wir noch als Halbwilde durch die Gegend liefen, konnte man in südöstlichen Kulturen schon schreiben und lesen. So gab es in Ägypten die Hieroglyphen, im Vorderen Orient die Keilschrift und in Griechenland die Linearschrift.

Die Eisenzeit setzte ebenso zu unterschiedlichen Zeitpunkten ein wie die Bronzezeit. Denn die Verwendung von Eisen begann regional ganz unterschiedlich, aber erst mit der Möglichkeit der Verhüttung von Eisenerz.

um 8000 v. Chr.	langsamer Übergang ins Neolithikum	sesshafte Besiedelung ab 7750 nachgewiesen, Landwirtschaft, Metallschmuck, erste Erkenntnisse in Metallgewinnung und Bearbeitung
um 4000 v. Chr.	frühe Kupferzeit, auch Kupfersteinzeit	Metallspiegel in Knossos, Beile aus Kupfer, Grabbeigaben in Form von Kupferdolchen und Goldschmuck, erste Gegenstände aus Eisen
ab 2500 v. Chr.	Frühe Bronzezeit	Vordringen der Bronze aus dem Kaukasus in den mittelmeerischen Raum und nach Ägypten
1700–800 v. Chr.	Bronzezeit	Bronzene Streitwagen und Waffen, Schwerter, Denkmale, Schmuck (Bronzefibeln), Münzen, Werkzeug (Äxte), Bauwesen (Klammern) als Verbinder von Marmorteilen
ab 1100 v. Chr.		Einwanderung von Norden bringt in Art und Zeitablauf nicht unumstrittenen technischen Fortschritt. Dorische Reiterkrieger, bereits mit Eisenwaffen (ab 1200 bereits bei den Hethitern), sollen sich gegen Bronzeschwerter und Streitwagen durchgesetzt haben
ab 800 v. Chr.	Frühe Eisenzeit	Hallstattkultur, Verbreitung von Eisengegenständen im mitteleuropäischen Raum
ab 600 v. Chr.	Beginn der Eisenzeit in China	
um 500 v. Chr	Hochblüte hellenisch-römischer Antike	
ab 450 v. Chr.	Jüngere Eisenzeit, La-Tène-Kultur	weiter entwickelte Eisenverwendung
Zeitenwende		Römische Verhüttungsanlagen entstehen in erznahen Gebieten, Siegerland
200 n. Chr.	Spätantike Zeit	Fabricae (Manufakturen) treten in der Metallverarbeitung neben das Handwerk

400–600/700 n. Chr.	Zeit der germanischen Völkerwanderung, Ende der Spätantike	Weiterentwicklung bei der Verwendung von Eisen unter den Merowingern und Wikingern (Waffen, technische Gerätschaften). Bronze für Münzen, Kleinbildnisse, Reliefs, Denkmale
um 1160	Beginn der Besiedelung des böhmisch-sächsischen Erzgebirges	vorerst nur gezielter Abbau silberhaltiger Bleierze zur Silbergewinnung (»Treibarbeit«)
nach 1300	1318 erste urkundliche Erwähnung von Muldenhütten bei Freiberg/Erzgebirge als »Hüttenstandort«	erste »Hochschachtöfen« treten an die Stelle bisheriger »Niederschachtöfen«, siehe Hochofen
nach 1400	zunehmende frühindustrielle Eisengewinnung und -verarbeitung	
nach 1500	Beginn der in die heutige Zeit führenden Entwicklung	mit Georgius Agricola (XII Libri) treten technische Hilfsmittel zur Erzgewinnung und Verarbeitung an die Stelle bloßer Handarbeit; aus böhmischem Silberabbau werden 1519 die ersten Joachimsthaler geprägt

Abb. 6.1: Kupferbalken vom Schiffswrack Uluburun (© Wikimedia Commons/Martin Bahmann)

Die Geschichte der Metallurgie kann man wie folgt zusammenfassen: In einem alten Schiffswrack von 1400 v. Chr. (Schiff von Uluburun) vor der Südküste der Türkei wurden Kupferplatten in einer praktischen Form, der sogenannten Ochsenhautform gefunden, die man per Hand oder Seil gut transportieren konnte. In einem Gräberfeld in der Nähe von Hallstatt im österreichischen Salzkammergut wurden 1846 viele Gegenstände gefunden, die auf eine hohe Fertigkeit zur Blei-, Bronze- und Eisenverarbeitung rund 700 v. Chr. schließen lassen. Diese frühe Eisenzeit wird aufgrund dieser Funde auch *Hallstattkultur* genannt.

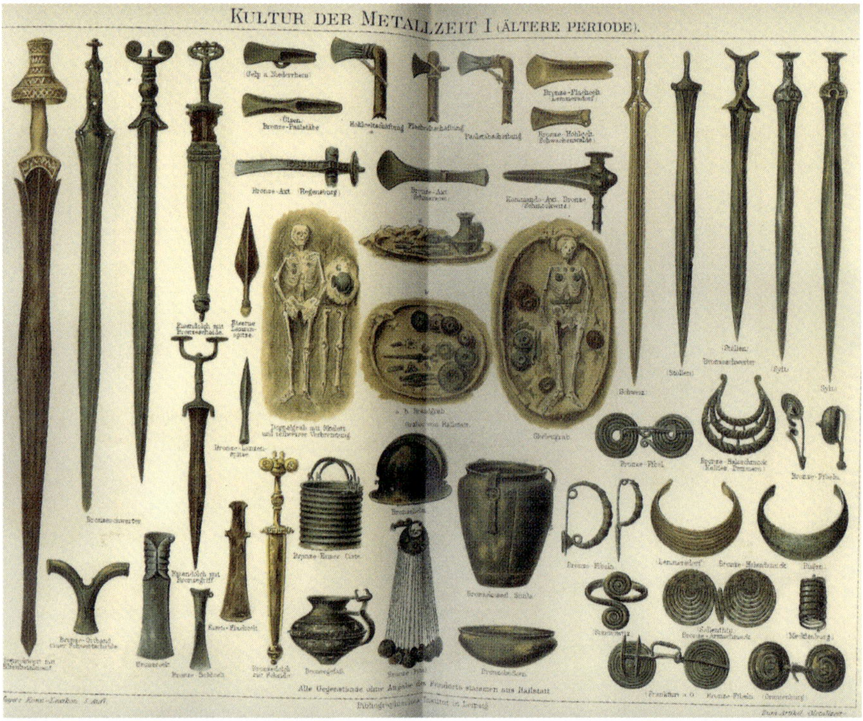

Abb 6.2: Hallstattfunde

In unserem Kulturkreis spielen Metalle auch in der Bibel an verschiedenen Stellen eine Rolle, vor allem im Alten Testament. »Er wird sitzen und schmelzen und das Silber reinigen, er wird die Kinder Levi reinigen und läutern wie Gold und Silber«, so steht es in Maleachi 3, Vers 3. Unter »Läutern«, das im übertragenen Sinne bis heute genutzt wird, verstand man das Reinigen einer Metallschmelze von Fremdstoffen. Bei Jeremia 6,

Vers 27–30, wird ein Metallurge zum Richter über Abtrünnige, die er in einem Vergleich mit ungenügend getriebenem als »verworfenes Silber« bezeichnet. Im 2. Buch Mose, 32, Vers 1–4, wird vom »Goldenen Kalb« überliefert, dass es aus eingeschmolzenem Schmuck der sich von Jahwe abwendenden Israeliten gegossen worden sein soll.

Bis ins Mittelalter beschränkte sich der Fortschritt der Metallurgie hauptsächlich auf die Erzeugung und Verarbeitung von Metallen. Es wurden im Wesentlichen Werkzeuge und Waffen hergestellt, noch keine komplexen Maschinen in unserem heutigen Sinne. Es gab aber schon Rollen, Hebel, Schrauben, Kurbeln et cetera, die von Aristoteles bereits »Maschinen« genannt wurden und heute per definitionem »einfache Maschinen« heißen. Damit verrichtet man Arbeit – das Produkt aus Kraft und Weg –, und mit einfachen Maschinen kann man, laienhaft formuliert, Kraft reduzieren, indem man mehr Weg nutzt. Der Flaschenzug ist ein einleuchtendes Beispiel hierfür.

Das Wort »Maschine« hat eine antike Bedeutung als Mittel zur Täuschung bei Theaterstücken, also zur Erzeugung unnatürlicher Effekte. »Deus ex Machina«, heute gebraucht als eine unerwartete Lösungsmöglichkeit, war damals eine Vorrichtung, mit der man Gottheiten überraschend auf die Bühne brachte.

Neuzeit

Die Neuzeit ist vor allem durch die moderne Stahlerzeugung, -verarbeitung und -verwendung geprägt. Hier nutzte man den Begriff »Maschine« als Synonym für ein Arbeitsmittel. Die Verfahren der Stahlerzeugung, ohne die diese Neuzeit nicht möglich geworden wäre, können wir hier im Einzelnen nicht besprechen. Der bekannte Hochofen in seiner heutigen Form und seine Verwandten durchliefen eine jahrhundertelange Entwicklung. Das Ruhrgebiet als europäischer Hauptstandort der Stahlerzeugung entstand durch einen Standortvorteil, der sich aus fünf Komponenten zusammensetzt: das Vorhandensein von Eisenerz und von Kohle, Rhein und Ruhr als Wasserreservoirs und als Transportwege sowie die zentrale Lage in Europa.

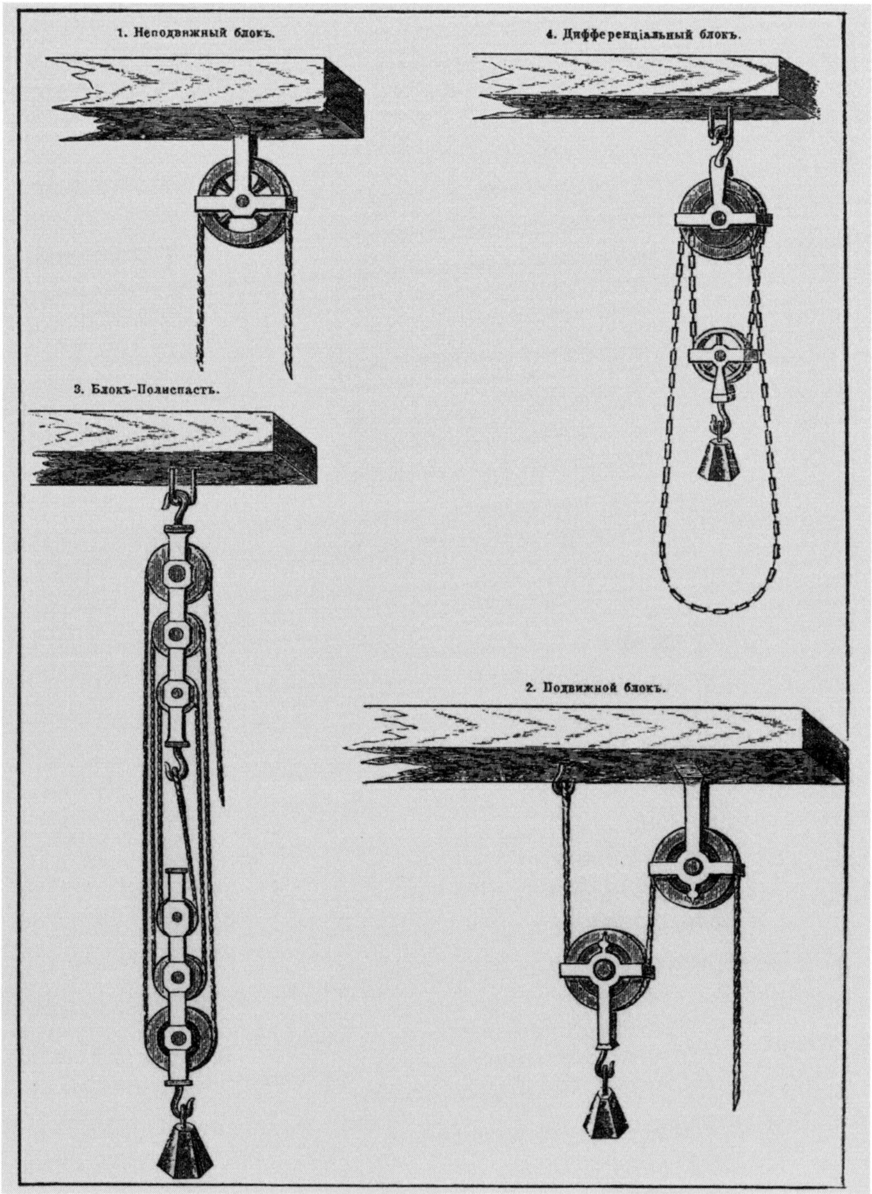

Abb. 6.3: Flaschenzug

Den Siedlungsvorläufer von Dortmund beispielsweise gab es schon vor über 1000 Jahren als Kreuzungspunkt zweier Handelsstraßen. Es ist nur konsequent, dass sich dort auch eine Metallverarbeitungs- und Maschinenbauindustrie mit entsprechenden Auswirkungen in alle Richtungen der Ingenieurwissenschaften etablierte. In den letzten Jahrzehnten ging der Anteil an Bergbau und Stahlindustrie kontinuierlich zurück. In kleinerem Maßstab gilt dies auch für das Saarland mit dem Fluss Saar.

Das nach Eisen nächstwichtige Metall innerhalb dieser Entwicklung ist Kupfer, zum einen wegen seiner metallurgischen Eigenschaften für die Legierungen Bronze und Messing, aber auch als Stromleiter in Kabeln. Hierin ist Kupfer durch kein anderes Metall zu ersetzen, denn Silber als noch besserer Stromleiter ist preislich und mengenmäßig keine Alternative.

Kupfer und Eisen sind neben Nickel, Blei, Zink, Zinn und Aluminium deshalb Industriemetalle, weil sich durch ihre Bedeutsamkeit eigene Industrien begründet haben. Im börsentechnischen Sinne gehört Eisen nicht zu den Industriemetallen. Näheres dazu finden Sie in Kapitel 9. Alle Metalle, also auch die in diesem Buch hauptsächlich vorgestellten Strategischen Metalle und Seltenen Erden, gewinnen erst durch ihre Anwendungen an Bedeutung, die wiederum Ergebnisse von Forschung und Ingenieurleistungen sind.

Die Jahreszahlen ihrer Entdeckung weisen bereits darauf hin, dass die Metalle der Seltenen Erden im Gegensatz zu anderen Metallgruppen erst in der neueren Wissenschafts- und damit auch Technikgeschichte eine Rolle spielen, die meisten sogar erst in oder nach der zweiten Hälfte des 19. Jahrhunderts. Da beide Metallgruppen auch unter dem Begriff »Technologiemetalle« zusammengefasst werden, hier kurz ein paar Worte zum Unterschied zwischen »Technologie« und »Technik«: Unter Technologie, aus dem Altgriechischen *téchne* für Fähigkeit und *lógos* für Lehre, versteht man das Wissen um Technik, also die wissenschaftliche Grundlage einer Methode. Im Englischen gibt es diese Unterscheidung nicht, *technology* bedeutet sowohl Technologie als auch Technik.

Die Technikgeschichte seit der frühen Neuzeit kann man grob nach ihrer Ein- und damit Wertschätzung in den verschiedenen Jahrhunderten unterteilen:

- **15. Jahrhundert:** Maschinen waren Kunstwerke, Beispiel Leonardo da Vinci (1452–1519). Das Leben Leonardos mit seiner Vielfältigkeit und seinen universellen Begabungen ist in Kürze nicht zu beschreiben. Also lassen wir es. Nur so viel: Vinci ist sein Geburtsort, er war Maler (Abendmahl, Mona Lisa), Bildhauer, Ingenieur, Architekt, Anatom und, in Diensten des Vatikans, Konkurrent von Raffael (1483–1520) und Michelangelo (1475–1564).
- **16. Jahrhundert:** Maschinen waren Vorrichtungen, Beispiel Galileo Galilei (1564–1642).
- **17. Jahrhundert:** Maschinen waren Naturkopien, Beispiel René Descartes. Descartes (1596–1650) war Philosoph und Naturwissenschaftler, der innerhalb einer komplexen Philosophie auch Lebewesen mechanisch zu erklären versuchte. Er erfand die analytische Geometrie und prägte den Satz »Cogito ergo sum« (Ich denke, also bin ich). Die von dem französischen Ingenieur Jacques de Vaucanson (1709–1782) gezeichnete mechanische Ente basiert auf Descartes Gedanken.
- **18. Jahrhundert:** Erfindung der Dampfmaschine, alles änderte sich.

Zu Beginn des 17. Jahrhunderts bewies der britische Philosoph und Naturwissenschaftler Francis Bacon (1561–1626) schon eine erstaunliche Weitsicht, als er folgende Möglichkeiten künftiger Technik beschrieb:

> »Reißende Wasserfälle werden zur Erzeugung von kräftigen Bewegungen ausgenutzt. Mit Mikroskopen kann man winzige Körper deutlich erkennen. Es gibt Häuser für Akustik, in denen wir Töne erforschen. Zum Fliegen in der Luft gibt es Gestelle ähnlich den Flugorganen der Tiere. Es wird Schiffe geben, die unter Wasser fahren können.«

Bacon galt zudem als begnadeter Schriftsteller. Viele der Werke, die Shakespeare zugeschrieben werden, wurden schon früh von Fachleuten eher seiner Feder zugeordnet. Sein Tod war weniger glamourös als seiner Persönlichkeit angemessen gewesen wäre, wenn auch mit Naturwissenschaft verbunden: Bei einem Experiment, ob sich die Haltbarkeit toter Hühnchen durch Ausstopfen mit Schnee verlängern ließe, zog er sich eine Erkältung zu und erlag wenig später einer Lungenentzündung. Wie wir heute wissen, war sein Tod nicht vergebens: Das Experiment gelang.

Zur gleichen Zeit verfasste der italienische Philosoph, Mathematiker, Physiker und Astronom Galileo Galilei (1564–1642) ein Schreiben an den Dogen von Venedig, das als erstes Ansuchen einer Patentgewährung gelten kann:

Abb. 6.4: Titelblatt der Enzyklopädie von Francis Bacon (Quelle: http://hsci.cas.ou.edu/digitized/17thCentury/Bacon/1620/Bacon-1620-0fp-image/10in/)

> »Durchlauchtigster Fürst, ehrenwerter Herr! Ich, Galileo Galilei, habe ein Werk erfunden, um Wasser zu heben und Ländereien zu bewässern und zwar derart, dass bei einem Antrieb nur durch ein Pferd zwanzig Wasserläufe ununterbrochen springen werden. Da es mir aber nicht zusagt, dass meine Erfindung Gemeingut eines jeden Beliebigen wird, bitte ich ehrerbietig, Euer Durchlaucht möchten mich gnädigst mit der Gunst bedenken, die Eure Huld in ähnlichen Fällen Künstlern in einem Handwerk verleiht. Außer meiner Person oder meinen Erben soll es auf einen Zeitraum von vierzig Jahren oder wie viel Euer Durchlaucht gefallen mögen, niemand gestattet sein, mein neues Werk anzufertigen oder abzuändern bei irgendeiner Euch genehm dünkender Strafe für den Verletzungsfall, von der ich einen Teil erhalte. Wonach ich noch eifriger auf neue Erfindungen zum allgemeinen Wohl bedacht bin und mich Euch untertänigst empfehle.«

Abb. 6.5: Galileo Galilei, ca. 1636
(© Shutterstock/Everett Historical)

Aus heutiger Sicht ein raffinierter Schleimer, der bei Zusage die Vorteile für den Dogen herausstellte: Geld und neue Erfindungen für noch mehr Geld.

Galileo musste sich vor allem wegen seiner astronomischen Thesen in Bezug auf das kopernikanische Weltsystem vor der kirchlichen Inquisition verantworten. Ob er beim Verlassen des Gerichtssaals wirklich den berühmten Ausspruch über die Erde (»Und sie bewegt sich doch!«) tat, ist eher unwahrscheinlich. In seinem Theaterstück »Das Leben des Galilei« lässt Bertolt Brecht Galileo Galilei das Problem wissenschaftlicher Erkenntnis und theologischer Deutungshoheit auf den Punkt bringen mit dem Satz:

> »Die Winkelsumme im Dreieck kann nicht nach den Bedürfnissen der Kurie abgeändert werden.«

Zum kopernikanischen Weltsystem gab es 2010 folgende Meldung: Am 23. Mai wurde Nikolaus Kopernikus (1473–1543) im Frauenburger Dom im Norden Polens zum zweiten Mal feierlich bestattet. Man vermutete früher zwar irgendwo ein Grab, aber da die Kirche im Dreißigjährigen Krieg stark beschädigt worden war, fand man erst im Jahr 2005 die Überreste von mehreren beschädigten Gräbern. Das Skelett von Kopernikus konnte dann 2008 mit anthropologischen Vergleichen und DNA-Analysen identifiziert werden. Ein weiteres Ereignis in diesem Zusammenhang: Am 19. Februar 2010 wurde dem kurzlebigen Element 112 der Name Copernicium verliehen. Kopernikus wurde wegen seines heliozentrischen Weltbilds (Planeten kreisen um die Sonne) von der Inquisition als Ketzer geächtet und erst 1993 von Papst Johannes Paul II. rehabilitiert.

Nikolaus Kopernikus.

Abb. 6.6: Nikolaus Kopernikus
(© Shutterstock/Nicku)

Wenige Jahrzehnte nach dem Tod Galileis, im Jahre 1687, veröffentlichte Isaac Newton (1643–1727) seine *Philosophiae Naturalis Principia Mathematica* mit neuen Formulierungen für Trägheit, Kraft, Impuls und Gravitation, also die Erdanziehungskraft. Voltaire erzählte später die Geschichte, Newton sei unter einem Apfelbaum ein Apfel auf den Kopf gefallen, was zum Auslöser seiner Ableitungen wurde. Dies hätte einen Zeitgenossen veranlasst, Newton zu bitten, er möge doch an der Entwicklung einer neuen Apfelsorte mitarbeiten, die langsamer falle und dadurch weniger geschädigt würde.

Sir Isaac Newton gilt als einer der größten Wissenschaftler aller Zeiten. Neben einigen Formeln, einem Asteroiden und einem Mondkrater ist die SI-Einheit der Kraft (Newton, Kilonewton) nach ihm benannt. Die wohl größte Ehre, die ihm zuteilwurde, war seine Beisetzung in der Westminster Abbey unter großen Feierlichkeiten. *SI-Einheiten* wie Newton oder Watt werden Ihnen in diesem Buch noch öfter begegnen. SI steht für Système international d'unités und ist das 1960 eingeführte *metrische Einheitensystem* für physikalische Größen in den meisten Ländern. In den USA ist es zwar anerkannt, konnte aber aufgrund großer Gegenwehr konservativer Kreise bisher nicht eingeführt werden. Dort gilt noch das *angloamerikanische Maßsystem*, das auf alten englischen Einheiten beruht, beispielsweise Zoll, Pfund, Meile, Unze, Gallone et cetera.

Neben anderen bahnbrechenden Erfindungen wie Infinitesimalrechnung, Spiegelteleskop, Prisma, Sextantvorläufer und anderen mehr

Abb. 6.7: Sir Isaac Newton
(© Shutterstock/Nicku)

gelang Newton auch die Entwicklung der Katzenklappe, um während seiner Versuche nicht dauernd von seiner Katze gestört zu werden. Schauen Sie sich so ein Ding einmal in aller Ruhe an: Der Mechanismus ist einfach und raffiniert zugleich.

Sein Genius verhinderte allerdings nicht, dass er 1720 bei einer der ersten großen Spekulationsblasen, der South-Sea-Bubble-Spekulation, ein Vermögen von über 20 000 Pfund verlor. Er starb dennoch nicht als armer Mann.

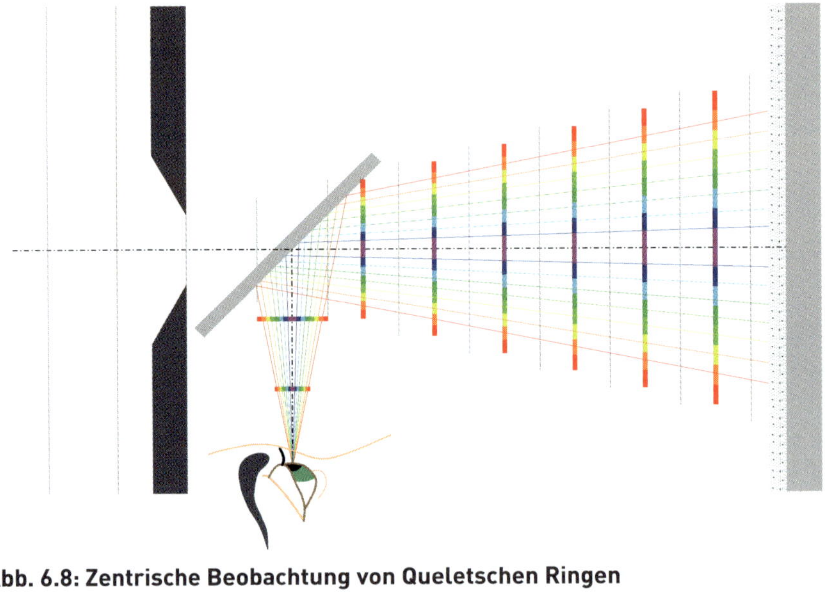

Abb. 6.8: Zentrische Beobachtung von Queletschen Ringen

Abb. 6.9: Johann Wolfgang von Goethe (© Shutterstock/Georgios Kollidas)

Mit den Namen Newton und Goethe verbunden ist auch eines der größten Missverständnisse in der Wissenschaftsgeschichte. Newton hatte mittels seines Prismas und der Camera Obscura (Lochkamera) nachgewiesen, dass weißes Licht aus den Regenbogenfarben Rot, Orange, Gelb, Grün, Blau, Indigo und Violett zusammengesetzt ist. Johann Wolfgang von Goethe (1749–1832) zweifelte dies 100 Jahre später an und entwarf eine eigene Farbenlehre. Von dieser war er so überzeugt, dass er alle Zweifler aufs Übelste beschimpfte und den Nachweis durch Newton als »Taschenspielertrick« bezeichnete. Seine Überheblichkeit schlug sich in folgendem Zitat von 1815 nieder:

> »Auf alles, was ich als Poet geleistet habe, bilde ich mir gar nichts ein … Daß ich aber in meinem Jahrhundert in der schwierigen Wissenschaft der Farbenlehre der Einzige bin, der das Rechte weiß, darauf tue ich mir etwas zu gute, und ich habe das Bewußtsein der Superiorität über viele …«

Das Missverständnis liegt darin begründet, dass man physisch vorhandene Farbpigmente nicht so mischen kann wie Spektralfarben. Die Regenbogenfarben als Farbpigmente werden optisch gemischt nicht weiß, sondern eher schmutziggrau. Beides bezieht sich auf die Wahrnehmung durch die meisten Menschen; viele Tiere sehen Farben beispielsweise völlig anders. Auch beim Menschen gibt es Unterschiede, genannt Farbfehlsichtigkeiten, am bekanntesten ist die Rot-Grün-Sehschwäche.

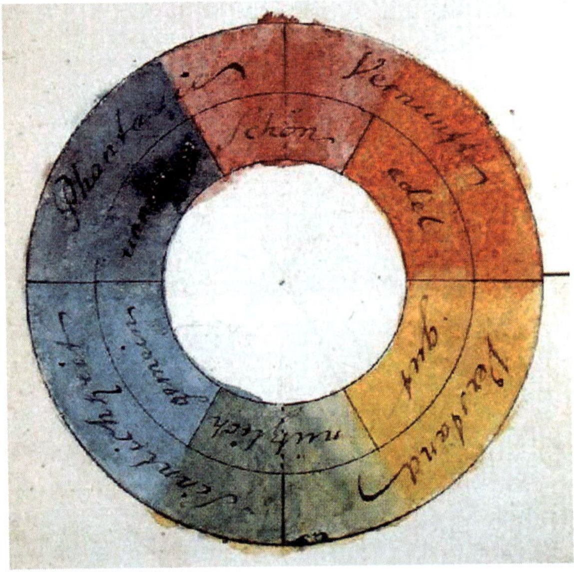

Abb 6.10: Farbenkreis zur Symbolisierung des menschlichen Geistes- und Seelenlebens, 1809 nach Goethe

Maschinenzeit

In der Zeit nach der Entdeckung der Dampfmaschine überschlugen sich die Ereignisse sowohl politisch, wirtschaftlich als auch technisch, und alles bedingte einander. Es begann ein neues Kapitel in der Menschheitsgeschichte, als am 5. Januar 1769 dem Universitätsmechaniker James Watt (1736–1819) in Glasgow für seine mit Dampfkraft betriebene Maschine das englische Patent Nr. 913 erteilt wurde. Zwar hatte schon im Jahr 1705 der Engländer Thomas Newcomen eine Dampfmaschine entwickelt, die jedoch noch sehr ineffizient arbeitete.

Auch James Watt war ein Allround-Genie, das sich für alle Wissenschaftszweige interessierte und zudem Geschichten schrieb. Nach James Watt wurde die SI-Einheit der Leistung benannt, die Einheit Watt löste PS ab. Die James-Watt-Medaille gilt als die renommierteste Auszeichnung auf dem Gebiet des Maschinenbaus. Zwar wurde er dort nicht beigesetzt, aber ein Kenotaph (Scheingrab) in der Westminster Abbey erinnert an ihn.

Abb. 6.11: James Watt
(© Shutterstock/Georgios Kollidas)

Die Dampfmaschine diente zwar sehr schnell als stationärer Motor in Fabriken in der Fertigung und löste somit die industrielle Revolution dieser Zeit aus, der Öffentlichkeit wurde sie aber erst richtig bekannt durch ihren sichtbaren Einsatz in Fortbewegungsmitteln mit den daraus folgenden Konsequenzen für die Mobilität der Menschen. Sie ersetzte zunächst auf dem Land als Eisenbahn teilweise die Pferde und später auf dem Wasser die Segel und war weitgehend unabhängig von Wind und Wetter. Noch heute ist eine sich in Bewegung setzende Dampflokomotive ein beeindruckendes Erlebnis. Bei kaum einer anderen Gelegenheit kann man die gewaltige Kraftentfaltung einer Maschine so direkt sehen, hören, riechen und fühlen. Viele Dichter, Philosophen und Komponisten wurden hiervon inspiriert.

Der Pferde wegen sei hier ein kleiner Abstecher erlaubt: Zurzeit werden bereits in großtechnischem Maßstab Pflanzen wie Raps et cetera angebaut, aus denen Treibstoffe gewonnen werden. Nun gibt es verständlicherweise Menschen, die sich darüber aufregen mit dem Argument, man könne doch nicht Nutzpflanzen zum Verbrennen anbauen, wenn zur gleichen Zeit anderswo Menschen Hunger leiden. Aber wo ist denn da der Unterschied zu früheren Zeiten? Die Fortbewegungs- und Arbeitsmaschinen waren Pferde, in verschiedenen Rassen gezüchtet als Reittiere, Zugtiere vor Kutschen und Lastkarren, in der Landwirtschaft vor Pflügen oder stationär im Kreis laufend für Pumpen, Kräne et cetera. Gleiches gilt für Ochsen. Und was benötigten Pferde und Ochsen als »Treibstoff«? Hafer und Heu! Große landwirtschaftliche Flächen wurden früher ausschließlich für solchen Anbau genutzt. Und wie sehr entgegen aller heutigen romantischen Vorstellungen Pferde und Ochsen meist nur als Arbeitsmaschinen und Kostenfaktor angesehen wurden, zeigt die Geisteshaltung, mit der die Einführung von Maschinen begrüßt wurde: »Sie fressen nichts, wenn im Stall sie stehen.«

Im 18. Jahrhundert beschäftigten sich viele Menschen mit Wissenschaft, Experimenten und Erfindungen. Goethe war ein großer Freund dieser neuen gesellschaftlichen Ausrichtung und prägte sogar den Begriff »Technisieren«. Er war aber auch ein früher Mahner, der vor einer allzu künstlichen Welt und »dem Sturz der vorbeirauschenden industriellen Wogen« warnte:

> »Die Erde gehört dem Pfluge, dem Sonnenschein und Regen, welche das Samenkorn entfalten, der fleißig arbeitenden einfachen Hand.«

Was ist die Welt ohne rechtliche Grundlagen und Definitionen? Und so war insbesondere die Eisenbahn für den Gesetzgeber eine mühsame Angelegenheit. Nach intensiven Studien entwickelte das Deutsche Reichsgericht folgende, etwas hilflos anmutende Beschreibung (Hobbygrammatiker werden ihre Freude daran haben):

> »Eine Eisenbahn ist ein Unternehmen, gerichtet auf wiederholte Fortbewegung von Personen oder Sachen, über nicht ganz unbedeutende Raumstrecken, auf metallener Grundlage, welche durch ihre Konsistenz, Konstruktion und Glätte den Transport großer Gewichtsmassen, beziehungsweise die Erzielung einer verhältnismäßig bedeutenden Schnelligkeit der Transportbewegung zu ermöglichen bestimmt ist, und durch diese Eigenart in Verbindung mit den außerdem zur Erzeugung der Transportbewegung benutzten Naturkräften wie Dampf, Muskeltätigkeit, bei geneigter Bahn auch schon der eigenen Schwere der Transportgefäße und deren Ladung, bei dem Betrieb des Unternehmens auf derselben eine verhältnismäßig gewaltige, je nach den Umständen nur in bezweckter Weise nützliche oder auch Menschenleben vernichtende und die menschliche Gesundheit verletzende Wirkung zu erzeugen fähig ist.«

Abb. 6.12: Dampfmaschine

Die berühmte Adler-Dampflokomotive von 1835 für den ersten Eisenbahnbetrieb in Deutschland zwischen Nürnberg und Fürth kam übrigens nicht aus Deutschland, sondern wurde von den britischen Eisenbahnpionieren George und Robert Stephenson im englischen Newcastle für die Bayerische Ludwigsbahn gebaut. Damals war das eine Sensation, heute wirkt die Adler-Dampflokomotive im Vergleich zu einem ICE-Triebkopf (Intercity-Express) geradezu beschaulich. 2015 feierte sie ihren 180. Geburtstag!

Sowohl die Eisenbahn als auch das Dampfschiff stießen anfangs auf große Skepsis. Dies hing auch mit vielen Unfällen durch den Dampf zusammen, der sehr heiß und unter hohem Druck plötzlich irgendwo austrat oder die Kessel platzen ließ. Ein TÜV und die heutige Sicherheitstechnik lagen noch in weiter Ferne. Über die Ablehnung der neuen Technik gibt es unzählige Bonmots und Geschichten. Zumindest eine möchte ich Ihnen nicht vorenthalten. Als Napoleon 1805 in Wien den Fürsten Metternich traf, erzählte er ihm:

Abb. 6.13: Adler-Dampflokomotive um 1850

Abb. 6.14: Intercity-Express (© Shutterstock/Philip Lange)

»Stellen Sie sich vor, der amerikanische Gesandte in Paris, Livingstone, hat mir einen Irrsinnigen mit einem Empfehlungsbrief geschickt. Dieser Mann, Robert Fulton, sagt, ich könne wetterunabhängig Truppen in England mit Hilfe von kochendem Wasser landen.«

Fulton bewies es. Er fuhr 1807 mit seinem Dampfschiff 240 Kilometer den Hudson flussaufwärts von New York nach Albany. Danach setzte sich diese Antriebsart in der Schifffahrt durch.

Aufgrund des hohen Gewichts einer Dampfmaschine bei gleichzeitig – verglichen mit späteren Motoren – geringer Leistung kamen dampfbetriebene Straßenfahrzeuge erst nach und nach auf. Das Allererste war zwar Nicholas Cugnots Artilleriezugmaschine von 1769, der erste in Serie gebaute Dampfwagen aber war die La Mancelle von Amédée Bollée von 1878, also über 100 Jahre später. Die Stanley Rocket stellte 1906 mit 206 Stundenkilometern einen Geschwindigkeitsrekord auf.

Abb 6.15: Cugnots Artilleriezugmaschine (© Wikimedia Commons/Chatsam)

Abb. 6.16: Alfred Krupp
(© Shutterstock/Nicku)

Dank der Dampfmaschine setzte die industrielle Revolution um die Mitte des 19. Jahrhunderts mit voller Wucht ein und es entstanden Fabriken mit nie geahnten Kapazitäten. In Deutschland hat diese Zeit niemand anderes sinnfälliger verkörpert als Alfred Krupp, der erst vierzehn Jahre alt war, als sein Vater im Jahr 1826 verstarb und er zusammen mit seiner Mutter die »Gußstahlfabrik zur Verfertigung des englischen Gußstahls und aller daraus resultierenden Resultate« übernahm. Krupp hatte damals sieben Mitarbeiter. Als er 1887 starb, war diese Zahl auf 21 000 gewachsen. Markenzeichen des Unternehmens wurden die drei Ringe, die nahtlose Radreifen symbolisierten. Damit gelang Krupp 1852 der unternehmerische Durchbruch. Krupp, der sich selbst nicht schonte, heute würde man ihn Workaholic nennen, sagte von seiner Anfangszeit:

> »Mein Schreibtisch war der Amboß«.

Von ihm stammt auch die oft zitierte Erkenntnis:

> »Wer arbeitet, macht Fehler, wer viel arbeitet, macht viele Fehler. Gar keine Fehler macht nur der, der die Hände in den Schoß legt.«

Zu Letzteren zählte er auch Musiker und Komponisten einschließlich seines berühmt gewordenen Verwandten Max Bruch, die seiner Meinung nach ein »ganz und gar inhaltsloses Leben« führten.

Krupps Unternehmen wurde zeitweilig zum größten Europas, auch durch die Entwicklung von Waffen wie beispielsweise die Stahlkanonen, welche die Bronzekanonen ablösten. Seine Arbeiter, »Kruppianer« genannt, erhielten erste Sozialleistungen wie preiswerte Wohnungen, Krankenversicherung und Rente. Im Gegenzug mussten sie strenge Regeln einhalten. Die spätere Sozialgesetzgebung Otto von Bismarcks orientierte sich weitgehend am Kruppschen Regulativ.

Die industrielle Revolution brachte generell viele gesellschaftliche Veränderungen, auch religiöser Natur. Es brachen Zweifel auf, die früher undenkbar gewesen wären. Beispielhaft ist eine Korrespondenz zwischen Napoleon I. und dem Astronomen und Mathematiker Pierre-Simon Marquis de Laplace (1749–1827) über dessen Werk *Traité de Mécanique céleste (Abhandlung über Himmelsmechanik)*, das im Grunde heute noch gültig ist. Napoleon beglückwünschte Laplace zwar, merkte aber auch an: »Mir ist aufgefallen, dass das Wort Gott als Schöpfer des Weltalls überhaupt nicht vorkommt.« Der antwortete: »Das stimmt, für diese Hypothese hatte ich allerdings keine Verwendung.«

Wenn wir schon bei Revolutionen sind: Laplace war ein Zeitgenosse der Französischen Revolution, die Auswirkungen auf ganz Europa und auch sehr widersprüchliche auf die Naturwissenschaften hatte. Vorangegangen war das französische Jahrhundert der Aufklärung mit der Veröffentlichung der ersten Wissenschaftsenzyklopädie. Laplace selbst musste zeitweilig mit seiner Familie vor der Schreckensherrschaft der Jakobiner fliehen.

Abb. 6.17: Drei Ringe von Krupp (© Stahlkocher; own work Krupp)

Ein anderes Revolutionsopfer war der schon

Abb. 6.18: Antoine Laurent Lavoisier mit seiner Frau

zu seiner Zeit berühmte Naturforscher Antoine Laurent de Lavoisier (1743–1794), der als Erster die Zusammensetzung des Wassers als chemische Verbindung von Sauerstoff und Wasserstoff erkannte, das Gesetz der Erhaltung der Massen formulierte und somit der Begründer der modernen quantitativen Chemie war. Zu seiner Hinrichtung auf der Guillotine, zusammen mit seiner Frau, die er als 14-Jährige geheiratet hatte, gibt es zwei Geschichten: So wollte er als medizinischen Versuch zum Nachweis, wie lange der Kopf eines Menschen nach einer Enthauptung noch lebt, so oft wie möglich mit den Augen blinzeln und dies beobachten lassen. Er blinzelte elf Mal. Als der Henker die Urteilsbegründung verlas und endete: »Als Gelehrter ist er ein Feind der Revolution. Die Freiheit braucht keine Gelehrten«, rief Lavoisier: »Aber die Gelehrten brauchen Freiheit!« In Frankreich posthum hoch geehrt, ist er der einzige nicht deutsche Wissenschaftler, dem im Deutschen Museum in München die Ehre einer Büste zuteilwurde. Dort ist auch sein Labor rekonstruiert worden.

Die meisten Erfindungen und Entwicklungen brauchten mit ihren Erkenntnissen aus Versuch und Irrtum eine lange Zeit. Dies gilt auch für die Naturwissenschaft der Chemie mit ihren oft langwierigen Laborversuchen. Eine Ausnahme war eine grundlegende Erkenntnis, die für die weitere Entwicklung der organischen Chemie, also der Kohlenstoffverbindungen und somit der Treibstoffe von Motoren, eine große Rolle spielte: 1865 gelang Friedrich August Kekulé von Stradonitz (1829–1896) die Entdeckung der Strukturformel des Benzols (C6 H6), über die Chemiker viele Jahre heftig stritten. Der Legende nach fiel sie ihm buchstäblich über

Nacht im Traum ein. Es ist der berühmte Benzolring, eine von 217 theoretischen Möglichkeiten. Der Physiker Jonathan Zenneck (1871–1959), der mit Ferdinand Braun unter anderem die Kathodenstrahlröhre entwickelte, würdigte Kekulés epochale Entdeckung mit dem ihm eigenen Humor:

> »Nur wenigen ist es vergönnt, durch einen einzigen Begriff Ruhm zu erlangen. Zu ihnen gehören Götz von Berlichingen und Kekulé von Stradonitz.«

Als Zenneck im Alter von 80 Jahren zum Vorsitzenden des Verbandes deutscher Physiker gewählt wurde, quittierte er diese Ehre mit:

> »Ich danke für das Vertrauen, aber ich teile es nicht.«

Für die industriellen Entwicklungen aus den Erkenntnissen der Wirkungsweise der Elektrizität steht in Deutschland hauptsächlich der Name Siemens als Begründer der Elektrotechnik. Sein Name steht auch für den Techniker, der wie kein Zweiter seiner Zeit seine Erkenntnisse in wirtschaftliche Verwertungen umsetzte. Ernst Werner Siemens (1816–1892, geadelt wurde er erst 1888) gründete das Unternehmen gemeinsam mit Johann Georg Halske (1814–1890) als »Telegraphenbau-Anstalt von Siemens & Halske«.

Die Grundlagen der Naturwissenschaften lernte Siemens beim Militär. Als er wegen einer Sekundanz bei einem Duell zu Festungshaft verurteilt wurde, baute er seine Zelle zu einem Labor um, entwickelte das elektrische Galvanisierungsverfahren und wurde so zum Begründer der Galvanotechnik. Viele Entwicklungen folgten, alle verbunden mit langwieriger und harter Arbeit. Nach den Geheimnissen seiner Erfolge befragt, sagte Siemens:

> »Jeden Morgen um fünf Uhr aufstehen, bis in die Nacht arbeiten und sich alle paar Jahre an einem kleinen Fortschritt erfreuen.«

Das Unternehmen Siemens & Halske wurde auf einen Schlag bekannt, als es den politisch wichtigen Auftrag zum Bau einer Telegrafenleitung zwischen Berlin und Frankfurt am Main erhielt. Mittels dieser wurde in Berlin schon nach einer Stunde depeschiert, dass die deutsche Nationalversammlung, die in der Frankfurter Paulskirche vom 18. Mai 1848 bis zum 31. Mai 1849 tagte, dem preußischen König Friedrich Wilhelm IV. die Kaiserwürde antrug. Wie bekannt, lehnte er diese ab, aber die Grundwerte der Versammlung wurden zum Vorbild für die Weimarer Reichsverfassung von 1919 und das Grundgesetz von 1949. Aufträge aus der ganzen Welt folgten, bis hin zum Bau der indo-europäischen Telegrafenlinie von London über Teheran bis Kalkutta über 11 000 Kilometer.

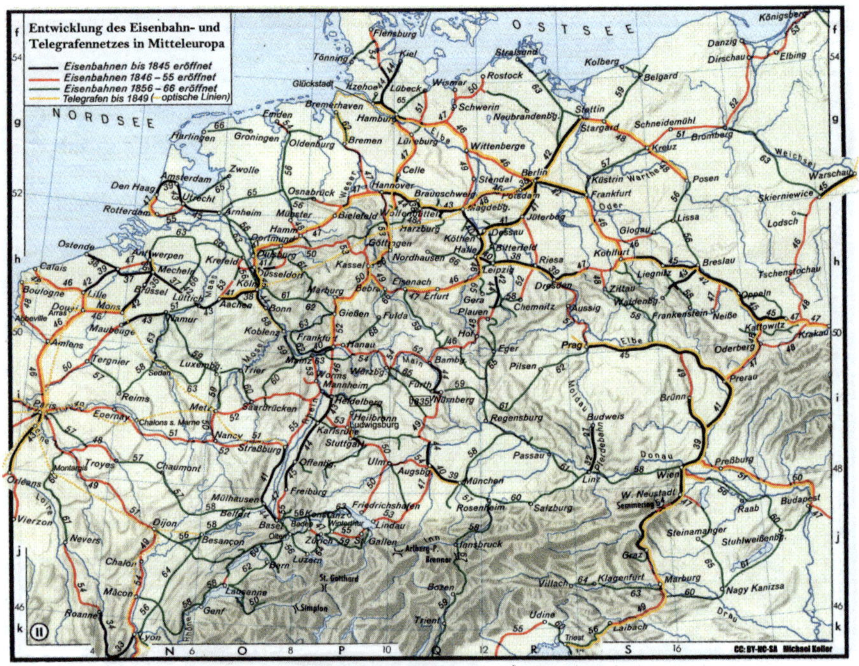

Abb. 6.19: Karte der Eisenbahnen sowie der optisch-mechanischen und elektromagnetischen Telegrafenlinien zwischen 1827 und 1866 in Mitteleuropa (© Wikimedia Commons/GrautvornixZurich)

Siemens baute die erste elektrische Lokomotive, die erste elektrische Straßenbeleuchtung, den ersten elektrischen Aufzug, die erste elektrische Straßenbahn und den ersten elektrischen Oberleitungsbus.

Nach dem Telegrafen wurde auch das Telefon erfunden und das erste Transatlantikkabel verlegt.

Auch Siemens machte sich wie Krupp Gedanken um das Wohlergehen seiner Mitarbeiter. Von ihm stammt der schöne Satz:

> »Mir würde das Geld wie glühendes Eisen in der Hand brennen, wenn ich den treuen Gehülfen nicht den erwarteten Anteil gäbe.«

Siemens wurde mit unzähligen Ehrungen, Denkmälern und Büsten bedacht, die SI-Einheit des elektrischen Leitwerts wurde nach ihm benannt.

Das 19. Jahrhundert ist ein wichtiges Jahrhundert für die Entdeckung der meisten Metalle, die das Hauptthema dieses Buches sind: die Strategischen Metalle und die Metalle der Seltenen Erden. Wie es zu diesen Entdeckungen kam, finden Sie in den entsprechenden Kapiteln.

Die Naturwissenschaften waren nicht mehr Selbstzweck, sondern wurden von Industrie und auch Staat mit dem Ziel kommerzieller Nutzung gefördert. In den USA sorgte der Bürgerkrieg zwischen Nord- und Südstaaten in der Mitte des 19. Jahrhunderts für die Abschaffung der Sklaverei, dadurch nach Aufgabe der Agrarausrichtung im Süden für einen technologischen Schub und für eine wirtschaftliche Aufholjagd gegenüber Europa.

Die größten Umwälzungen durch technische Erfindungen erlebte das 20. Jahrhundert mit seinen rasanten Entwicklungen. Diese Zeit ist die wichtigste für die Anwendungen der in diesem Buch beschriebenen Metalle. Benzin- und Dieselmotor wurden zum Antrieb für Fahrzeuge aller Art, die sich dadurch rasch verbreiteten. Für die Fortbewegung in der Luft wurden Flugzeuge entwickelt, nachdem die Gebrüder Wilbur (1867–1912) und Orville (1871–1948) Wright im Jahre 1903 nach vielen vorangegangenen Versuchen nachwiesen, dass ein motorgetriebenes Flugzeug möglich ist.

Abb. 6.20: Motorflug der Gebrüder Wright 1903 (© Shutterstock/Everett Historical)

In beide Technologien wurden in Zusammenhang mit dem Ersten Weltkrieg von allen Teilnehmern viel Geld und viele wissenschaftliche Ressourcen investiert. Für die Entwicklung der Automobile stehen Namen wie Ford, Benz, Daimler, Opel, Maybach, Diesel und andere, für Flugzeuge sind es in Deutschland die Namen Junkers, Heinkel, Fokker, Henschel und Messerschmidt.

Was bisher noch nicht erwähnt wurde und nicht nur, aber insbesondere für die Luftfahrt zukünftig eine große Rolle spielen soll, sind Wasserstoffantriebe. Als Treibstoff für Antriebssysteme wird Wasserstoff genutzt mit der Folge, dass die Emission aus Wasserdampf besteht. Probleme machen dabei die Erzeugung, der Transport und die Lagerung des Treibstoffs Wasserstoff. Hierfür stehen verschiedene, aber noch zu teure Technologien zur Verfügung. Brennstoffzellenantriebe sind ein Beispiel, die gegenüber Akkuantrieben viele Vorteile bieten und für die Wasserstoff benötigt wird, der mithilfe erneuerbarer Energien aus Wasser gewonnen werden kann.

Abb 6.21: Mercedes Simplex 40PS (© Wikimedia Commons/Stefan-Xp)

Radio und Film wurden für Information und Unterhaltung entwickelt, heute sind Computer und Fernsehen Allgemeingut. Auch diese Erfindungen stießen zunächst auf Skepsis. Noch 1925 hielt Edison das Radio für einen Reinfall ohne Chancen auf Verbreitung, und der Film erlebte erst nach dem Ersten Weltkrieg seinen Siegeszug in den Kinos. Die UFA wurde übrigens 1917 auf Betreiben der Obersten Heeresleitung für die Kriegspropaganda gegründet. Und der Gründer der Firma IBM, Thomas J. Watson (1874–1956), rechnete anfänglich mit einem Weltmarktbedarf von fünf Computern. Noch Anfang der 1970er Jahre waren Computer riesengroß, laut, in eigenen klimatisierten Räumen untergebracht und wurden von »Operatern« bedient, aus damaliger Sicht ein Zukunftsberuf. Eingegeben wurden Daten mittels Lochkarten oder -streifen, ausgegeben auf Endlospapier durch höllisch lärmende Nadeldrucker, alles in verschiedenen Programmiersprachen. Bildschirme gab es noch nicht.

Abb. 6.22: Eniac, der erste elektronische Rechner, ca. 1946 (© Shutterstock/Everett Historical)

Der Erfinder des Computers, Konrad Zuse (1910–1995), baute 1939 die erste programmierbare Rechenmaschine der Welt mit einer Frequenz von 5 Hertz. Heutige Großrechner sind billionenmal schneller. Ein langer Patentstreit wurde erst 1967 vom Bundespatentgericht »mangels Erfindungshöhe« gegen ihn entschieden.

Albert Einsteins (1879–1955) Relativitätstheorie wurde weltweit gefeiert, obwohl die breite Öffentlichkeit sie selbstverständlich nicht verstand. Einstein selbst versuchte sie einmal so zu erklären:

> »Wenn ein Käfer über die Oberfläche einer Kugel krabbelt, merkt er wahrscheinlich nicht, dass der Weg, den er zurücklegt, gekrümmt ist. Ich hatte das Glück, es zu merken.«

Erinnern Sie sich noch an die Poincaré-Vermutung aus der Einleitung, die der Mathematiker Grigori Perelman bewiesen hat? Sie hat damit zu tun. In einer deutschen Zeitung führte die Begeisterung für die Relativitätstheorie zu folgendem Limerick:

> »Da war einmal ein Mädchen / Namens Wicht / Das reiste viel schneller als Licht / Fuhr los eines Tags / Relativ / Wenn Du fragst / Und war nachts zuvor schon in Sicht.«

Einstein war leidenschaftlicher Pazifist, umso erstaunlicher war sein berühmter Brief an US-Präsident Roosevelt, in dem er sich aus Sorge vor deutscher Aggression für die Entwicklung der Atombombe aussprach.

Heute findet die Relativitätstheorie eine praktische Anwendung, beispielsweise für Navigationsgeräte. In den die Erde umrundenden Satelliten sind Atomuhren eingebaut, die die Zeitverschiebung durch ihre Geschwindigkeiten relativ zueinander kompensieren.

Abb. 6.23: Einstein-Briefmarke 2005 (© Shutterstock/Olga Popova)

Die Unterstützung der Wissenschaft durch den Staat führte natürlich auch zu kuriosen Situationen und Missverständnissen. Stellvertretend für viele hier eine hübsche Geschichte: Als in Österreich das Reaktorforschungszentrum Seibersdorf mehrmals um eine Kantine nachfragte, wurde diese immer abgelehnt. Dann kam man auf die Idee, in die Budgetplanung ein Xenotrom aufzunehmen, das prompt genehmigt wurde. Später befragt, ob ein Xenotrom so etwas Ähnliches wie ein Zyklotron sei, lautete die Antwort: »Nicht ganz, Xenos heißt auf Griechisch Gast.« Leider fiel dem Chemiker und Nobelpreisträger von 1918 Fritz Haber (1868–1934, siehe Kapitel »Gold aus dem Meer« im Buch *Sicher mit Anlagemetallen*), solch Originelles nicht ein, als er für das neue Kaiser-Wilhelm-Institut in Berlin um ein Kasino bat. Die Antwort der zuständigen Behörde war kurz: »Eine Kaiser-Wilhelm-Gesellschaft baut keine Wirtshäuser!«

Aber staatliche Unterstützung war immer auch eine Gratwanderung zwischen politischem Druck, Wunsch und Wirklichkeit. Die meisten Forschungsprogramme weltweit im 20. Jahrhundert dienten natürlich der Wehrtechnik, direkt oder indirekt. Eines der größten staatlich finanzierten Forschungs- und Entwicklungsprogramme war das von John F. Kennedy 1961 eingeleitete Mondlandungsprogramm. Sicherheit sollte das oberste Gebot sein, aber eine hundertprozentige Sicherheit ist in der Technik nicht möglich. Das wussten vor allem die Wissenschaftler und als während einer Pressekonferenz die Journalisten applaudierten, nachdem die Frage nach der bisher erreichten Sicherheit bei der Saturn-V-Rakete mit 99,9 Prozent beantwortet wurde, unterbrach Jerry Lederer, der Sicherheitschef der NASA, mit den Worten:

> »Nicht so voreilig, meine Herren! Die Rakete besteht aus 5,6 Millionen Teilen. 99,9 prozentige Sicherheit bedeutet also, dass wir mit fünftausendsechshundert defekten Teilen ins All fliegen!«

Sechs Mondlandungen gelangen und wir wissen heute, dass nicht nur bei der Beinahekatastrophe mit Apollo 13, sondern mit den damaligen leistungsschwachen Computern auch bei allen anderen Missionen viel Glück im Spiel war. Nachdem die NASA Wernher von Braun unter Zeitdruck setzte und ihm mehr Mittel für ein Crash-Programm ankündigte, erklärte der genervte von Braun dies einem Journalisten so:

> »Ein Crash-Programm geht von der Annahme aus, dass man durch das gleichzeitige Schwängern von neun Frauen in einem Monat ein Kind zur Welt bringen könne.«

In einem anderen Interview klagte er:

> »Die beiden schwierigsten Probleme in der Weltraumfahrt sind die Überwindung der Schwerkraft und die Bürokratie. Das Schwerkraftproblem haben wir gelöst.«

Abb. 6.24: Versuchsaufbau nach Otto Hahn im Deutschen Museum (© Wikimedia Commons/Luidger)

Viele Geschichten werden auch erzählt im Zusammenhang mit der Entwicklung der Atomkraft, die ja auch seitens des Staates gefordert und gefördert wurde (siehe auch »Uran« in Kapitel 11). Die Kernspaltung wurde 1938 von Otto Hahn (1879–1968), Fritz Strassmann (1902–1980) und Lise Meitner (1878–1968) entdeckt. Die beteiligten Wissenschaftler waren sich der zerstörerischen Möglichkeiten bewusst und viele fürchteten ihre eigenen Forschungsergebnisse, andere begrüßten sie. Dies gilt auch für die beiden Gegenpole der amerikanischen Atombombenentwicklung, des *Manhattan-Projekts*, Edward Teller (1908–2003) und Robert Oppenheimer (1904–1967). Oppenheimer, der sich nach dem Einsatz »seiner« Atombomben namens »Little Boy« in Hiroshima und »Fat Man« in Nagasaki entsetzt über deren Wirkung gegen nukleare Aufrüstung in West und Ost einsetzte, fiel unter anderem durch das Betreiben von Teller in politische Ungnade.

Nach dem Krieg entstand ein Preis für das Eintreten für eine friedliche Anwendung der Atomenergie, der Atoms for Peace Award. Er geht zurück auf eine Rede des amerikanischen Präsidenten Dwight »Ike« David Eisenhower (1890–1969) im Dezember 1953 vor den Vereinten Nationen. Eisenhower war während des Zweiten Weltkriegs Oberbefehlshaber der alliierten Streitkräfte in Europa.

Friedrich Dürrenmatt ließ in dem Schauspiel »Die Physiker« seinen Johann Wilhelm Möbius sagen:

> »Unsere Wissenschaft ist schrecklich geworden ... Wir müssen unser Wissen zurücknehmen.«

Mit welcher Begeisterung aber andererseits die amerikanischen Atom-U-Boote in der Bevölkerung bis heute aufgenommen werden, zeigt die Antwort des 4-Sterne-Admirals Hyman Rickover (1900–1986), der als einziger hochrangiger Offizier auch ein bedeutender Ingenieur und Atomwissenschaftler war, beim Stapellauf der USS Memphis 1977 auf die Frage eines Reporters, warum diese Boote nicht mehr nach Fischen, sondern nach Städten benannt werden: »Fische wählen nicht!« General Rickover hält den Rekord für die längste Dienstdauer beim US-Militär, von 1918 bis 1982. Nebenbei gründete er ein wissenschaftliches Forschungsinstitut von hohem Ansehen.

Abb. 6.25: Saturn V, 1973 (© Shutterstock/Everett Historical)

Heute wird einerseits über atomare Abrüstung zwischen den Großmächten verhandelt und viele Atomwaffen wurden bereits vernichtet, andererseits sind aus den Zeiten des Kalten Krieges viele Kernwaffen verschwunden, die man in den Händen von eher unsicheren Kantonisten vermutet. Geblieben ist die zivile Nutzung der Kernkraft als Wärmequelle für die Stromerzeugung mit dem Vorteil einer hohen Energiedichte und ohne Emission von Abgasen wie Kohlendioxid – dafür aber mit radioaktiven Abfällen, deren Entsorgung oder Wiederverwertung in Deutschland nicht endgültig geregelt ist.

Abb. 6.26: Innenansicht des Cern (© Wikimedia Commons/Julian Herzog)

Atome sind auch das Thema einer Forschung mit geradezu gigantischen Einrichtungen und hochaktuellem Bezug. In einer 27 Kilometer langen kreisförmigen Tunnelröhre 100 Meter unter der Erde bei Genf werden Atomteilchen aufeinander geschossen und ihr Zusammenprall mit riesigen

Detektoren beobachtet. Das Forschungszentrum CERN wird von 20 Staaten betrieben, hat über 3000 Mitarbeiter, rund 8000 wechselnde Gastwissenschaftler aus 85 Nationen und ein Jahresbudget von 1 Milliarde Schweizer Franken. Am 30. März 2010 war es dann so weit: Zwei Teilchenstrahlen ließ man mit Lichtgeschwindigkeit kollidieren und erzeugte somit einen künstlichen Urknall. Das war nach einigen vergeblichen Versuchen eine wissenschaftliche Glanzleistung, aber was die Medien viel mehr interessierte, war die Möglichkeit der Entstehung eines Schwarzen Lochs, das immer größer wird und alles verschlingt. Da Sie und dieses Buch noch vorhanden sind, ist es wohl noch nicht zu Ihnen vorgedrungen.

Eine Meldung mit nicht absehbaren Folgen stammt aus der Genforschung vom Mai 2010. Von den einen als »göttliches Experiment« gefeiert, von anderen als »potenzielle Zeitbombe« verflucht, ist es in den USA einem der bedeutendsten und vielfach ausgezeichneten Genforscher, Craig Venter (geb. 1946), erstmals gelungen, aus künstlichen Genen ein Bakterium, also ein künstliches Lebewesen, zu schaffen. Venter, der als erster Wissenschaftler eine komplette DNA entziffert hat, sieht sich selbst zwar nicht als Beherrscher von Leben, räumt aber einen möglichen Missbrauch seines Erfolgs ein – beispielsweise für Biowaffen. Und sagt das, was alle Wissenschaftler etwas hilflos sagen, wenn sie für neue Entdeckungen angegriffen werden: Einen Hammer kann man zu Nützlichem, aber auch als Waffe gebrauchen.

Diese beiden von der Öffentlichkeit kaum beachteten Ereignisse aus 2010 könnten eines Tages als die bis dahin bedeutendsten der Menschheitsgeschichte angesehen werden.

Wissenschaft und Technologien kennen kein Gut und Böse. Gut und böse sind die Menschen, die sie in umgesetzter Technik anwenden. So zogen und ziehen die Errungenschaften, die unser tägliches Leben heute bestimmen, Fluch und Segen zugleich nach sich. Ohne Autos, Flugzeuge, Kernkraft, Internet, Mobiltelefone et cetera wäre die Welt nicht so nah zusammengerückt und die Kriegsgefahr zwischen den großen Mächten dadurch weitgehend gebannt worden. Aber jede der genannten Techniken hat eben auch ihre Kehrseite. Und ohne die technischen Möglichkeiten ihrer Zeit hätte es im Umkehrschluss auch keine zwei Weltkriege von solch verheerenden Ausmaßen gegeben.

Abb. 6.27: Large Hadron (© mashup by User:Zykure, Lizenz: cc-by-sa)

Heute kämpfen wir vor allem mit der Umwelt- und Entsorgungsproblematik, die alle genannten Technologien mit sich bringen und die durch das Bevölkerungswachstum und den dramatisch ansteigenden Konsum vor allem in Asien stetig problematischer wird. Damit einhergehend erleben wir in vielen Ländern, vor allem in ärmeren Gesellschaftsschichten, eine stärkere Zuwendung zu Religionen, nicht nur zum Islam. Gleichzeitig stehen wir durch die zunehmende Verwendung von Rohstoffen vor einer Versorgungsproblematik insbesondere der in diesem Buch besprochenen

Technologiemetalle von noch nicht absehbaren Auswirkungen. Eine Zauberformel für eine Lösung ist nicht in Sicht.

Zum Abschluss noch drei hintergründige Erkenntnisse von klugen Menschen:
Elbert Hubbard:

> »Eine Maschine kann die Arbeit von fünfzig gewöhnlichen Männern verrichten. Keine Maschine kann die Arbeit eines außergewöhnlichen Mannes verrichten.«

Thomas Alva Edison:

> »Genie ist zu ein Prozent Inspiration und zu 99 Prozent Transpiration.«

Peter Ustinov:

> »Die letzte Stimme, die man hört, bevor die Welt explodiert, ist die eines Experten, der im Brustton der Überzeugung ruft: Das ist technisch unmöglich!«

7
Metalle im Vergleich

Die in diesem Buch aufgeführten 63 Metalle sind in den weiteren Kapitel alphabetisch mit ihren Abkürzungen und Ordnungszahlen im Periodensystem aufgelistet. Der besseren Vergleichbarkeit wegen ist das Zahlenmaterial zu ihren wichtigsten Eigenschaften auf- beziehungsweise abgerundet dargestellt (Wissenschaftler mögen mir verzeihen).

Wichtige Eigenschaften sind natürlich Definitionssache und vor allem diejenigen, für die der jeweilige Betrachter sich gerade interessiert. Neben den hier aufgeführten können es beispielsweise sein: Ionisierungsenergien, Kristallstrukturen, Isotope, Oxidationszustände, Elektronenkonfigurationen und viele andere. Aber keine Angst: Wir konzentrieren uns hier auf die Eigenschaften, die auch für Nichtchemiker und Nichtphysiker verständlich sind und mit denen man die Hauptanwendungsmöglichkeiten problemlos nachvollziehen kann, solange es nicht um Atomphysik und komplexe chemische Prozesse geht. Bei den Einheiten verwenden wir zum Teil ganz selbstverständlich und ohne großes Nachdenken Namen von Persönlichkeiten, die wir an den entsprechenden Stellen kurz würdigen wollen.

Der *Schmelzpunkt* in °C muss hoffentlich nicht näher erläutert werden. Anders Celsius (1701–1744) war ein schwedischer Mathematiker und Physiker und, wie viele Wissenschaftler seiner Zeit, auch Astronom. Er untersuchte beispielsweise die Helligkeit von Sternen, beschäftigte sich mit der Natur der Polarlichter und vermaß auf Expeditionen mit anderen die Erde. Im Jahr 1742, zwei Jahre vor seinem frühen Tod durch Tuberkulose,

Abb. 7.1: Thermometer Deutsches Museum (© Bundesarchiv, Bild 102-10090/ CC-BY-SA 3.0)

definierte er die nach ihm benannte Temperatureinteilung mit dem Gefrier- und Siedepunkt von Wasser als Maßstab. Sein Original-Quecksilberthermometer ist im Universitätsmuseum in Uppsala, dem Gustavianum, ausgestellt. Das größte Thermometer Deutschlands findet sich übrigens am Turm des Deutschen Museums in München. In Zusammenhang mit der Temperatur seien noch einmal die Refraktärmetalle genannt. Dies sind alle Metalle, deren Schmelzpunkt oberhalb dessen von Platin liegt, also über 1772 °C. Das Metall mit dem höchsten Schmelzpunkt ist Wolfram mit 3422 °C.

Die *Dichte,* also das spezifische Gewicht, ist definiert als das Verhältnis von Masse zu Volumen, also g/cm³ beziehungsweise kg/dm³ oder kg/Liter. Stoffe mit Gewichten größer als 1 versinken in Wasser, Stoffe mit Gewichten kleiner als 1 schwimmen oben.

Abb. 7.2: Friedrich Mohs

Für die Messung der Härte von Metallen gibt es viele verschiedene Verfahren. Die in diesem Buch verwendete *Mohshärte* ist eine leicht zu verstehende Vergleichszahl. Sie wurde von dem Mineralogen Carl Friedrich Christian Mohs (1773–1839) als Vergleich von Härten auf einer Skala von 1 bis 10 nach ihrer Möglichkeit des Ritzens mit härteren Materialien definiert. So hat Talk die Mohshärte 1, Calcit 3, Feldspat 6, Quarz 8 und Diamant 10. Mohs wurde Mineraloge nach dem Studium von Mathematik, Chemie, Physik in Halle und Mechanik an der Bergakademie Freiberg, wo er später eine Professur innehatte. Als Grubenarbeiter lernte er die Arbeitsbedingungen vor Ort kennen.

Die aufgeführte Höhe der *elektrischen Leitfähigkeit* in Ampère/Volt × Meter ist in den meisten Fällen mit 10^6 (also 1 Million) zu multiplizieren. Das muss man sich nicht merken, muss die Einheit auch nicht verstehen – wichtig ist der Vergleich der Zahlen untereinander. Lediglich bei Germanium, Selen, Silizium, Tellur und Uran finden sich extrem abweichende (niedrigere) Größenordnungen. Das bedeutet, diese Metalle leiten Elektrizität sehr schlecht. Isolatoren, also Materialien mit möglichst hohem Widerstand, haben andere Maßeinheiten. Eine bekannte Maßeinheit für den elektrischen Widerstand ist das Ohm mit dem Einheitenzeichen Ω. Definiert ist es sehr einfach: 1 Ohm = 1 Volt/1 Ampere. Der Kehrwert, also 1 Ampere/1 Volt (siehe oben), ist 1 Siemens.

So, nun haben wir also gleich vier Namen großer Wissenschaftler:

Abb. 7.3: André-Marie Ampère
(© Shutterstock/Nicku)

André-Marie Ampère (1775–1836), nach dem die Einheit für die elektrische Stromstärke benannt ist, war ein französischer Mathematiker und Physiker, der nebenbei auch Griechisch, Latein und Italienisch lernte. Vorher hatte er sich mit Botanik und Psychologie befasst. Als 18-Jähriger musste er die Hinrichtung seines Vaters während der Französischen Revolution verkraften und entwickelte in diesem Zusammenhang eine künstliche Sprache als Beitrag zum Frieden. Später, als Professor, beschäftigte er sich mit Kant und lehrte sogar Philosophie. Ab 1820 beschäftigte er sich mit den elektromagnetischen Zusammenhängen. Mit 61 Jahren starb er an einer Lungenentzündung.

Abb. 7.4: Volta-Denkmal in Como
(© Shutterstock/Gio.tto)

Alessandro Giuseppe Antonio Anastasio Graf von Volta (1745–1827), nach dem die Einheit für die elektrische Spannung benannt ist, war ein italienischer Physiker, der sich früh experimentell mit Elektrizität beschäftigte. Er erfand die elektrische Batterie und lernte auf Reisen so bedeutende Persönlichkeiten wie Voltaire, Laplace, Lavoisier, Lichtenberg und Napoleon Bonaparte kennen. Nach seiner Eroberung Italiens ernannte Napoleon Volta zum Senator und zum Grafen. Erst 1879, also 70 Jahre nach Voltas Tod, wurde sein Name zur Maßeinheit für die elektrische Spannung und der erste Buchstabe seines Nachnamens auch zur Abkürzung. Das heute international gültige »U« für Spannung wurde früher wie »V« geschrieben.

Georg Simon Ohm (1789–1854), der Namensgeber für den elektrischen Widerstand, war ein deutscher Physiker. Sein Vater, ein Schlossermeister, studierte nebenbei Mathematik und Philosophie. Dies lehrte er auch seinen beiden Söhnen und sorgte dafür, ungewöhnlich für diese Zeit, dass diese das Gymnasium besuchen konnten. Ohm beeindruckte schon mit 15 Jahren in einer Prüfung den berühmten Mathematikprofessor Karl Christian von Langsdorf mit seinen Kenntnissen. In Erlangen begann Ohm als 16-Jähriger ein Studium der Mathematik, Physik und Philosophie und interessierte sich später insbesondere für das Phänomen der Elektrizität. Die letzten fünf Lebensjahre hatte er eine Professur an der Universität München inne. Ohm hinterließ zahlreiche Veröffentlichungen von hohem wissenschaftlichen Wert und erhielt schon zeitlebens viele Auszeichnungen.

Ernst Werner Siemens (1816–1892), als Gründer des gleichnamigen Unternehmens der wohl bekannteste Name der vier genannten, wurde bereits in Kapitel 6 für seine Verdienste gewürdigt.

In den jeweiligen Kapiteln sind die Metalle zur leichteren Auffindung alphabetisch geordnet aufgeführt, zur Zuordnung im Periodensystem sind die Symbole und die Ordnungszahlen genannt. Die Metalle sind entsprechend ihrer Zuordnungen zu den fünf einzelnen Kapiteln wie folgt mit Buchstaben markiert:

Anlagemetalle: A
Industriemetalle: B
Alkalimetalle: C
Strategische Metalle: D
Metalle der Seltenen Erden: E

Eisen ist in seiner chemischen Einordnung ein Übergangsmetall und keiner unserer fünf Metallgruppen zuzuordnen. Wir schauen es uns näher im Kapitel 9 an, weil es von seiner Verwendung her dort am besten hineinpasst.

Das einzige Metall, das man auch umgangssprachlich im Deutschen mit zwei Schreibweisen vorfindet, ist Cobalt beziehungsweise Kobalt. Es ist deshalb zweimal aufgeführt.

Sehr hohe und sehr niedrige Werte der Eigenschaften sind fett herausgestellt, weil diese meist für die Verwendungsmöglichkeit der Metalle eine große Rolle spielen.

Metall (Abkzg.)	**Zuordnung**	**Dichte in g/cm^3**	**Mohshärte**	**Schmelzpunkt in °C**	**Leitfähigkeit in 10^6 A/V × m**
Aluminium (Al, 13)	B	**3**	**2,8**	660	**38**
Antimon (Sb, 51)	D	7	**3**	631	3
Blei (Pb, 82)	B	11	**1,5**	**327**	5
Beryllium (Be, 4)	D	**2**	5,5	1278	31
Caesium (Cs, 55)	C	**2**	**0,2**	**28**	5
Cer (Ce, 58)	E	9	**2,5**	795	1

Metall (Abkzg.)	Zuordnung	Dichte in g/cm³	Mohshärte	Schmelzpunkt in °C	Leitfähigkeit in 106 A/V × m
Chrom (Cr, 24)	D	7	8,5	1857	8
Cobalt (Kobalt, Co, 27)	D	9	5	1495	17
Dysprosium (Dy, 66)	E	9	o.A.	1407	1
Eisen (Fe, 26)		8	4	1538	10
Erbium (Er, 68)	E	9	o.A.	1529	1
Europium (Eu, 63)	E	5	o.A.	826	1
Francium (Fr, 87)	C	o.A.	o.A.	o.A.	o.A.
Gadolinium (Gd, 64)	E	8	o.A.	1312	1
Gallium (Ga, 31)	D	6	1,5	30	7
Germanium (Ge, 32)	D	5	6	938	1,45 (abs.)
Gold (Au, 79)	A	19	2,5	1064	45
Hafnium (Hf, 72)	D	13	5,5	2233	3
Holmium (Ho, 67)	E	9	o.A.	1461	1
Indium (In, 49)	D	7	1,2	157	13
Iridium (Ir, 77)	D	23	6,5	2466	20
Kadmium (Cd, 48)	D	9	2	321	14
Kalium (K, 19)	C	1	0,4	63	14
Kobalt (Cobalt, Co, 27)	D	9	5	1495	17
Kupfer (Cu, 29)	B	9	3	1084	58
Lanthan (La, 57)	E	6	2,5	1652	2
Lithium (Li, 3)	C	0,5	0,6	454	11
Lutetium (Lu, 71)	E	10	o.A.	1652	2
Magnesium (Mg, 12)	D	2	2,5	650	23
Mangan (Mn, 25)	D	7	6	1244	1
Molybdän (Mo, 42)	D	10	5,5	2623	19
Natrium (Na, 11)	C	1	0,5	98	21
Neodym (Nd, 60)	E	7	o.A.	1024	2
Nickel (Ni, 28)	B	9	3,8	1455	14
Niob (Nb, 41)	D	9	6	2477	7
Osmium (Os, 76)	D	23	7	3130	11

Metall (Abkzg.)	**Zuord-nung**	**Dichte in g/cm³**	**Mohs-härte**	**Schmelz-punkt in °C**	**Leitfähigkeit in 106 A/V × m**
Palladium (Pd, 46)	A	12	4,8	1555	10
Platin (Pt, 78)	A	**21**	4,3	**1772**	10
Praseodym (Pr, 59)	E	7	o.A.	935	1
Promethium (Pm, 61)	E	7	o.A.	1072	1
Quecksilber (Hg, 80)	D	14		**-39**	1
Rhenium (Re, 75)	D	**21**	**7**	**3186**	6
Rhodium (Rh, 45)	D	12	6	**1964**	23
Rubidium (Rb, 37)	C	**1,5**	**0,3**	**39**	8
Ruthenium (Ru, 44)	D	12	6,5	**2334**	14
Samarium (Sm, 62)	E	7	o.A.	1072	1
Scandium (Sc, 21)	E	3	**2,5**	1541	2
Selen (Se, 34)	D	5	**2**	**221**	**1×10^{-10}**
Silber (Ag, 47)	A	10	**2,5**	962	**62**
Silizium (Si, 14)	D	**2**	6,5	1410	**3×10^{-4}**
Tantal (Ta, 73)	D	**17**	6,5	**3017**	8
Tellur (Te, 52)	D	6	**2,3**	450	**5×10^{-3}**
Terbium (Tb, 65)	E	8	o.A.	1541	2
Thulium (Tm, 69)	E	9	o.A.	1545	1
Titan (Ti, 22)	D	5	6	1668	2
Uran (U, 92)	D	**19**	**3**	1133	**3 (abs.)**
Vanadium (V, 23)	D	6	**7**	**1910**	5
Wismut (Bi, 83)	D	10	**2,3**	**271**	1
Wolfram (W, 74)	D	**19**	**7,5**	**3422**	19
Ytterbium (Yb, 70)	E	7	o.A.	824	4
Yttrium (Y, 39)	E	4	o.A.	1526	2
Zink (Zn, 30)	B	7	**2,5**	420	17
Zinn (Sn, 50)	B	7	**1,5**	**232**	9
Zirkonium (Zr, 40)	D	7	5	**1857**	2

In dieser Liste nicht aufgeführt, aber bei der Vorstellung der einzelnen Metalle mit aufgenommen ist der jeweilige Anteil an der Erdhülle. Dieser kann angegeben sein in Prozent (%) oder in ppm. Manche Masseanteile sind so gering, dass man sie in negativen Zehnerpotenzen angibt, die aussagekräftiger sind als Dezimalzahlen. So werden wie im Falle von Gold 0,0000005 Prozent besser als 5×10^{-7} Prozent dargestellt. Die Angabe ppm (Parts per Million) entspricht 1 zu 1 Million oder 1/1 000 000 = 10^{-6}. 1 Prozent entspricht also 10 ‰ oder 10 000 ppm, 1 ‰ sind dann 1000 ppm. Klar, oder?

Sie konnten nun die Eigenschaften von 63 Metallen miteinander vergleichen. Aber wo findet man Angaben über Wertanlagen? Gemach, dazu kommen wir später.

Immerhin haben die Metallwerte etwas mit den Eigenschaften der Metalle zu tun. Und diese haben sich nicht danach gedrängt, eingeteilt zu werden in:

- 4 Anlagemetalle,
- 6 Industriemetalle und Eisen,
- 6 Alkalimetalle,
- 29 Strategische Metalle und
- 17 Seltenerdmetalle.

In nachfolgenden Tabellen sind von der Bundesanstalt für Geowissenschaften und Rohstoffe verschiedene Technologiemetalle in Bezug auf ihren zukünftigen Bedarf untersucht und verglichen worden.

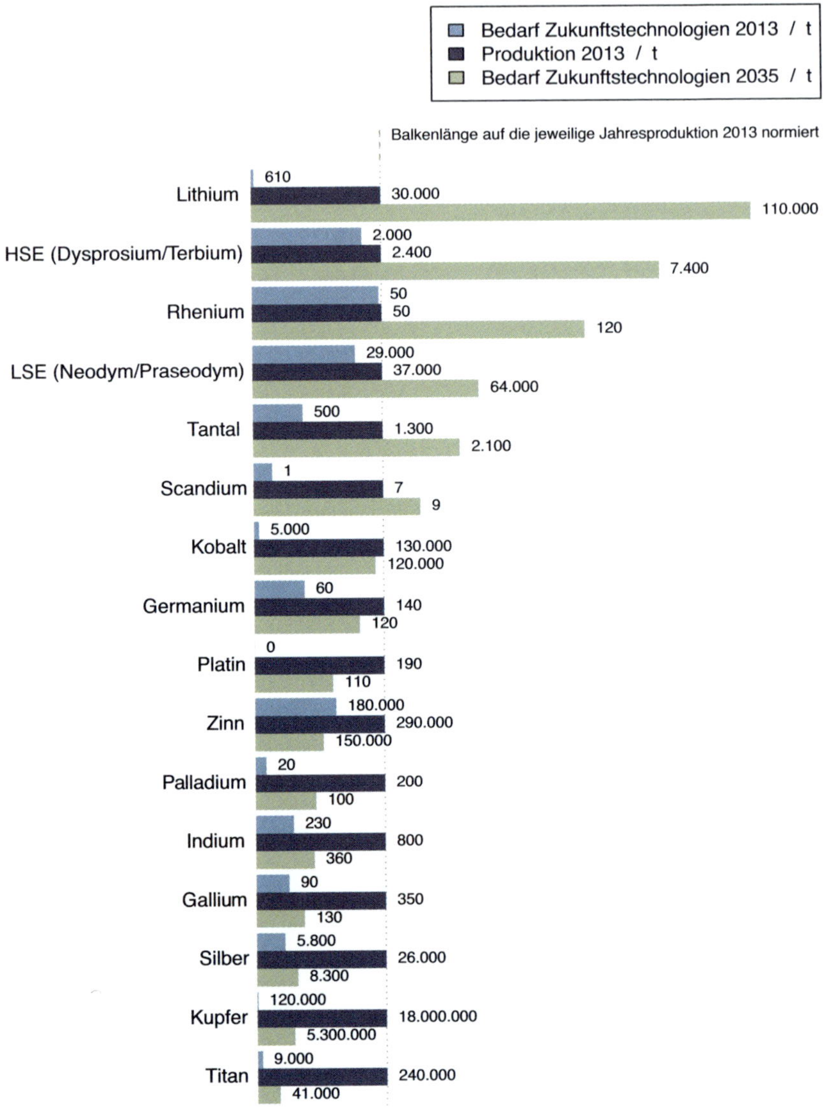

Abb. 7.5: Geschätzter Bedarf unterschiedlicher Rohstoffe für ausgewählte Zukunftstechnologien (© DERA Deutsche Rohstoffagentur; die Aufstellung erfolgte im Rahmen der Auftragsstudie »Rohstoffe für Zukunftstechnologien 2016«)

Nach Angerer et al. (2009). Aufgrund aktuellerer Produktionsdaten konnten zahlreiche Indikatoren neu berechnet werden.

Rohstoff	Produktion 2006	Bedarf 2030	Angebotspotenzial bis 2030
Gallium	152[1)]	603	Beiprodukt der Al-Gewinnung; 200 Mio. t Bauxit/j. @ ø 50 ppm Ga und 40 % Ausbringen: 4.000 t Ga/a
Indium	581	1.911	Beiprodukt der Pb-Zn-/Cu-/Sn-Gewinnung; nicht genutzte Hütten-Rückstände: 15.000 t in + 500 t in/a; Erhöhung des Ausbringens: zusätzlich 500-1.000 t/a; Recyclingspotenzial im Sputterprozess 70 %
Scandium	1,3-2[2)]	3	Australische Ni-Co-Pt-Lagerstätte Nyngan mit 3.135 t Sc-Vorräten; erhöhte Sc-Potenziale in Bergbauhalden von U/SE/Ti/W/Ta/Sn u.a.
Germanium	100	220	Geplante Bergbauprojekte mit zusätzlich ca. 250 t Ge/a
Neodym	16.800	27.900	Geplante SE-Bergbauprojekte mit zusätzlich ca. 20.000 t Nd_2O_3/a aus Monazitseifen
Tantal	1.384	1.410	Zahlreiche geplante Bergbauprojekte werden aufgrund Preisverfalls derzeit nicht weiterentwickelt. Vorratssituation unbedenklich.

[1)] Annahme voller Produktion in China und Russland

[2)] nach Schätzungen zwischen 1,3 und 2 t aus Bergbauproduktion

Globaler Rohstoffbedarf für Zukunftstechnologien im Jahr 2030 im Verhältnis zur Weltproduktion (t) im Jahr 2006 und Angebotspotenzial bis 2030.

8
Edelmetalle, Anlagemetalle

Die Edelmetalle

Edelmetalle sind keine Einteilung aus dem Periodensystem der Elemente, obwohl sie dort direkt neben- und untereinander angeordnet sind, sondern sind gekennzeichnet durch grundlegende chemische Eigenschaften: Sie sind einerseits sehr korrosionsbeständig, andererseits sind ihre chemischen Verbindungen thermisch instabil. Das bedeutet sie rosten oder oxidieren nicht, aber ihre Verbindungen zerlegen sich beim Erhitzen; von Salzsäure werden sie nicht angegriffen. Es gibt noch andere chemische und physikalische Definitionen, die weitere Metalle beinhalten oder sogar nur Kupfer, Gold und Silber als Edelmetalle bezeichnen.

Die acht Edelmetalle mit Symbol und Ordnungszahl
Gold (Au, 79) und Silber (Ag, 47)
Leichte Platinmetalle: Ruthenium (Ru, 44), Rhodium (Rh, 45), Palladium (Pd, 46)
Schwere Platinmetalle: Osmium (Os, 76), Iridium (Ir, 77), Platin (Pt, 78)

Alle Platinmetalle werden abgekürzt auch als PGM (Platingruppenmetalle) bezeichnet. Von diesen Metallen sind für die Autoindustrie, genauer:

in der Katalysatortechnik, Platin, Palladium und Rhodium besonders wichtig.

Aufgrund ihrer Verfügbarkeit, Bearbeitbarkeit und der Historie ihrer Handelsbedeutung haben sich nur vier dieser Metalle, nämlich Gold, Silber, Platin und Palladium, als Anlagemetalle durchgesetzt. Mit diesen Anlagemetallen wollen wir uns in diesem Kapitel beschäftigen, in Kapitel 11 werden die übrigen Platinmetalle (Ruthenium, Rhodium, Osmium und Iridium) vorgestellt.

Die Anlagemetalle

In meinem Buch *Sicher mit Anlagemetallen* sind diese Metalle im Einzelnen ausführlich behandelt. Deshalb soll hier nur auf die wichtigsten Aspekte eingegangen und einige Passagen gekürzt wiedergegeben werden.

Warum gibt es Anlagemetalle? In der Wirtschaft geht es immer um einen gemeinsam akzeptierten Maßstab für Tauschgeschäfte. Das ist gemeinhin Geld in unterschiedlichen, ebenfalls von allen akzeptierten und von Notenbanken regulierten Währungen. Seitdem keine Währung mehr durch Gold oder Silber gedeckt ist, sind Banknoten, Überweisungen und andere Transaktionen immer nur Derivate für einen nationalen und internationalen Konsens. Sie haben keinen »inneren Wert«, sind also immer abhängig vom Konsens aller Beteiligten. Edelmetalle hingegen haben einen inneren Wert: Sie sind dauerhaft wertvoll und beständig. Sie sind knappe Güter, teilbar, transportabel, definierbar und in allen Ländern und Kulturen weltweit akzeptiert. Es ist möglich, an jedem Ort der Welt zu jeder Sekunde überall denselben Wert eines Anlagemetalls zu bestimmen.

Unter Anlagemetallen versteht man Metalle, die in speziellen Formen und mit eigenen Normen als Wertanlagen genutzt werden. Diese Formen sind Barren und Münzen. Barren werden nicht als Rohstoffe für technische oder wissenschaftliche Anwendungen verwendet. Hierfür gibt es andere Handelsformen. Unter dem Begriff »weiße Anlagemetalle« fasst man die drei Metalle Silber, Platin und Palladium zusammen. Diese Trennung ist dann sinnvoll, wenn man Gold als das meistdiskutierte und bekannteste Anlagemetall bewusst außen vor lassen möchte.

Die vier Anlagemetalle mit Symbol und Ordnungszahl
Gold (Au, 79), Silber (Ag, 47), Platin (Pt, 78) und Palladium (Pd, 46).

Mit Abstand die größten Umsätze werden mit Gold und Silber gemacht, dann folgt Platin und darauf, wieder mit großem Abstand, Palladium. Während Gold immer noch hauptsächlich als Schmuck- und Anlagemetall in seinen verschiedenen Formen verwendet wird, haben Silber, Platin und Palladium immer noch steigende prozentuale Anteile an den Industrierohstoffen.

Preise im Vergleich

Die Preise für die vier Anlagemetalle werden zweimal täglich von zwei Institutionen, der London Bullion Market Association (LBMA) für Gold und Silber und dem London Platin and Palladium Market (LPPM) für Platin und Palladium, festgelegt. Die im Folgenden aufgeführten (gerundeten) Preise sind Stand September 2016 und sollen Ihnen einen ungefähren Anhaltspunkt geben, wie die Preise der vier Metalle zueinander einzuordnen sind.

Die Preise korrelieren nur in bestimmten Marktphasen miteinander. Je nach Metall und Verwendungszweck können sie sich prozentual zueinander völlig unterschiedlich entwickeln. Dies gilt insbesondere für Platin und Palladium, die als PGM in der Vergangenheit hohen Volatilitäten unterlagen und sich sehr unterschiedlich entwickelten. Dies hängt hauptsächlich mit ihrem unterschiedlich häufigen Einsatz in Autokatalysatoren zusammen. Die Preise können sich aber auch ohne Kopplung gegenseitig beeinflussen; so hat beispielsweise der Goldpreis im Jahr 1999 den Platinpreis ohne erkennbaren fundamentalen Grund mit nach oben gezogen. Ein aktuell vorliegender Goldpreis lässt dennoch nicht auf die Preise der anderen Metalle schließen.

	Gold	Silber	Platin	Palladium
US-Dollar/Feinunze	1410	30	1714	755

Die von LBMA und LPPM festgelegten Preise sind *OTC-Preise,* also Grundpreise, die im realen Handel mit Barren und Münzen zusätzlich mit den entsprechenden Handelsaufschlägen belegt werden. Die Preise sind in den letzten Jahren stark gestiegen. Es sind keine Börsenpreise!

Gold

Der Name Gold leitet sich ab vom indogermanischen Begriff *ghel,* was so viel wie »gelb«, aber auch »glänzend« bedeutet. Auch der lateinische Name, *aurum,* heißt so viel wie »das Gelbe«. Aurum ist auch der Name im Periodensystem und wird Au abgekürzt; beide sind international gebräuchlich, beispielsweise bei der Bezeichnung »XAU« im Handel, meist zum Dollar, also XAUUSD.

Gold und Kupfer sind die einzigen farbigen Metalle, wenn man alle anderen silberfarbenen und grauen Metalle nicht als »farbig« definiert.

Gold ist das Material, das bis heute die Menschheit am meisten beschäftigt. Dabei ist Gold zu wenig Sinnvollem zu gebrauchen – nicht einmal Werkzeug, die wohl älteste Form der Verwendung von Materialien, kann man daraus herstellen. Die lange Geschichte des Goldes lässt sich im Rahmen dieses Buchs nicht erörtern. Wichtige Kapitel der jüngeren Vergangenheit sind jedenfalls das Goldverbot in den USA (1933) und das im Jahr 1944 vereinbarte Bretton-Woods-Abkommen, ein Wechselkurssystem mit goldhinterlegtem US-Dollar als Leitwährung. Dieses Konzept wurde erst 1973 offiziell aufgegeben.

Die wichtigsten Eigenschaften von Gold

Name, Symbol, Ordnungszahl: Gold, Au, 79
Massenanteil an der Erdhülle: 5×10^{-7} %
Dichte: 19,32 g/cm^3
Mohshärte: 2,5
Schmelzpunkt: 1064,18 °C
Elektrische Leitfähigkeit: $45{,}2 \times 10^6$ A/V × m

Die Faszination von Gold basiert auf der Vereinigung mehrerer Eigenschaften, die jede für sich eine Besonderheit darstellt, in einem Material: Es glänzt; es hat eine unverwechselbare Farbe; es ist sehr schwer; es ist vergleichsweise weich und leicht zu bearbeiten, hat aber trotzdem einen hohen Schmelzpunkt; es ist selten und es ist nur schwer zu fälschen.

Vorkommen und Gewinnung

Gold findet sich im Gegensatz zu anderen Metallen, die aus Erzen gewonnen werden, meist in Reinform fein verteilt im umgebenden Gestein eingeschlossen. Wichtige Vorkommen gibt es in Südafrika *(Witwatersrand-Goldfeld)* und China mit je etwa 10 Prozent der Weltjahresproduktion, sowie in Australien, in den USA und in Russland. In Südafrika gehen die Förderungen zurück, in China steigen sie.

Anwendungen

Der größte Teil (ca. 60 Prozent) des vorhandenen Goldes ist in Schmuck und Kunstgegenständen verarbeitet, 35 Prozent in Goldbarren und Goldmünzen und die restlichen 5 Prozent werden für technische Anwendungen genutzt.

Abb. 8.1: Goldbarren (© Shutterstock/stickasa)

Goldlegierungen

Um Goldschmuck andere Farbtönungen zu verleihen und seine Eigenschaften zu verändern, werden ihm andere Metalle wie Kupfer, Silber, Nickel und Cadmium, aber auch Platin, Palladium und Rhodium beigemischt. Es gibt Rotgold, Gelbgold, Grüngold und Weißgold.

Notenbankgold

Experten gingen 2010 von folgenden ungefähren Notenbank-Goldbeständen aus:

Sep/Okt 2009	Goldbestände in Tonnen	Goldbestände in Mrd USD[1]	Anteil an den Währungsreserven in %	Gold pro Kopf in USD	Gold im Verhältnis zum BIP in %
USA	8.133,5	261,8	68,7	852	1,8
Deutschland	3.407,6	109,7	64,6	1.332	3,0
Italien	2.451,8	78,9	63,4	1.357	3,4
Frankreich	2.435,4	78,4	64,2	1.224	2,7
China	1.054,0	33,9	1,5	25	0,8
Schweiz	1.040,1	33,5	28,8	4.405	6,7
Japan	765,2	24,6	2,4	194	0,5
Russland	607,7	19,6	4,7	140	1,2
Indien	557,7	18,0	6,4	15	1,5
Großbritannien	310,3	10,0	15,2	164	0,4

[1] **1001,25 USD per Feinunze (30.09.2009 London fixing).**

Abb. 8.2: Goldmünze (© Shutterstock/Seth Ryan)

Insgesamt betragen die Goldreserven aller Notenbanken zusammen nicht mehr als ein Fünftel des Weltgoldbestands.

Silber

Der Name rührt her aus dem Althochdeutschen (*silabar*), der sich so ähnlich auch in anderen Sprachen wiederfindet. Das Land Argentinien ist nach diesem Stoff benannt. In vierzehn Sprachen bedeutet »Silber« Geld, bei uns umgangssprachlich genutzt mit dem Verb »versilbern« für »verkaufen«. Lateinisch heißt es *argentum,* daher die Abkürzung Ag und auch XAG für Silberpreise in US-Dollar pro Feinunze.

Weit mehr als die anderen Anlagemetalle war und ist Silber Spekulationsobjekt, und es hat viele Versuche gegeben, den Silberpreis zu manipulieren. Am bekanntesten ist der Versuch der Brüder Nelson Bunker und Herbert William Hunt, Söhne eines amerikanischen Ölmilliardärs, in den 1970er Jahren den Silberpreis durch Aufkäufe hochzutreiben.

Im Gegensatz zu Gold ist Silber ein Metall, das in der Wissenschaft und Technik große Bedeutung hat. Auch als Gebrauchsmaterial für Haushaltsgegenstände, Lampen et cetera wurde Silber genutzt. Das bekannte *Sterlingsilber,* das dafür meist verwendet wurde, besteht aus 92,5 Prozent Silber und 7,5 Prozent Kupfer, war jedoch früher nicht anlaufgeschützt. Das Anlaufen von Silber ist übrigens keine Oxidation, sondern eine oberflächliche Reaktion mit Schwefelwasserstoff, der in Spuren fast überall in der Luft vorhanden ist.

Die wichtigsten Eigenschaften von Silber

Name, Symbol, Ordnungszahl: Silber, Ag, 47
Massenanteil an der Erdhülle: 1×10^{-5} %
Dichte: 10,49 g/cm^3
Mohshärte: 2,5
Schmelzpunkt: 961,78 °C
Elektrische Leitfähigkeit: 62×10^6 A/V × m

Silber verfügt über drei Maximaleigenschaften, die es von allen anderen Elementen abheben: elektrische Leitfähigkeit, Wärmeleitfähigkeit und Reflexionsvermögen, das schon im alten Pompeji für Spiegel genutzt wurde.

Vorkommen

Die weltweit wichtigsten Silberproduzenten sind Amerika, Australien und China. Von den zurzeit rund 20 000 Jahrestonnen Silberförderung entfallen allein 7000 Tonnen auf Mexiko, Peru und Chile, gefolgt von den USA und Kanada mit 2500 Tonnen. Silber findet sich gediegen oder in Mineralien, wobei es meist bei der Gewinnung von Kupfer (Kupferkies) oder Blei (Bleiglanz) als Beimetall anfällt. In der Erdkruste findet sich Silber etwa 20-mal häufiger als Gold.

Das Recycling von Silber aus fotografischen Anwendungen ist eine bedeutende sekundäre Quelle, ebenso wie verbrauchte silberhaltige Katalysatoren aus industriellen Anwendungen, Batterien und natürlich Schmuck.

Abb. 8.3: Silberbarren (© Shutterstock/ppart)

Anwendung

Spielte Silber in früheren Zeiten hauptsächlich bei Münzen und Schmuck eine große Rolle, so erweiterten sich die Anwendungsgebiete mit dem technischen Fortschritt in Industrie und Medizin. Silber leitet gut Strom, man findet es in Plasmabildschirmen, in Solaranlagen, auf Spiegeln, in Legierungen, Reflektoren, Glas und Emaille.

Da Silber ein Anlagemetall ist, wird ein großer Teil in Barren und Münzen verarbeitet.

Abb. 8.4: Silbermünze (© Shutterstock/maexico)

Platin

Im Gegensatz zu Gold und Silber hat Platin eine recht junge Geschichte als eigenständiges, bewusst wahrgenommenes Metall. Man vermutete zunächst eine besondere Form von Silber und nannte es abfällig in Diminutivform »Silberchen«, spanisch *platina* von *plata* (Silber). Da dieses Silberchen aber schwerer war als Gold, konnte man es hervorragend zum Fälschen desselben benutzen.

Die Eigenständigkeit von Platin als Metall stellte 1557 der italienische Naturforscher, Gelehrte und Humanist Giulio Cesare Scaliger (1484–1558) fest. Wie vielen anderen gelang es auch ihm nicht, das Metall zu schmelzen, weil die Schmelztemperatur (1768 °C) unerreichbar hoch war. Man konnte es nur glühend schmieden und fein auswalzen.

Die wichtigsten Eigenschaften von Platin

Name, Symbol, Ordnungszahl: Platin, Pt, 78
Massenanteil an der Erdhülle: 5×10^{-7} %
Dichte: 21,45 g/cm^3
Mohshärte: 3,5
Schmelzpunkt: 1768 °C
Elektrische Leitfähigkeit: $9{,}66 \times 10^6$ A/V × m

Erst dem Chemiker Wilhelm Carl Heraeus gelang es 1856, Platin in einer Knallgasflamme aus Wasserstoff und Sauerstoff zu schmelzen. Heraeus war Gründer der ersten deutschen Platinschmelze W. C. Heraeus in Hanau, heute ein weltweit agierendes Großunternehmen mit vielen Geschäftsfeldern.

Abb. 8.5: Platinbarren (© Shutterstock/ppart)

Platin ist beständig gegen Glasschmelzen und in Säuren unlöslich, nur in heißem Königswasser löst es sich auf. Oberhalb von 1200 °C ist Platin das oxidationsbeständigste Metall. Es lässt sich zu extrem dünnen Fäden ausziehen, etwa tausendmal feiner als ein menschliches Haar. Der Rekord soll bei einem zehntausendstel Millimeter liegen.

Vorkommen

Südafrika wurde mit 75 Prozent der Förderung im 20. Jahrhundert zum bedeutendsten Platinproduzenten. Weitere Produzenten sind vor allem Russland, aber auch Kanada und die USA. Für 1 Gramm Platin müssen bis zu 10 Tonnen Gestein gebrochen werden. Die im Erz vorliegenden Edelmetalle werden in einem aufwendigen Prozess gewonnen. Besonders bedeutend für die Platingewinnung sind sekundäre Quellen wie das Recycling gebrauchter Katalysatoren aus der Petrochemie und Chemieindustrie sowie von Legierungen, zum Beispiel aus der Glasindustrie oder der Düngemittelherstellung.

Anwendungen

Am bekanntesten ist wohl der Einsatz von Platin in der Schmuckindustrie. Dabei wird Platin vor allen Dingen für Katalysatoren für die Abgasreinigung sowie bei der Düngemittel- und Blausäureproduktion eingesetzt; auch vielfältige Laborgeräte werden aus Platin und Platinlegierungen hergestellt. Es wird zudem verwendet für hochwertige Zündkerzenelektroden sowie in der Glasindustrie. Aufgrund seiner hohen Verträglichkeit für den Organismus wird es gerne in der Medizintechnik eingesetzt.

Da Platin ein Anlagemetall ist, wird zwar ein großer Teil in Barren verarbeitet, jedoch nur ein kleiner Teil in Münzen, die nicht sehr gängig sind.

Umwelt und Gesundheit

Jedes Jahr entweichen rund 250 Kilogramm Platin aus Katalysatoren in die Umwelt, allerdings sind bisher keine gesundheitlichen Auswirkungen bekannt. In Straßenstaub befindet sich bis zu eine Million Mal mehr Platin als in durchschnittlichen Böden.

Abb. 8.6: Platinmünze

Platinmarkt

Die Faszination, die von Gold ausgeht, konnte Platin in der Weltbevölkerung bisher nicht hervorrufen. Dies liegt meiner Meinung nach an dem simplen Umstand, dass Platin keine exzeptionelle Farbe wie Gold hat, sondern wie andere Metalle auch »nur« silbrig glänzt. Natürlich spielt die längere und bedeutendere Geschichte von Gold hierbei ebenfalls eine Rolle.

Palladium

Palladium ist von allen Anlagemetallen das am wenigsten bekannte – völlig zu Unrecht. Zwar wird es im Anlage- und Schmuckbereich nicht so häufig eingesetzt wie Gold, Silber und Platin, weist aber eine Reihe hochinteressanter Eigenschaften auf.

Palladium ist auch ein Edelmetall und gehört zur Platingruppe, ist aber trotz enger Verwandtschaft zu Platin wesentlich reaktionsfreudiger. Es löst sich beispielsweise in Salpetersäure; so wurde es auch von William Hyde Wollaston (1766–1828) im Jahr 1803 entdeckt. Er benannte das neu gefundene Element nach dem 1802 entdeckten Asteroiden Pallas.

Die wichtigsten Eigenschaften von Palladium

Name, Symbol, Ordnungszahl: Palladium, Pd, 46
Massenanteil an der Erdhülle: 1×10^{-6} %
Dichte: 12,023 g/cm^3
Mohshärte: 4,75
Schmelzpunkt: 1554,9 °C
Elektrische Leitfähigkeit: $9,5 \times 10^6$ A/V × m

Die herausragende Eigenschaft des reinen Palladiums ist sein enormes Speichervermögen für Wasserstoff. Es kann mehr als das 1000-Fache seines eigenen Volumens aufnehmen. Diese Besonderheit macht es attraktiv als Speicher- und Reinigungsmedium von Wasserstoff. Als Katalysator für chemische Reaktionen, besonders unter Beteiligung von Wasserstoff, findet Palladium heute die bei Weitem größte Verwendung.

Vorkommen

Ähnlich wie Platin findet sich Palladium vergesellschaftet mit anderen Edelmetallen in Nickel-/Kupfersulfid-Erzen. Die wichtigsten Lagerstätten sind die Nickelvorkommen im Ural in Russland (40 bis 45 Prozent der Weltförderung), der Bushveld Complex in Südafrika (ca. 40 Prozent) sowie nordamerikanische Minen in den USA (Stillwater) und in Kanada.

Wichtige sekundäre Quellen für die Palladiumgewinnung bestehen im Recycling von Abgas- oder Industriekatalysatoren.

Anwendungen

Der weitaus überwiegende Teil des Palladiums wird für Abgaskatalysatoren und Dieselpartikelfilter in der Automobilindustrie sowie Katalysatoren für Hydrier- und Dehydrierprozesse eingesetzt. Der zweitgrößte Bereich ist die Elektronik und Elektrotechnik. Wo möglich, wird in technischen Anwendungen teures Platin durch Palladium ersetzt. Besonders für zukünftige Energieversorgungssysteme, die Wasserstoff verwenden, wird eine steigende Bedeutung von Palladium als Speicher und Trennmembran erwartet. Fachleute prognostizieren für diese Anwendung einen gigantischen Markt und sehen jetzt schon große Probleme durch eine rasche Palladiumverknappung.

Abb. 8.7: Palladiumbarren (© Shutterstock/ppart)

Da ein Anlagemetall, wird zwar ein großer Teil des Palladiums in Barren verarbeitet, jedoch nur ein kleiner Teil in Münzen, die nicht sehr gängig sind.

Finanzielle Aspekte

Der Wert von Palladium hängt von seiner industriellen Anwendung ab, in manchen Publikationen wird es deshalb bereits als Industriemetall bezeichnet. Danach richten sich auch die Werte der Barren, also des reinen Anlagemetalls.

Palladium wird in Veröffentlichungen, die sich mit finanziellen Aspekten beschäftigen, oft zusammen mit Platin genannt, was hauptsächlich mit der Verwendung im Automobilbau zu tun hat. Andererseits entwickeln sich die Märkte durchaus unterschiedlich, was mit den vorhandenen Lagerbeständen zusammenhängt.

Anlageaspekte und Besteuerung

In die Anlagemetalle können Sie auf verschiedene Arten investieren. Zunächst in den Ursprung, also in Minen und Produzenten als Aktien oder in Fonds, die solche Aktien beinhalten. Dann in ETFs oder in ETCs, wie in Kapitel 3 beschrieben. Die direkteste Möglichkeit ist der Kauf von physischen Anlagemetallen als Barren oder Münzen, die Sie entweder in ein Schließfach legen oder anderweitig sicher verwahren. Insbesondere bei Barren sollten Sie auf die geeignete Größe achten: Große Barren haben eine kleinere Differenz zwischen An- und Verkaufspreis, sind also für Spekulationen die bessere Wahl. Kleine Barren hingegen haben einen höheren Spread, sind aber in schweren Zeiten für Tauschgeschäfte besser geeignet. Mit »schwere Zeiten« meine ich natürlich nicht eine schwierige wirtschaftliche Situation wie die heutige, sondern eine Zeit wie die Nachkriegszeit vor der Währungsreform, als die Städter mit ihrem Schmuck aufs Land fuhren, um dort Lebensmittel dagegen einzutauschen.

Generell ist die Behandlung von Anlagemetallen in Deutschland vonseiten des Gesetzgebers uneinheitlich. Einerseits sind sie Rohstoffe wie andere Materialien auch, andererseits werden sie in der speziellen Handelsform wie Barren oder Münzen als Geldanlage genutzt – ähnlich wie Wertpapiere aller Art –, sei es als Inflationsschutz oder mit der Hoffnung auf Wertzuwachs.

Die steuerliche Behandlung der Anlagemetalle in Europa wird unterschiedlich gehandhabt. In Deutschland gelten folgende Regelungen, wobei Gold, obwohl auch nur ein Metall, politisch gewollt eine Ausnahme darstellt: *Abgeltungssteuer* fällt für Anlagemetalle nicht an, sofern sie in physischer Form und nicht als Derivate dem Anleger gehören. Anders verhält es sich mit der *Mehrwertsteuer*. Sie ist in Deutschland für die vier Metalle unterschiedlich geregelt und hängt bei Gold auch vom Verwendungszweck und bei Münzen von ihrer Bedeutung als Zahlungsmittel ab.

- **Gold:** EU-weit unterliegen Goldbarren nicht der Mehrwertsteuer, wenn sie eine Feinheit von mindestens 995/1000 aufweisen. Andere Handelsformen von Gold für technische Anwendungen und für Schmuck unterliegen der Mehrwertsteuer. Münzen sind mehrwertsteuerfrei,

wenn sie vom Bundesfinanzministerium als offizielles Zahlungsmittel anerkannt sind und einen Goldgehalt von mindestens 900 ‰ aufweisen. Da diese Steuerfreiheit für Gold EU-weit gilt, lässt sie sich auch nicht so schnell ändern wie die Regelungen für die anderen Metalle.
- **Silber:** Silberbarren unterliegen dem vollen Mehrwertsteuersatz von zurzeit 19 Prozent, Silbermünzen seit 2014 auch, nachdem sie vorher nur mit dem reduzierten Mehrwertsteuersatz von 7 Prozent besteuert wurden.
- **Platin und Palladium:** Kurz und schmerzlos: Es gibt keine Ausnahmen. Barren und Münzen unterliegen dem vollen Mehrwertsteuersatz von 19 Prozent, unabhängig von ihrem Edelmetallgehalt.

Ein finanzielles Investment in Anlagemetalle kann, unabhängig von dem jeweiligen Wert, zur Inflationssicherung und manchmal auch als Spekulation sinnvoll sein. Gold spielt als Anlagemetall auch bei vielen Notenbanken eine große Rolle, es sollte hauptsächlich als Inflationsabsicherung betrachtet werden. Obwohl der Preis in den letzten Jahren bereits stark gestiegen ist, halten Experten weitere Preiserhöhungen schon aufgrund steigender Gestehungskosten für wahrscheinlich. Die anderen Anlagemetalle werden hauptsächlich industriell genutzt, ihre Wertentwicklung richtet sich also eher nach dem jeweils bestehenden Bedarf.

9

Industriemetalle und Eisen

»Industriemetalle« ist ein Begriff, der sich, wie der Name schon sagt, auf die vielfältigen industriellen Anwendungsmöglichkeiten bezieht und daraus resultierend die Metalle mit dem weltweit größten Handelsvolumen umfasst. Die Metalle werden auch »Basismetalle« genannt, dieser Begriff erklärt sich selbst. In der Literatur findet man auch »Buntmetalle«, obwohl unter den Industriemetallen eigentlich nur Kupfer farbig ist.

Eisen zählt in der Finanzbranche interessanterweise nicht zu den Industriemetallen; es hat als Eisenerz einen eigenen Markt. Deshalb nennt man diese Metalle auch »Nichteisenmetalle«, obwohl chemisch gesehen auch alle anderen in diesem Buch aufgeführten Metalle Nichteisenmetalle sind. Da Eisen von seiner Anwendung her aber am besten in die Kategorie »Industriemetalle« passt, wird es hier mit seinen Eigenschaften separat aufgeführt. Für die Angaben gilt dasselbe wie in Kapitel 11 unter »Eigenschaften von Sondermetallen« aufgeführt.

Die folgenden Angaben – Eisen ausgenommen – sind weitgehend stark gekürzt aus dem Buch *Sicher mit Anlagemetallen* übernommen und dienen nur der Vollständigkeit der Auflistung aller für die Technik relevanten Metallgruppen. Charts für alle Industriemetalle finden Sie im Internet.

Die sechs Industriemetalle mit Symbol und Ordnungszahl (in alphabetischer Reihenfolge)
Aluminium (Al, 13), Blei (Pb, 82), Kupfer (Cu, 29), Nickel (Ni, 28), Zink (Zn, 30), Zinn (Sn, 50)
Nicht zu den Industriemetallen zählt Eisen (Fe, 26).

Die 1877 gegründete London Metal Exchange (LME) ist die größte Börse für Industriemetalle in Europa. Zugelassen sind nur wenige Marktteilnehmer. Der Handel geht täglich nur innerhalb bestimmter Zeiten für die einzelnen Metalle vonstatten. Der LMEX, der London Metal Exchange Index, ist der wichtigste Index für diese Metalle. Die weiteren weltweit bedeutenden Börsen sind die COMEX in New York und die SIMEX in Singapur.

Constituent metal	Aluminium	Copper	Lead	Nickel	Tin	Zinc
Approx no. lots	25	20	5	5	3	8
Tonnage	625	500	125	30	15	200
Weighting %	42.8	31.2	8.2	2.0	1.0	14.8
Constant	0.0026027546182084					

Zusammensetzung des LMEX

Rohstoff	Produktion 2013	Bedarf 2013	Bedarfsvorschau 2035
Kupfer	18.365.341 (B) 21.446.333 (R)	162	10.800-436.000
Aluminium	47.811.880 (R)	87,8	15.400-625.000
Silber	26.241 (B)	4,25	251-10.100
Nickel	2.601.745 (B) 1.955.132 (R)	0,052	21-846

Globale Produktion (Quelle: BGR 2015b) **und Rohstoffbedarf für RFID-Tags in t**

Steigende Preise und immer häufiger auftretende Lieferengpässe deuten auf eine schwieriger werdende Versorgungslage hin. Von Angebotsengpässen besonders betroffen sind Aluminium, Kupfer und Zink. Auch hiervon verbrauchen insbesondere China und Indien überdurchschnittlich viel, Tendenz steigend.

Aluminium

Abgeleitet von dem Salz Alaun ist Aluminium das häufigste Metall in der Erdkruste. Es wurde erst 1808 von dem Briten Sir Humphry Davy entdeckt und beschrieben. Heutzutage wird Aluminium großtechnisch mittels Elektrolyseverfahren gewonnen.

Die wichtigsten Eigenschaften von Aluminium

Name, Symbol, Ordnungszahl: Aluminium, Al, 13
Massenanteil an der Erdhülle: 7,57 %
Dichte: 2,7 g/cm^3
Mohshärte: 2,75
Schmelzpunkt: 660,32 °C
Elektrische Leitfähigkeit: $37{,}7 \times 10^6$ A/V × m

Aluminium ist ein sehr leichtes Metall, das an der Luft schnell oxidiert und sich damit eine Schutzschicht zulegt. Es ist weich und zäh und lässt sich dünn auswalzen.

Vorkommen

Aluminium ist nach Silizium das zweithäufigste metallische Element. Meist liegt es in Verbindungen vor, wobei die einzige wirtschaftlich verwertbare das nach der französischen Stadt Les Baux benannte Bauxit ist, welches an vielen Orten weltweit vorkommt.

Die Aluminiumproduktion ist sehr energieaufwendig. Der größte Produzent ist mit 7 Millionen Tonnen pro Jahr China, gefolgt von Russland, Nordamerika und Australien.

Anwendungen

Für Aluminium gibt es vielfältige Einsatzgebiete. Es wird überall dort verwendet, wo geringe Gewichte vorteilhaft sind. In der Elektrotechnik wird Aluminium dort eingesetzt, wo es gegenüber Kupfer auf niedrigeres Gewicht ankommt, beispielsweise bei Überlandleitungen. Kochgeschirr wird wegen der guten Wärmeleitfähigkeit, des niedrigen Gewichts und des niedrigen Preises oft aus Aluminium gefertigt. Die größten Verbraucher sind China, die USA, Japan und Deutschland.

Blei

Blei (lat. *plumbum*), war schon in der Bronzezeit bekannt. Die Römer verwendeten es für Wasserleitungen, Wurfgeschosse et cetera. Manche Bleierze enthalten auch Silber, sodass die Gewinnung beider Elemente seit der Antike miteinander verbunden ist.

Blei ist weich, schwer und hat einen niedrigen Schmelzpunkt. Es lässt sich daher leicht auswalzen und gießen. Blei hinterlässt einen grauen Strich beim Reiben auf Papier, daher der Name Bleistift (obwohl der Bleistift nie Blei enthielt). Bleiverbindungen können giftig sein.

Die wichtigsten Eigenschaften von Blei

Name, Symbol, Ordnungszahl: Blei, Pb, 82
Massenanteil an der Erdhülle: 2×10^{-3} %
Dichte: 11,34 g/cm^3
Mohshärte: 1,5
Schmelzpunkt: 327,43 °C
Elektrische Leitfähigkeit: $4{,}84 \times 10^6$ A/V × m

Vorkommen und Anwendungen

Blei kommt gediegen und in Erzen vor. Die größten Bleiproduzenten sind China mit rund 1 Million Tonnen pro Jahr sowie die USA und Südamerika. Die bedeutendste sekundäre Quelle ist das Bleirecycling, meist aus alten Autobatterien.

60 Prozent des Bleibedarfs fallen in der Autoindustrie an, weitere 20 Prozent in der chemischen Industrie. Die größten Verbraucher sind China, die USA, Deutschland und Südkorea.

Kupfer

Kupfer ist abgeleitet von dem lateinischen Begriff *cuprum*, dem Namen für Zypern. Es wird bereits seit etwa 10 000 Jahren verwendet. Später wurde es mit Zinn zu Bronze legiert, die härter und widerstandsfähiger ist. Die Legierung aus Kupfer und Zink, also Messing, entstand später in Griechenland und im Römischen Reich. Da immer gerne verwechselt, hier eine Eselsbrücke für den Unterschied von Bronze und Messing: Bronze enthält Zinn, Mess**ing** enthält Z**ink**.

Kupfer ist ein Münzmetall. Zudem ist es ein Schwermetall, ein sehr guter elektrischer Leiter und ein guter Wärmeleiter. In Stromkabeln ist es durch kein anderes Material zu ersetzen – einer der Gründe, weshalb Kupfer auch künftig eine hohe Wertsteigerung erfahren wird.

Die wichtigsten Eigenschaften von Kupfer

Name, Symbol, Ordnungszahl: Kupfer, Cu, 29
Massenanteil an der Erdhülle: 0,01 %
Dichte: 8,92 g/cm^3
Mohshärte: 3
Schmelzpunkt: 1084,4 °C
Elektrische Leitfähigkeit: 58×10^6 A/V × m

Vorkommen und Anwendungen

Kupfer kommt meist in Erzen vor. Der größte Produzent ist Chile mit etwa 5 Millionen Tonnen pro Jahr vor den USA und Peru.

Kupfer wird zu rund 60 Prozent für Stromleitungen verwendet. Dann folgen Anwendungen wie Armaturen, Rohrleitungen, Kochgeschirr und vieles mehr, bei denen es auf eine gute Wärmeleitfähigkeit ankommt. Die größten Verbraucher sind China, die USA, Japan und Deutschland. Man schätzt, dass China und Indien allein in den nächsten Jahren 35 Millionen Tonnen Kupfer pro Jahr benötigen werden; die derzeitige Produktion liegt bei 20 Millionen Jahrestonnen.

Nickel

Nickel wird bereits seit Jahrtausenden verwendet, 1751 wurde es erstmals von dem schwedischen Chemiker Axel Frederic Cronstedt rein hergestellt. Nickel ist ein relativ hartes Metall. Es lässt sich gut schmieden und walzen.

Die wichtigsten Eigenschaften von Nickel

Name, Symbol, Ordnungszahl: Nickel, Ni, 28
Massenanteil an der Erdhülle: 0,01 %
Dichte: 8,908 g/cm^3
Mohshärte: 3,8
Schmelzpunkt: 1455 °C
Elektrische Leitfähigkeit: $14,3 \times 10^6$ A/V × m

Vorkommen und Anwendungen

Gediegen kommt Nickel nur in Meteoriten vor und wird auch im Erdkern vermutet. Die größten Vorkommen an Nickelerzen finden sich in

Russland, Australien und Kanada, die größten Produzenten mit 270 000 Tonnen pro Jahr sind Russland, Japan und Kanada. Nickel wird in mehreren chemischen Verfahrensschritten als Rohnickel gewonnen und anschließend elektrolytisch zu Reinnickel (99,9 Prozent) raffiniert.

Den größten Anwendungsbereich hat Nickel in der Stahlindustrie als Legierungsmetall. Es macht Stahl härter, zäher und korrosionsbeständiger. Die größten Verbraucher sind China, Japan, die USA und Deutschland.

Zink

Zink war schon im Altertum als Legierungsbestandteil mit Kupfer zu Messing bekannt. Im 18. Jahrhundert begann die Verhüttung aus Zinkerzen.

Die wichtigsten Eigenschaften von Zink

Name, Symbol, Ordnungszahl: Zink, Zn, 30
Massenanteil an der Erdhülle: 0,01 %
Dichte: 7,14 g/cm^3
Mohshärte: 2,5
Schmelzpunkt: 419,5 °C
Elektrische Leitfähigkeit: 16,9 × 10^6 A/V × m

Zink hat eine recht seltsame Eigenschaft: Es ist bei Zimmertemperatur und oberhalb von 200 °C sehr spröde, lässt sich aber dazwischen gut verformen.

Vorkommen und Anwendungen

Die größten Produzenten sind mit rund 2,5 Millionen Tonnen pro Jahr China, Australien, Peru, die USA und Kanada. Das verhüttete Rohzink enthält meist noch Blei und Cadmium, die in weiteren Verfahrensschritten herausgelöst werden.

Die Hälfte des gewonnenen Zinks wird zum Verzinken als Korrosionsschutz für Stahlprodukte verbraucht. Zink ist ein wichtiger Legierungsbestandteil. Die größten Verbraucher sind China, die USA, Japan, Südkorea und Deutschland.

Zinn

Zinn ist ein sehr weiches Schwermetall. Mit Kupfer wurde es bereits vor 4000 Jahren zu Bronze legiert.

Die wichtigsten Eigenschaften von Zinn

Name, Symbol, Ordnungszahl: Zinn, Sn, 50
Massenanteil an der Erdhülle: 3×10^{-3} %
Dichte: 7,31 g/cm^3
Mohshärte: 1,5
Schmelzpunkt: 231,93 °C
Elektrische Leitfähigkeit: $9{,}17 \times 10^6$ A/V × m

Bei reinem Zinn tritt beim Verbiegen ein charakteristisches Knistern auf, der sogenannte *Zinnschrei*. Zinn überzieht sich schnell mit einer Oxidschicht, die es korrosionsbeständig macht.

Vorkommen und Anwendungen

Aufgrund seines niedrigen Schmelzpunkts lässt sich Zinn einfacher als viele andere Metalle aus Erzen nach einigen chemischen Zwischenschritten gewinnen.

Ein Drittel des geförderten Zinns wird für Weißblech, ein Drittel für Lote und ein Drittel für Chemikalien eingesetzt. Die Zinnnachfrage ist durch den Übergang zu bleifreien Lötmitteln gestiegen. Die größten Verbraucher sind China, die USA, Japan und Deutschland.

Eisen

Der Name Eisen leitet sich ab vom mittelhochdeutschen Wort *isen*, keltisch *isara*, gotisch *eisam* und lateinisch *aes*, was so viel wie »kräftig« beziehungsweise »Erz« bedeutet. Die Abkürzung Fe kommt von dem lateinischen Namen *ferrum*.

In der Industrie verwendet man den Begriff »Eisen« für Gusseisen, nicht für Stahl, obwohl auch dieser meist zu etwa 95 Prozent aus Eisen besteht. Es gibt ungefähr 3000 verschiedene Stahlsorten, bei denen Eisen mit anderen Materialien legiert wird.

Die Sumerer und die Ägypter nutzten Eisen von Meteoritenfunden schon vor 6000 Jahren; verhüttetes Eisen aus Erz gibt es seit rund 4000 Jahren. Es war wahrscheinlich wertvoller als Gold. Vor etwa 3000 Jahren fand der Übergang von der Bronzezeit zur Eisenzeit statt. Da Eisen korrodiert, gibt es nicht so viele Fundstücke aus Eisen wie aus Bronze, obwohl die Bronzezeit älter ist.

Durch den Gebrauch von Holzkohle bei der Erhitzung führte man dem Eisen Kohlenstoff zu, welches nach entsprechender Abkühlung zu einem härteren Material wurde: dem Stahl. Der Hochofen, mit dem man Gusseisen herstellen konnte, wurde bereits 500 v. Chr. entwickelt.

Die wichtigsten Eigenschaften von Eisen

Name, Symbol, Ordnungszahl: Eisen, Fe, 26
Massenanteil an der Erdhülle: 4,7 %
Dichte: 7,874 g/cm^3
Mohshärte: 4,0
Schmelzpunkt: 1538 °C
Elektrische Leitfähigkeit: 10×10^6 A/V × m

Vorkommen

Eisen und Nickel sind wahrscheinlich die Hauptbestandteile des Erdkerns. In der Erdkruste kommt Eisen gediegen nur selten vor, häufig sind hingegen Eisenerze.

Weltweit wurden im Jahr 2000 etwa 1 Milliarde Tonnen Eisenerz abgebaut. Die bedeutendsten Förderländer sind Brasilien, Australien, China, Russland und Indien. Das bedeutendste Herstellerland für Roheisen ist – welch Überraschung! – China. Die Eisenerzimporte in Deutschland kommen immer häufiger aus Brasilien. Eine wichtige Sekundärquelle für Eisen ist Schrott.

Anwendungen

Aus Eisen werden Stahl und Gusseisen hergestellt, mit völlig unterschiedlichen Eigenschaften und Anwendungen. Diese sind einerseits so vielfältig, andererseits aus dem täglichen Leben so bekannt, dass ich hier auf weitergehende Ausführungen verzichten will. Es gibt in Deutschland rund 7500 verschiedene genormte Stahlsorten.

Eisen gilt zudem als essenzielles Spurenelement, es ist für Mensch und Tier lebenswichtig. In Spinat findet sich übrigens kaum Eisen, dagegen viel in Fleisch und Hülsenfrüchten. Ernähren Sie Ihr Kind also am besten mit Chili con Carne!

Anlageaspekte

Die Zukunftsaussichten für ein finanzielles Engagement in diesen Märkten sind bei richtiger Auswahl sehr gut. Industriemetalle werden allerdings in Märkten gehandelt, die für Privatanleger als direkte Metallinvestments uninteressant, da nicht direkt zugänglich sind. Es sei denn, man klaut in großen Mengen Eisenbahnschienen von einem Rangierbahnhof, Brückengeländer, Hochspannungsleitungen aus Aluminium oder Kupferkabelrollen von Großbaustellen (siehe Kapitel 2). Das passiert tagtäglich.

Wer in diesen Markt investieren will, sollte sich auf Papiere stützen, die von Banken herausgegeben werden und Fördergesellschaften und Verarbeiter zum Inhalt haben, also die üblichen Verdächtigen wie Aktien, Zertifikate, Fonds, Anleihen, Optionsscheine et cetera, auf die ich hier nicht weiter eingehen muss.

10 Alkalimetalle, Lithium

Diese Metallgruppe hat in der Welt der Finanzderivate und der auf Wertzuwachs ausgerichteten Einlagerung von physischen Rohstoffen keine große Bedeutung. Aufgenommen habe ich sie hauptsächlich aufgrund des Elements Lithium, nach dem ich wegen der Anwendung in Lithium-Ionen-Akkus für Elektroautos immer wieder gefragt wurde. Lithium werde ich also am ausführlichsten erläutern, die anderen Metalle stelle ich der Vollständigkeit halber lediglich kurz vor.

Abb. 10.1: Lithium-Ionen-Akku

Alle Alkalimetalle sind Elemente und finden sich im Periodensystem ganz links in der ersten Hauptgruppe unterhalb des Elements Wasserstoff. Wie kann Wasserstoff sich in einer chemischen Gruppe mit Metallen befinden? Weil sogar Wasserstoff zu einem Metall werden kann – und zwar bei einem Druck von etwa 1 Million Bar und einer Temperatur von mehreren Tausend

Grad! Gelungen ist dies experimentell bisher für etwa eine millionstel Sekunde. Faszinierend!

Der Begriff »Alkali« leitet sich ab von dem arabischen Wort *al-qalya* für »Pottasche«. Dies ist ein traditioneller Name für Kaliumcarbonat, ein Kaliumsalz, der dessen frühere Herstellung beschreibt: Man löste Salze durch Auswaschen von Holzasche mit Wasser und dampfte diese Lösung dann in Pötten (heute noch umgangssprachlich für Töpfe) ein. Im Englischen und Französischen ist der Name *potassium* bis heute für Kalium erhalten geblieben.

Alle Alkalimetalle sind silbrig glänzende, leichte und weiche Metalle. Sie können mit Wasser und Luft zum Teil sehr heftig reagieren, sich sogar an Luft selbst entzünden. Reine Metalle müssen also in Schutzflüssigkeiten oder unter Luftabschluss aufbewahrt werden. Alkalimetalle beziehungsweise ihre Salze werden aufgrund ihrer Reaktionsfähigkeit und ihrer spezifischen Flammenfärbung gerne für Feuerwerkskörper genutzt. Kalium, Lithium und Natrium schwimmen wegen ihres niedrigen spezifischen Gewichts sogar auf Wasser.

Mit einer bestimmten Mischung von Alkalimetallen lässt sich eine Legierung mit dem bisher niedrigsten bekannten Schmelzpunkt herstellen, nämlich minus 78 °C. Die Legierung besteht aus 41 Prozent Caesium, 12 Prozent Natrium und 47 Prozent Kalium.

Die sechs Alkalimetalle mit Symbol und Ordnungszahl (in alphabetischer Reihenfolge):
Caesium (Cs, 55), Francium (Fr, 87), Kalium (K, 19), Lithium (Li, 3), Natrium (Na, 11) und Rubidium (Rb, 37).

Caesium

Caesium finden Sie in verschiedenen Publikationen auch als Cäsium, seltener Zäsium oder auf Englisch *cesium*. Caesius ist lateinisch und heißt »blaugrau« – diese Farbe entspricht den Spektrallinien zum Nachweis des Elements. Es wurde 1861 von Robert Wilhelm Bunsen und

Gustav Robert Kirchhoff entdeckt, und zwar in Mineralwasser aus Dürkheim, das sich seit 1904 eben seines Wassers wegen »Bad« Dürkheim nennen darf. Die beiden entdeckten, dass verschiedene chemische Elemente eine Gasflamme unterschiedlich färben und entwickelten somit die *Spektralanalyse.*

Die wichtigsten Eigenschaften von Caesium

Name, Symbol, Ordnungszahl: Caesium, Cs, 55
Massenanteil an der Erdhülle: 6,5 ppm
Dichte: 1,879 g/cm^3
Mohshärte: 0,2
Schmelzpunkt: 28,44 °C
Elektrische Leitfähigkeit: $4{,}76 \times 10^6$ A/V × m

Caesium ist sehr weich und dehnbar und hat mit rund 28 °C einen der niedrigsten Schmelzpunkte für Metalle. Bei Kontakt mit Sauerstoff entzündet es sich sofort, mit Wasser reagiert es sogar bei Temperaturen unter minus 100 °C, also mit extrem kaltem Eis. Es ist nach Frankium das zweitreaktivste Metall.

Vorkommen und Anwendungen

Caesium ist sehr selten und kommt nur in Verbindungen an mehreren Stellen auf der Erde vor. Abgebaut wird es in einer Mine in Kanada. Auch ist es in Meerwasser gelöst. Die jährliche Produktionsmenge beträgt weniger als 50 Tonnen.

Wegen seiner Seltenheit, der komplizierten Gewinnung und damit einhergehend des hohen Preises wird Caesium naturgemäß nur in geringem Umfang eingesetzt, hauptsächlich für Forschungszwecke. Interessant ist der Einsatz in Atomuhren, ohne die viele heutzutage liebgewonnene technische Anwendungen, wie etwa Satellitennavigationsgeräte, nicht funktionieren würden. Seit 1960 ist eine Sekunde definiert als das 9 192 631 770-Fache einer Periode, die mit Caesium-Atomen zu tun hat.

Francium

Francium zerfällt sehr schnell und kann nicht in größeren Mengen hergestellt werden. Über seine Entdeckung gibt es widersprüchliche Berichte, angefangen 1871. Die Französin Marguerite Perey konnte jedenfalls 1939 erstmals zweifelsfrei das Element nachweisen und nannte es Francium, in Anlehnung an France, ihr Heimatland.

Die wichtigsten Eigenschaften von Francium

Name, Symbol, Ordnungszahl: Francium, Fr, 87
Massenanteil an der Erdhülle: $1{,}3 \times 10^{-18}$ ppm
Dichte: o. A.
Mohshärte: o. A.
Schmelzpunkt: 27 °C (extrapoliert)
Elektrische Leitfähigkeit: o. A.

Physikalische Eigenschaften sind nur bekannt durch Ableitungen und Berechnungen von Eigenschaften anderer Alkalimetalle. Dies ist bedingt durch die geringe herstellbare Menge von nur wenigen Atomen sowie die hohe Radioaktivität. Hinweise auf Vorkommen und Anwendungen erübrigen sich somit.

Kalium

1807 konnte der Engländer Humphry Davy innerhalb weniger Tage zwei neue Metalle nachweisen: Das eine nannte er *potassium*, das andere *sodium*. Diese beiden Metalle werden auf Englisch und Französisch noch heute so genannt, auf Deutsch heißen sie Kalium und Natrium.

Kalium ist noch reaktionsfreudiger als Natrium. Eine frische, zunächst silbrig-weiß glänzende Schnittfläche wird sofort bläulich. Aufbewahrt wird metallisches Kalium in nicht wässrigen Flüssigkeiten wie beispielsweise Paraffinöl.

Die wichtigsten Eigenschaften von Kalium

Name, Symbol, Ordnungszahl: Kalium, K, 19
Massenanteil an der Erdhülle: 2,41 %
Dichte: 0,856 g/cm^3
Mohshärte: 0,4
Schmelzpunkt: 63,38 °C
Elektrische Leitfähigkeit: $14{,}3 \times 10^6$ A/V × m

Vorkommen und Anwendungen

Kalium kommt nur in Verbindungen in Mineralen vor; im Meerwasser ist es in großen Mengen enthalten. Gewonnen wird es durch die Reduktion von Kaliumchlorid.

Metallisches Kalium hat nur wenige Anwendungen, da es unter verschiedenen Umständen sehr explosiv reagiert und darüber hinaus meist durch das billigere Natrium ersetzt werden kann. Es wird in schnellen Brütern als Kühlmittel eingesetzt. Kaliumsalze werden als Düngemittel genutzt.

Lithium

Wie in diesem Kapitel eingangs erwähnt, wurde die Metallgruppe Alkalimetalle hauptsächlich des Lithiums wegen in diesem Buch aufgenommen. Denn nach den Schilderungen auch anderer für die Finanzwelt wichtiger Metalle in *Sicher mit Anlagemetallen* wurde ich des Öfteren nach Lithium gefragt, das darin nicht behandelt wurde.

Lithium wurde 1817 von dem schwedischen Chemiker Johan August Arfwedson entdeckt. Der Name leitet sich ab von dem griechischen Wort *lithos* für »Stein«, weil Lithium im Gegensatz zu anderen Alkalimetallen in Gestein gefunden wurde. Es kommt in der Natur nur in Verbindungen vor. Reines Lithium konnte erstmals im Jahr 1818 durch Elektrolyse hergestellt werden.

Obwohl Lithium unter allen Alkalimetallen das reaktionsträgste ist, führt es in reiner Form – wenn man es berührt – schon bei geringer Hautfeuchtigkeit sofort zu Verätzungen und Verbrennungen der Haut. Seine Verbindungen sind gesundheitsschädlich.

Die wichtigsten Eigenschaften von Lithium

Name, Symbol, Ordnungszahl: Lithium, Li, 3
Massenanteil an der Erdhülle: 60 ppm
Dichte: 0,535 g/cm^3
Mohshärte: 0,6
Schmelzpunkt: 180,54 °C
Elektrische Leitfähigkeit: $10{,}6 \times 10^6$ A/V × m

Lithium ist das leichteste aller festen Elemente, nur etwa halb so schwer wie Wasser. Zwar lässt es sich auch mit dem Messer schneiden, es ist aber das härteste Metall aller Alkalimetalle und hat auch den höchsten Schmelz- und Siedepunkt.

Lithium kann sich schon bei Normaltemperatur an der Luft entzünden und muss deshalb unter Luftabschluss, beispielsweise in Petroleum, gelagert werden. Bei unsachgemäßem Umgang kann es bei Kontakt mit einigen Stoffen explosionsartig reagieren. Es hat die Gefahrstoffkennzeichnungen F für leichtentzündlich und C für ätzend.

Lithiumverbindungen zeigen eine spezifische rote Flammfärbung.

Vorkommen

Lithiummineralien kommen in vielen Silikatgesteinen vor. Die Konzentrationen sind aber gering, die Gewinnung daraus somit zu aufwendig. Lithiumsalze kommen verbreitet in Salzseen vor; zurzeit wird Lithium daraus in Chile, Argentinien, in den USA und in China gewonnen. Der Salzsee mit den vermutlich größten Reserven an Lithium – mit über 5 Millionen Tonnen etwa 50 Prozent des weltweiten Vorkommens – befindet sich mit 10 000 Quadratkilometern Fläche in Bolivien auf über 4000 Metern

Höhe. Das arme, politisch zwischen den Interessen der unterschiedlichen Bevölkerungen im Hoch- und Tiefland zerrissene Land mit einer zurzeit sozialistischen Regierung träumt schon davon, durch Lithium eines Tages so reich zu werden wie einst Saudi-Arabien mit Öl. Es möchte keine ausländischen Investoren ins Land holen, sondern in Eigenregie sowohl das Lithium gewinnen als auch selbst Lithium-Ionen-Akkus herstellen. Dies stößt in der gesamten Bevölkerung auf breite Zustimmung, haben doch in der Vergangenheit hauptsächlich Ausländer von Rohstoffen wie Silber, Zinn und Erdgas profitiert. Allerdings sehen Experten solche Wunschvorstellungen eher skeptisch.

Anwendungen

Bis zu den 1950er Jahren wurde Lithium nur für wenige Anwendungen benötigt. Das änderte sich mit dem Interesse der USA an Wasserstoffbomben, für die *Tritium,* das aus Lithium gewonnen wird, eingesetzt wurde. Zur Erinnerung: Wasserstoffbomben nutzen Kernfusion, Atombomben Kernspaltung für ihre Explosionswirkungen; Wasserstoffbomben werden mit Atombomben gezündet. So simpel kann man in einem Satz die Möglichkeit zur Zerstörung der Welt durch den Menschen beschreiben, wenn auch die Technik hierzu gottlob sehr kompliziert ist.

Bis etwa Mitte der 1960er Jahre wurde von den Großmächten für diesen Zweck ein Vorrat an Lithium geschaffen, der seit den 1990er Jahren, nach Ende des Kalten Kriegs, nach und nach veräußert wurde.

Für Lithium gibt es mittlerweile einige Anwendungen mehr. Man nutzt seine Fähigkeit der direkten Reaktion mit Stickstoff, um diesen aus Gasen, also auch Luft, zu entfernen. Lithium wird zudem als Legierungsbestandteil für die Verbesserung der Zugfestigkeit, Härte und Elastizität bei vielen Stoffen verwendet. In der Luft- und Raumfahrttechnik werden Lithiumlegierungen wegen ihres geringen Gewichts vielfältig genutzt. Lithium wird auch als Anode in Batterien eingesetzt: Lithiumbatterien haben eine hohe Energiedichte und können eine hohe Spannung erzeugen, sind aber nicht wiederaufladbar. Sie sind also nicht mit den Lithium-Ionen-Akkus zu verwechseln.

Abb. 10.2: Wasserstoffbombe (© Shutterstock/Everett Historical)

Die wiederaufladbaren Lithium-Ionen-Akkus, die – wenn man manchen Medien Glauben schenken darf – aufgrund ihrer künftigen Nutzung für Autoantriebe ohne Abgase das Überleben der Menschheit sichern werden, haben vielerlei verschiedene Ausführungen und werden von Institutionen und Firmen intensiv erforscht und weiterentwickelt. Sie haben gegenüber den bisherigen Bleibatterien mittlerweile eine hohe Energiedichte, eine lange Lebensdauer, eine sehr geringe Selbstentladung, keinen Memory-Effekt und sind thermisch stabil. Kleine Akkus, die leistungsfähiger sind als beispielsweise herkömmliche Nickel-Cadmium-Akkus, werden in Notebooks, Tablets, Smartphones et cetera eingesetzt, große Akkus entsprechend in Maschinen und Fahrzeugantrieben.

Bedingt durch die energieaufwendige Herstellung ist der Preis für das hierfür benötigte metallische Lithium sehr hoch – verglichen mit dem Grundstoff, also den Lithiummineralien. Im Jahr 1998 kostete ein Kilogramm Lithium 60 US-Dollar, im Jahr 2008 bereits das Zehnfache!

Doch selbst bei intensiver Nutzung von Lithium, beispielsweise für elektrische Antriebe in Autos, wird es keinen Engpass an verarbeitbaren Lithiummineralien geben. Denn der Massenanteil von Lithium in der Erdkruste ist dreimal höher als der von Blei, auch wenn es nur wenige Lagerstätten mit hoher Konzentration gibt.

Es gibt noch eine weitere für die Menschheit möglicherweise bedeutende Anwendung für Lithium, die momentan überhaupt nicht diskutiert wird: Die Bedeutung von Lithium für die Nutzung in Kernfusionsreaktoren zur Energiegewinnung. Das ist aber Zukunftsmusik, bisher sind nur einige sehr aufwendige Experimente gelungen.

Zurück zu den vielversprechenden Lithium-Ionen-Akkus als Energiequelle für Elektromotoren in zukünftigen Autos. Lassen Sie mich hier einige kritische Anmerkungen hinzufügen: Akkus laden sich nicht von selbst auf, sie müssen mit Elektrizität aufgeladen werden, die in Kraftwerken erzeugt werden muss, und dies in erheblichem Ausmaß, wenn man ernsthaft im Laufe der Zeit weltweit Kraftfahrzeuge mit Elektrizität betreiben möchte. Der Ausstoß an Kohlendioxid – den man eigentlich reduzieren möchte – wäre in diesem Fall pro Fahrzeug in Deutschland viel höher als bei der Nutzung fossiler Kraftstoffe, da die Akkus mit Strom aus dem deutschen Energiemix aufgeladen würden, der zu einem großen Teil aus der Verbrennung von Braunkohle besteht. Die Behauptung, es gebe »grünen« Strom, den man separat erhalten kann, ist eine unsinnige Schönrechnerei. Und schon sind wir wieder bei der Diskussion über sinnvolle Energieerzeugung mittels Kohle-, Gas- und Ölkraftwerken, Atomkraft, Wind-, Wasser- und Sonnenenergie, Geothermie et cetera.

Andererseits ist die Energiebilanz beim Einsatz elektrischer Energie in Kraftfahrzeugen höher, da bei herkömmlichen Antrieben ein hoher Anteil der in Kraftstoffen enthaltenen Energie verloren geht – oder besser gesagt nicht für den Vortrieb genutzt, sondern in Wärme umgesetzt wird. Diese letzte Formulierung ist präziser, da nach dem Energieerhaltungssatz physikalisch gesehen Energie nicht verloren geht, sondern nur in verschiedene Formen gewandelt wird.

Es hat seinen Grund, dass seit vielen Jahren auf jeder Automobilausstellung von fast allen namhaften Unternehmen Elektrofahrzeuge im Grunde nur als Alibi für die Öffentlichkeit ausgestellt, aber immer noch nicht in nennenswerter Stückzahl gebaut werden. Es gibt nämlich noch keine Möglichkeit, Strom chemisch in größeren Mengen sinnvoll zu speichern, auch nicht mit Lithium-Ionen-Akkus. Die Reichweiten der damit ausgerüsteten Fahrzeuge sind einfach zu gering, die Autos zu schwer, die Ladezeiten zu lang, die Akkus zu teuer. Der Verbraucher müsste beim derzeitigen Stand der Technik zwei Autos haben: ein kleines leichtes mit Elektroantrieb mit wenigen PS für seinen näheren Umkreis, und ein größeres komfortableres mit herkömmlichem Antrieb für längere Strecken. Beide gibt es ja schon. Es gibt auch Fahrräder mit elektrischer Motorunterstützung, aber auch diese sind sehr kostspielig, und die teuren Akkus müssen zudem nach einigen Hundert Ladezyklen ersetzt werden.

Abb. 10.3: Modernes Elektroauto (© Shutterstock/JuliusKielaitis)

Außerdem sollte man in einem reinen Elektroauto nicht zu den schnell Frierenden gehören. Denn die geringe Abwärme eines Elektromotors reicht zu einer Beheizung des Innenraums bei kaltem Wetter nicht aus; es wird zum Heizen weitere Energie von den Batterien mit entsprechendem Verbrauch benötigt.

Es gibt jedoch bereits Ideen, wie man das Problem geringer Reichweite und langer Ladezeit von Elektrofahrzeugen logistisch lösen kann: Man nutzt das heutige Tankstellennetz, um ganze Akkusätze, die dann nicht dem Fahrzeugbesitzer, sondern den Unternehmen gehören, einfach auszutauschen. Das klingt machbar, erfordert jedoch einen hohen Normungs- und Investitionsaufwand.

Klar ist aber auch: Die Entwicklung geht weiter und ein »richtiges« Elektroauto wird irgendwann kommen. Dieses könnte man – auch das ist eine gute Idee – in großen Stückzahlen als allgemeine Elektrizitätsspeicher für erneuerbare Energien nutzen, wenn das Fahrzeug gerade nicht gebraucht wird.

Elektrisch betriebene Kraftfahrzeuge mit Bleiakkus gab es übrigens bereits in der Frühzeit der Automobile, das erste schon anno 1861. Im Jahr 1912 wurden in den USA über 30 000 Elektroautos von 20 Herstellern produziert. Elektrolastwagen wurden in Deutschland beispielsweise von der Post eingesetzt. Geblieben sind heute Anwendungen meist innerhalb von Firmengeländen für Elektrokarren, Gabelstapler et cetera.

Großtechnisch gibt es simple Lösungen für die Energiespeicherung: Kernkraftwerke beispielsweise sind ökonomischer, wenn sie nicht je nach Bedarf dauernd hoch- und heruntergeregelt, sondern auch nachts bei geringer Stromabnahme mit hoher Auslastung betrieben werden. Dieser Strom wird beispielsweise für Pumpspeicherkraftwerke genutzt: Man pumpt nachts Wasser von einem tiefer gelegenen in ein höher gelegenes Reservoir, lässt tagsüber das Wasser über Turbinen wieder ab und erzeugt damit Strom. Das höher gelegene Wasserreservoir ist nichts anderes als ein vorher aufgeladener Energiespeicher. Auch die Schwankungen von Solar- und Windstrom lassen sich so ausgleichen, wenn sie eines Tages gebündelt werden können.

Aber was ist mit den Hybridantrieben, die Benzin- beziehungsweise Dieselmotoren und Elektroantriebe kombinieren? Auch diese Lösung ist leider nicht das Nonplusultra, für das es oft gehalten wird. Vom benötigten Platzbedarf und von den Kosten für zwei Antriebe einmal abgesehen, gibt es ein weiteres, physikalisches Problem: Die für Beschleunigung und Abbremsung eines Fahrzeugs notwendige Energie hängt nun einmal linear von seinem Gewicht ab. Bei Hybridantrieben müssen nun immer zwei Antriebssysteme (Kolbenmotor und Elektromotor) mit zwei Energiespeichern (Treibstofftank und Akkus) durch die Gegend geschleppt werden. Das hat einen insgesamt höheren Energieverbrauch zur Folge. Ein Teil davon lässt sich zurückgewinnen, indem man die Energie, die beim Bremsen anfällt, nicht zur Aufheizung von Bremsscheiben wie zurzeit, sondern zum Aufladen der Akkus nutzt.

Bei ehrlicher Betrachtung sind alle Ideen für den Ersatz von fossilen Kraftstoffen in Kraftfahrzeugen durch Elektroenergie noch lange nicht marktreif und bisher zu teuer. Aber alles kann sich natürlich ändern, wenn Benzin und Diesel zur Neige gehen.

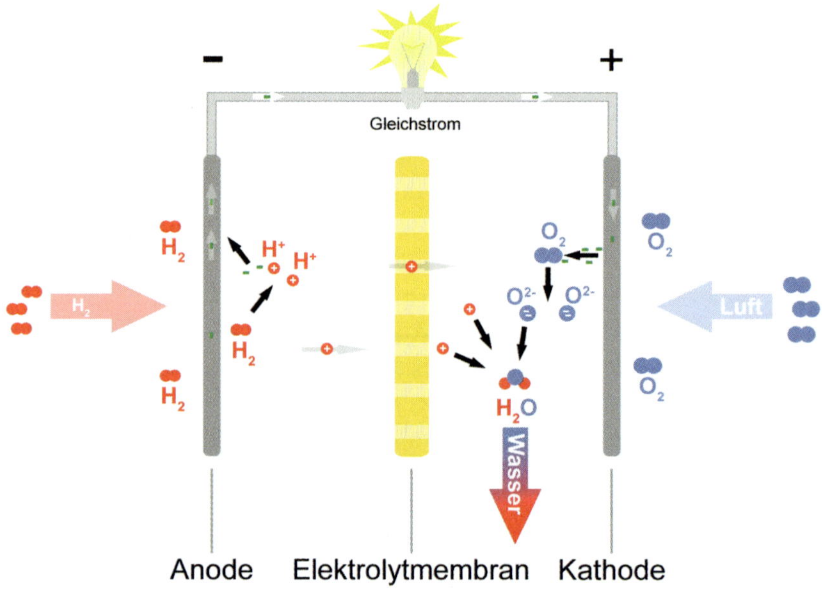

Abb. 10.4: Funktionsprinzip einer Brennstoffzelle

Alternativ zum Elektroantrieb mit Akkus wird die Brennstoffzelle entwickelt, die aus Wasserstoff Strom erzeugt. Man kann Wasserstoff natürlich auch direkt als Treibstoff für einen modifizierten Kolbenmotor verwenden, als »Abgas« hätte man dann nur Wasserdampf. Probleme bei beiden Antrieben sind die Wasserstofferzeugung, der Transport und die Lagerung. Zu Letzterem finden Sie mehr in Kapitel 8 bei »Palladium«. Experten aus der Automobilindustrie geben der Brennstoffzelle für Kraftfahrzeuge aus vielerlei Gründen, auf die ich hier nicht eingehen kann, eine wesentlich größere Chance als dem Elektroantrieb über Akkus. Die Brennstoffzelle, bestehend aus Technologiemetallen, erzeugt direkt Strom aus Wasserstoff.

Dennoch wird es natürlich wegen der gegenüber früheren Speichermöglichkeiten weitaus höheren Kapazitäten für Lithium-Ionen-Akkus viele neue Anwendungen geben, beispielsweise für den emissionsfreien Betrieb öffentlicher Fahrzeuge in Städten.

Anlageaspekte

Finanziell beteiligen kann man sich an dem Lithium-Hype über Aktien von Batterieherstellern, Elektronikkonzernen sowie Minen und Produzenten, nicht durch physischen Erwerb des Metalls. Es gibt auch Zertifikate, die verschiedene Lithium-Aktien in einem Korb anbieten. Allerdings ist Vorsicht geboten, denn noch weiß niemand genau, wo die Reise hinführt. Schon jetzt wird befürchtet, dass es bei den vielen Batterieherstellern zu einer Konsolidierung kommen kann und viele kleinere Unternehmen vom Markt verschwinden werden. Hinzu kommen Meldungen aus der Automobilwirtschaft, dass eine neue Technologie, die der Zink-Luft-Akkus, viel effektiver und umweltfreundlicher sein soll als die der Lithium-Ionen-Akkus. Sollte sich das bestätigen, wird die Lithium-Diskussion schnell vorbei sein.

Natrium

Natrium wurde erstmals 1807 von dem englischen Chemiker Humphry Davy zusammen mit Kalium gewonnen und Sodium genannt, da es in Soda vorkommt. Sodium ist immer noch der Name auf Englisch und Französisch, der deutsche Name Natrium ist abgeleitet aus dem frühen Ägyptischen und wurde 1811 von Berzelius vorgeschlagen.

Die wichtigsten Eigenschaften von Natrium

Name, Symbol, Ordnungszahl: Natrium, Na, 11
Massenanteil an der Erdhülle: 2,64 %
Dichte: 0,968 g/cm^3
Mohshärte: 0,5
Schmelzpunkt: 97,72 °C
Elektrische Leitfähigkeit: 21 × 10^6 A/V × m

Natrium ist weich, hochreaktiv und sein spezifisches Gewicht ist etwas geringer als das von Wasser. Theoretisch schwimmt es also auf Wasser. Gelagert wird es luft- und wasserdicht, meist in Petroleum oder Paraffinöl. Natrium wird auch gerne für Experimente im Chemieunterricht in Schulen genutzt.

Wie gefährlich Natrium einzustufen ist, zeigt folgende (gekürzte) Meldung einer Regionalzeitung vom März 2010:

> Natrium gestohlen, Vorsicht im Umgang, explosiv!
> Am Wochenende entwendete ein unbekannter Täter 200 g Natrium aus der Schillerschule. Die Polizei warnt den Dieb: Natrium ist gefährlich, es reagiert mit Wasser stark exotherm, der freikommende Wasserstoff reagiert explosiv mit Sauerstoff. Finder sollen den Fundort sofort der Polizei mitteilen.

Mithilfe der wichtigsten Natriumverbindung mit Chlor kann man übrigens einem der Chemie völlig abholden Laien gut erklären, wie wenig die Eigenschaften einzelner Elemente mit den Eigenschaften von

Verbindungen aus diesen Elementen zu tun haben müssen: Reines Natrium ist ätzend und leicht entzündlich, bei Berührung mit Wasser verbrennt es heftig zu Natriumhydroxid unter Freisetzung von Wasserstoff aus dem Wasser. Reines Chlor als Gas ist giftig und stark ätzend, ein Gehalt von einem Prozent in der Luft ist tödlich. Wer wollte also mit solchem Teufelszeug etwas zu tun haben? Bringt man aber Natrium und Chlor zusammen, wird daraus Natriumchlorid, kurz NaCl – also simples Kochsalz! Dieses Natriumchlorid, aber auch andere natürlich vorkommende Natriumverbindungen sind seit der Antike bekannt und waren schon immer eine begehrte Handelsware.

Vorkommen und Anwendungen

Natrium zählt zu den häufigsten Elementen, es findet sich in vielen Mineralien und im Meerwasser.

Natrium ist das meistgebrauchte Alkalimetall. Die bedeutendste Verwendung ist natürlich Kochsalz, aber als Metall hat es noch viele andere Anwendungen. Es hat eine hohe Wärmeleitfähigkeit und einen niedrigen Schmelzpunkt und wird deshalb als Kühlmittel beispielsweise in Reaktoren verwendet. Natriumdampflampen dienen aufgrund der hohen Lichtausbeute als Straßenbeleuchtung. Charakteristisch ist ihr gelbes, als unangenehm fahl empfundenes Licht.

Natrium wird außerdem genutzt als Reduktions- sowie als Trocknungsmittel. Natrium-Kalium-Legierungen sind bei Raumtemperatur flüssig und werden zur Wärmeübertragung und zur Trocknung von Lösungsmitteln eingesetzt.

Rubidium

Rubidium wurde 1861 von Gustav Kirchhoff (1824–1887) und Robert Bunsen (1811–1899) entdeckt. Das Problem hierbei war die Trennung von den nur in geringen Mengen vorkommenden Rubidiumsalzen von anderen Alkalisalzen. Für nur 10 Gramm Rubidiumchlorid verarbeitete Bunsen über 40 000 Liter Dürkheimer Mineralwasser.

Die wichtigsten Eigenschaften von Rubidium

Name, Symbol, Ordnungszahl: Rubidium, Rb, 37
Massenanteil an der Erdhülle: 29 ppm
Dichte: 1,532 g/cm^3
Mohshärte: 0,3
Schmelzpunkt: 39,31 °C
Elektrische Leitfähigkeit: 7,52 × 10^6 A/V × m

Rubidium ist unbeständig an der Luft, mit Wasser reagiert es heftig und der dabei entstehende Wasserstoff entzündet sich in der Regel. Mit mehreren Metallen ist es legierbar, mit Quecksilber zu einem Amalgam.

Vorkommen und Anwendungen

Das Element kommt nur in kleinen Konzentrationen in einigen Mineralien vor. Rubidium hat nur ein sehr kleines Anwendungsspektrum, beispielsweise in Vakuumröhren, Atomuhren, Kathodenbeschichtungen und anderem.

11

Strategische Metalle, Sondermetalle – Technologiemetalle I

»Strategische Metalle« oder »Sondermetalle« sind Begriffe aus der Finanzwelt, genau genommen aus der Politik, und bedeuten, dass diese Metalle sowohl für die Herkunftsländer (als Exportgut) als auch für die verarbeitenden Länder (wegen ihrer Anwendungen) strategische Bedeutung haben. Man kann die Problematik durchaus erkennen, wenn man sich die Herkunftsländer einiger Metalle ansieht: In vielen von ihnen herrschen unsichere politische Verhältnisse.

Im Rahmen der Diskussionen über die in Kapitel 12 behandelten Seltenerdmetalle wird auch die Metallgruppe der Sondermetalle gerne als »Seltene Metalle« mit diesen verwechselt und von einigen desorientierten Journalisten ziemlicher Unsinn zusammengeschrieben. Richtig ist aber auch, dass einige dieser Metalle zukünftig knapp werden. Das hängt zum einen mit ihrer Förderung zusammen, da sie als Begleitmetalle von der Förderung anderer Metalle abhängen, zum anderen von ihrer lokalen Herkunft, bei einigen von ihnen ist es vorrangig China.

Aufgrund ihrer besonderen Rolle für technische Anwendungen werden Strategische Metalle und die im nächsten Kapitel besprochenen

Seltenerdmetalle wie bereits erwähnt auch unter dem Begriff »Technologiemetalle« oder »Hightech-Metalle« zusammengefasst. Strategische Metalle sind also keine Metallgruppe, die sich chemisch, physikalisch oder definiert über das Periodensystem beschreiben lässt. Je nach Interessenlage werden Sie in der Literatur den Begriff auch nur für einen Teil der Metalle finden oder vermischt mit Metallen, die eigentlich den Industrie- beziehungsweise Alkalimetallen zuzuordnen sind, wie etwa Aluminium, Kupfer oder Lithium. Unter den Strategischen Metallen finden Sie auch die Platinmetalle Ruthenium, Rhodium, Osmium und Iridium wieder, die zwar Edelmetalle, aber keine Anlagemetalle (wie Gold, Silber, Platin, Palladium) sind.

Viele Strategische Metalle haben ganz verblüffende Eigenschaften, sind sehr selten und werden für interessante Anwendungen genutzt. Da sie keine Anlagemetalle sind, werden sie ausschließlich als Industrierohstoffe gehandelt. Aufgrund der zu erwartenden Wertzuwächse sind sie teilweise auch für Anleger hochinteressant. Da die jeweiligen Metalle von unterschiedlichen Standpunkten und Sichtweisen aus entweder als »Strategische Metalle« oder als »Sondermetalle« bezeichnet werden, sind diese Metalle hier zusammengefasst. Man findet auch die Namen »Nebenmetalle« oder entsprechend den englischen Begriff *minor metals*.

Es handelt sich um Metalle, die in Publikumsmedien bisher eher selten genannt wurden und teilweise einem großen Teil der Öffentlichkeit sogar nach wie vor vollkommen unbekannt sind. Dennoch finden alle, bedingt durch ihre Eigenschaften, in unterschiedlicher Gewichtung Verwendung in der Industrie, meist in Form von Legierungen. All diesen Metallen ist gemeinsam, dass sie wesentlich seltener vorkommen als die Industriemetalle und man deshalb im Rahmen zunehmender weltweiter Industrialisierung höhere Preissteigerungsraten erwartet. Ein wichtiger Aspekt der zu erwartenden Preissteigerungen liegt auch in den steigenden Energiepreisen. Die oft sehr komplizierte Gewinnung der Metalle kann im Einzelnen hier nicht behandelt werden, aber Erhitzung, also Schmelzen et cetera, durch Energieträger wie Kohle, Gas, Öl oder Elektrizität spielt dabei eigentlich immer eine Rolle. Die Preise hängen auch ab von der Forschung, die versucht, teure Metalle durch andere Stoffe zu substituieren. Das ist allerdings schwieriger als es zunächst scheint, da auch die Forschung heutzutage enorme Mittel verschlingt und bei einem

Erfolg die Nachfrage nach den ersetzten Metallen sinkt – mit der Folge, dass diese nunmehr wieder preiswerter sein können als der Ersatz.

Es sind aber auch Metalle genannt, die selten sind und nur in geringem Maß für bestimmte Anwendungen gehandelt werden. Sie spielen als Metalle unter Anlagegesichtspunkten allerdings keine Rolle. Andere Metalle wiederum sind so selten, dass der Handel an Preissteigerungen nicht interessiert ist, da ansonsten die Anwendungsmöglichkeiten entfallen. Es fehlen also die üblichen Marktmechanismen.

Viele Sondermetalle spielen in chemischen Verbindungen eine Rolle als Arznei- oder Nahrungsergänzungsmittel. Diese Anwendungen werde ich hier nicht behandeln, da sie einerseits zum Teil umstritten sind, andererseits von der Menge her für die Vermarktung der Metalle meist keine große Rolle spielen. Aus dem gleichen Grund wird hier nicht auf biologische und physiologische Aspekte von Metallverbindungen eingegangen, obwohl diese für Leben aller Art eine große Rolle spielen und zum Teil auch in hohen Mengen in Fauna und Flora weltweit vorhanden sind. Nur Selen bildet eine Ausnahme, da es tatsächlich auch von der relativen Menge her als essenzielles Spurenelement eine bedeutende Rolle spielt.

Die 29 Strategischen Metalle mit Symbol und Ordnungszahl (in alphabetischer Reihenfolge)

Antimon (Sb, 51), Beryllium (Be, 4), Chrom (Cr, 24), Gallium (Ga, 31), Germanium (Ge, 32), Hafnium (Hf, 72), Indium (In, 49), Iridium (Ir, 77), Kadmium (Cd, 48), Kobalt (Co, 27), Magnesium (Mg, 12), Mangan (Mn, 25), Molybdän (Mo, 42), Niob (Nb, 41), Osmium (Os, 76), Quecksilber (Hg, 80), Rhenium (Re, 75), Rhodium (Rh, 45), Ruthenium (Ru, 44), Selen (Se, 34), Silizium (Si, 14), Tantal (Ta, 73), Tellur (Te, 52), Titan (Ti, 22), Uran (U, 92), Vanadium (V, 23), Wismut (Bi, 83), Wolfram (W, 74), Zirkonium (Zr, 40).

Ein Teil dieser Metalle wird in Keramikverbindungen eingesetzt. Die meisten Keramiken sind von alters her Silikate. Die Ansprüche an Keramiken hinsichtlich Hitzebeständigkeit, Härte und thermischer Leitfähigkeit sind in unserer Hightech-Welt zunehmend gestiegen. Mittlerweile gibt es sogenannte UHTCs (Ultra High Temperature Ceramics), meist Carbide beziehungsweise Boride. Ein Gemisch aus Tantalcarbid und Hafniumcarbid gilt als der Werkstoff mit dem höchsten Schmelzpunkt, unglaubliche 4215 °C! Boride haben einen etwas niedrigeren Schmelzpunkt, dafür aber eine hohe Wärmeleitfähigkeit. Zirkoniumdiborid und Hafniumdiborid gelten als die wichtigsten Vertreter dieser Werkstoffgruppe. Eingesetzt werden sie beispielsweise in der Auskleidung von Wärmetauschern. Eine andere interessante Verwendung finden sie in der Raumfahrt für den Schutz von Bauteilen beim Wiedereintritt in die Erdatmosphäre. Hier ist schnelle Wärmeableitung bei gleichzeitiger Hitzebeständigkeit gefragt.

Sondermetalle unter Anlagegesichtspunkten

Nicht alle Metalle sind als Wertanlage oder für Spekulationen interessant, schon gar nicht in physischer Form. Erstens gibt es keine nur als Wertanlage gedachte Handelsform wie Barren oder Münzen bei Anlagemetallen, zweitens ist bei einigen Strategischen Metallen der Markt so eng, dass aufgrund des wenigen vorhandenen Materials ohnehin nur einige wenige Hersteller und Verbraucher Marktteilnehmer sind.

Es gibt bisher noch nicht sehr viele Möglichkeiten, in Strategische Metalle zu investieren. Sie können direkt Aktien von Minenunternehmen beziehungsweise Produzenten erwerben oder sich an entsprechenden ETFs oder Zertifikaten, basierend auf Indizes, beteiligen, von denen es bisher nur wenige gibt. Manche davon beinhalten auch Aktien von Minen anderer Rohstoffe. In Kapitel 13 finden Sie Hinweise hierzu. Mit zunehmendem Interesse der Finanzwelt an dem Thema wird es in den nächsten Jahren sicher noch viel mehr Anlageprodukte geben.

Da Metallaktien, -fonds und -derivate meist in US-Dollar gehandelt werden, ist auf den Kurs zum Euro zu achten. Oft gibt es die Möglichkeit, gegen Gebühr währungsgesicherte Anlagen zu zeichnen.

Physisches Investment

Diese Möglichkeit gibt es erst seit einigen Jahren und sie ist vielversprechend. Prinzipiell sind für Investments in physischer Form Metalle interessant, die nicht zu selten sind, aber auch nicht zu häufig vorkommen; die in der Technik und in der Wissenschaft auch künftig benötigt werden; und die sowohl in Industrieländern als auch in sogenannten Schwellenländern Zuwachsraten erwarten lassen. Im Wesentlichen sind dies Gallium, Germanium, Hafnium, Indium, Rhenium, Selen, Tantal und Tellur. Diese Metalle werden deshalb in den Überschriften als Kapitälchen herausgestellt und die Beschreibungen enthalten am Ende den Absatz »Liefer- und Anlageaspekte«.

Für diese Auswahl wurden neben den zuvor genannten noch einige andere Kriterien zugrunde gelegt, um bei physischen Investments auch die kostengünstige Praktikabilität des Umgangs mit diesen Metallen zu gewährleisten. Denn was nutzt der schönste Wertzuwachs, wenn ein Teil davon beispielsweise durch teure Vorsichtsmaßnahmen bei der Lagerung und beim Transport oder durch ein großes Lagervolumen vernichtet wird? Also dürfen die ausgewählten Metalle im Umgang nicht allzu gefährlich sein, das heißt nicht allzu giftig, kaum brennbar, nicht explosibel oder Ähnliches. Sie müssen ohne Korrosion oder anderweitige chemische Veränderungen bei kleinem Lagervolumen, also niedrigen Lagerkosten, lange lagerfähig sein.

Für einen zu erwartenden Wertzuwachs wichtig: Die Metalle sollten für Zukunftstechnologien zwingend erforderlich und nach derzeitigem Stand der Wissenschaft unersetzbar sein. Und letztlich ist natürlich wichtig, dass sie ein hohes Potenzial für weitere Anwendungen und Entwicklungen haben.

Im Folgenden sind der Orientierung halber die ungefähren Preise der Strategischen Metalle Ende Oktober 2016 in Deutschland aufgelistet. Der Vermerk »in Deutschland« ist wichtig, weil die Transportkosten der Metalle aus aller Welt inbegriffen sind. Zu mehr als zu einer einfachen Orientierung als Momentaufnahme taugt diese Tabelle dennoch nicht, denn die Korrelationen können sich aus allen bereits genannten Gründen die Preisfindung betreffend schnell ändern. Die Preise sind in US-Dollar pro Kilogramm angegeben.

Wenn Sie sich die Charts der Metalle anschauen, so finden Sie zurzeit historische Tiefstpreise vor. Das hat mehrere Gründe: Zum einen wurden Überkapazitäten aufgebaut, zum anderen hat China mit seiner Niedrigpreispolitik Mitbewerber aus dem Rennen geworfen. Die Überkapazitäten sind mittlerweile abgebaut und für die Metallförderer und -produzenten gibt es keinen Grund mehr, die Preise künftig nicht zu erhöhen. Der Markt verlangt in steigendem Maße die genannten Metalle. Gleiches gilt für die im nächsten Kapitel behandelten Seltenerdmetalle, weshalb Sie diesen Absatz wörtlich auch dort vorfinden werden.

Gallium	**Germanium**	**Hafnium**	**Indium**	**Rhenium**
178	1325	1688	260	1951
Selen	**Tantal**	**Tellur**		
26	325	46		

In den Beschreibungen der einzelnen Metalle werden die Anwendungsmöglichkeiten genannt, die Technologien lassen sich wie folgt kategorisieren: Automobil, Elektronik, Energiespartechnologien, Luft- und Raumfahrt, Nukleartechnologie, Solartechnologie.

Preisangaben

Folgenden Absatz werden Sie gleichlautend auch in Kapitel 12 vorfinden:

Unter den Beschreibungen werden Sie für die Metalle, die als Anlagemöglichkeit empfohlen werden, Charts mit Werten finden, die freundlicherweise vom Handelsunternehmen TRADIUM zur Verfügung gestellt wurden. Die Charts stammen deshalb von einem Unternehmen, weil es für einige dieser Metalle zwar Charts im Internet, aber keine Börsen gibt, der Handel sich also direkt zwischen Käufer und Verkäufer abspielt. Aus diesem Grund sind auch die Preisangaben im Internet für diese Metalle unterschiedlich in Bezug auf Währung, Menge und Preisstellung. Die angegebenen Reinheiten in Prozent entsprechen den üblichen Handelsspezifikationen. Unter www.technologiemetalle.de findet der interessierte Leser laufend aktualisierte Preis-Charts.

– Währungen können sein: $ (US-Dollar), € (Euro) oder RMB (Renminbi, siehe »Währung« unter China in Kapitel 3).

- Mengen können sein: mt oder mtu (Metric Ton Unit = 1000 kg), kg (Kilogramm) oder lb (Pound, Pfund, entspricht 0,45359237 kg. 1 kg = 2,2046 lb).
- Die Preisstellung kann sein: FOB (Free On Board), CIF (Cost Insurance Freight) oder schlicht EU.

FOB und *CIF* sind Abkürzungen der Internationalen Handelsklauseln (International Commercial Terms, kurz Incoterms) der 1919 gegründeten Internationalen Handelskammer (International Chamber of Commerce, kurz ICC) mit Sitz in Paris. Damit wird die Art und Weise von Güterlieferungen international geregelt, wie beispielsweise Gefahrübergang oder Preisstellung. Die beiden genannten sind die meistgenutzten, sie werden auch für die Außenhandelsstatistik verwendet: FOB für Ausfuhren, CIF für Einfuhren. Wenn also ein Metall aus China eingeführt werden muss, bedeutet FOB, dass die Transportkosten von einem chinesischen Hafen zu einem europäischen Hafen nicht enthalten sind, bei CIF sind sie es, bei EU ebenfalls. IWH heißt »In Warehouse«, EXW »Ex Works«. Das muss ich nicht übersetzen.

Verpackungen, Verpackungseinheiten und Lieferformen (Barren, Stangen, Stücke, Späne et cetera) sind natürlich je nach Handelspartner unterschiedlich, die hier unter Liefer- und Anlageaspekte genannten sind die gängigsten.

Noch eine Information zu den Reinheiten: Meist sind sie angegeben in Prozent, mit unterschiedlich vielen Dezimalstellen. Im Sprachgebrauch kürzt die Metallbranche diese Angaben ab, man sagt beispielsweise zu 99,9-prozentigem Tantal »Dreier Tantal« oder zu 99,999-prozentigem Gallium »Fünfer Gallium«; im Englischen heißt es entsprechend *three nines fine* beziehungsweise *five nines fine* oder abgekürzt *3N tantalum* beziehungsweise *5N gallium* et cetera.

Eigenschaften von Sondermetallen

Innerhalb dieser Metallgruppe gibt es Metalle, die einen besonders hohen Schmelzpunkt oberhalb desjenigen von Platin (1768 °C) haben. Diese Metalle nennt man Refraktärmetalle (von lat. *refractarius*, »widerspenstig«).

Sie haben Bedeutung als Abschirmungen, Glühdrähte, Heizleiter et cetera sowie für alle chemischen Anwendungen, die Hitzebeständigkeit erfordern. Sie verfügen meist auch über eine hohe Wärmeleitfähigkeit und eine hohe elektrische Leitfähigkeit. Refraktärmetalle sind unter anderem Chrom, Hafnium, Molybdän, Niob, Rhenium, Tantal, Titan, Vanadium, Wolfram und Zirkonium.

Bei einigen Metallen findet sich der Begriff »Dichteanomalie«, der an dieser Stelle vorab kurz erläutert werden soll. Dichteanomalien finden sich nur bei wenigen Elementen, nämlich bei Antimon, Wismut, Gallium, Germanium, Plutonium und Silizium. Das bedeutet, dass ein Stoff in flüssigem Zustand schwerer ist als beim Übergang in den festen Zustand. Anders ausgedrückt: Er dehnt sich in festem Zustand aus. Am wichtigsten und am leichtesten verständlich ist die Dichteanomalie bei Wasser. Es hat bei 4 °C seine größte Dichte, deshalb schwimmt Eis oben. Ohne diese Dichteanomalie bei Wasser gäbe es kein Leben in der uns bekannten Form.

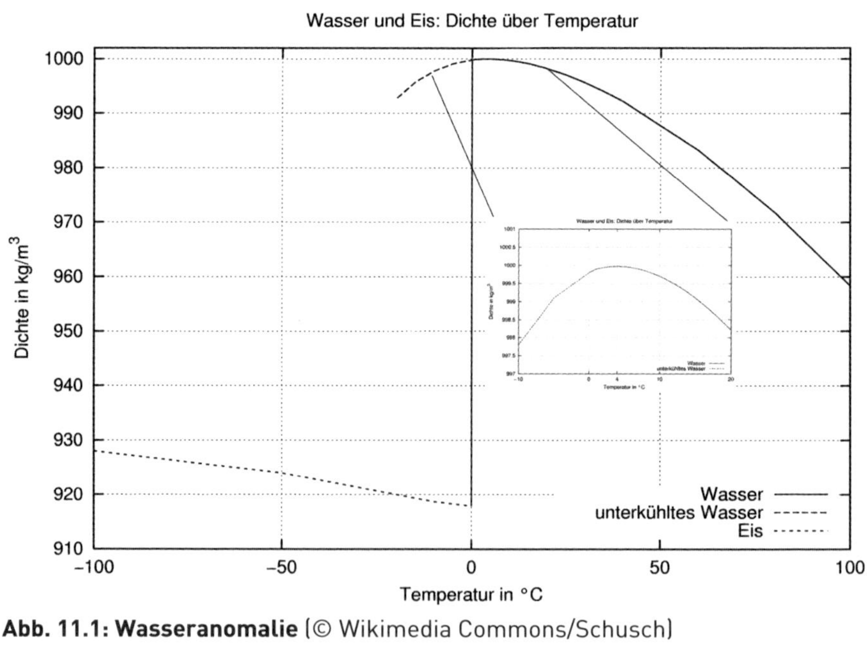

Abb. 11.1: Wasseranomalie (© Wikimedia Commons/Schusch)

Aufgrund der Stichworte »Wasser« und »Leben« sei noch einmal ein kleiner Ausflug erlaubt: Bisher galt unter Biologen, dass irdisches Leben aus den sechs Elementen Phosphor, Kohlenstoff, Wasserstoff, Stickstoff, Schwefel und Wasserstoff besteht. Metalle sind nicht dabei. Nun haben Forscher in einem kalifornischen Salzsee Bakterien entdeckt, die das giftige Schwermetall Arsen nicht nur verdauen können, sondern dieses anstelle von Phosphor auch Bestandteil ihrer Gene ist. Das gibt Anlass zu neuen Spekulationen über die Möglichkeit außerirdischen Lebens, auch wenn die Entdeckung inzwischen wissenschaftlich umstritten ist.

In Kapitel 5 beziehungsweise Kapitel 7 wurden die wichtigsten Einheiten bereits erklärt. Hier finden Sie für die Metalle noch zusätzlich den Massenanteil an der Erdhülle (siehe Kapitel 2) in negativen Prozentzahlen.

Auf den folgenden Seiten stelle ich Ihnen die Metalle einzeln vor, wobei auch ein wenig auf interessante Informationen eingegangen wird, die außerhalb von Eigenschaften, Vorkommen und Anwendungen liegen. Wenn dieselben Wissenschaftler bei verschiedenen Elementen und ihrer Entdeckung maßgebend waren, finden Sie mehr biografische Informationen bei einem Metall, bei anderen Metallen wird dann auf dieses Metall verwiesen.

Aufgeführt sind auch die vier Edelmetalle Iridium und Osmium (schwere Platinmetalle) sowie Rhodium und Ruthenium (leichte Platinmetalle), die keine Anlagemetalle sind (siehe Erklärung in Kapitel 8). Ihre Märkte sind sehr eng und die Preise können erheblich schwanken. In der Branche werden sie zusammengefasst auch »kleine Platinmetalle« genannt.

Antimon

Antimon und Quecksilber (Hg) sind die einzigen Metalle, deren Abkürzungen sich nicht direkt aus ihrem deutschen Namen ableiten lassen. Die Bezeichnung geht zurück auf das griechische Wort *anthemon* für »Blüte«, so wurde auch ein Mineral benannt. Die lateinische Bezeichnung *stibium* wird auf Vorschlag des schwedischen Chemikers Jöns Jakob

Berzelius (1779–1848) in der Abkürzung Sb als Elementbezeichnung genutzt. Berzelius gilt als Vater der modernen Chemie, und er war es auch, der die Abkürzungen mit zwei Buchstaben für alle Elemente einführte. Er entdeckte außerdem die Elemente Cer (1803, siehe Seltenerdmetalle), Lithium (1817, siehe Alkalimetalle), Ruthenium (1827) und Selen (1817). 1837 wurde er zum Baron geadelt. Der als aufbrausend beschriebene Berzelius war Mitglied in der Königlich Schwedischen Akademie der Wissenschaften, die er in vielen Feldern reformierte.

Die wichtigsten Eigenschaften von Antimon

Name, Symbol, Ordnungszahl: Antimon, Sb, 51
Massenanteil an der Erdhülle: $6{,}5 \times 10^{-5}$ %
Dichte: 6,7 g/cm
Mohshärte: 3
Schmelzpunkt: 631 °C
Elektrische Leitfähigkeit: $2{,}88 \times 10^{6}$ A/V × m

Antimon hat eine sehr geringe elektrische und thermische Leitfähigkeit. Antimon weist eine Dichteanomalie auf, ist also in flüssigem Zustand schwerer als im festen. Von Luft und Wasser wird es nicht angegriffen. Antimonverbindungen können giftig sein.

Vorkommen und Anwendungen

Antimon kommt in vielen Mineralien vor. Gewonnen wird es meist aus *Stibnit,* welches man in Südamerika und in China findet.

Antimon ist ein sprödes Metall, das schon in der Bronzezeit als Legierungsmetall genutzt wurde. Es wird meist als Legierungsbestandteil mit Blei, Zinn und Aluminium sowie in Verbindungen verwendet. Als Antimonsulfid und als Antimonoxid hat es viele technische Anwendungen unterschiedlichster Art, wie etwa Halbleiter, Lagermetalle, Präzisionsgussteile et cetera.

Beryllium

Beryllium ist benannt nach dem Mineral Beryll, woraus es zunächst 1798 von dem französischen Chemiker Louis-Nicolas Vauquelin (1763–1829), der auch das Chrom entdeckte, extrahiert wurde. Vauquelin war Chemieprofessor in Paris und betätigte sich dort auch politisch als Deputierter seines Heimat-Départements Calvados. Er nannte das Element seines süßlichen Geschmacks wegen zunächst *Glucinium*. Der Name Beryllium stammt von Martin Heinrich Klaproth (1743–1817, siehe Tellur).

Der Beryll ist auch Namensgeber für die Brille, ursprünglich Berille, da durchsichtige Bergkristalle, aus denen im 13. Jahrhundert bereits Linsen geschliffen wurden, Berylle genannt wurden. Smaragde und Aquamarine sind farbige Berylle. Der mittelhochdeutsche Dichter Albrecht von Scharfenberg setzte der Brille bereits um 1270 ein literarisches Denkmal:

> »Einen der Söhne Senabors nannte er Parille nach dem Steine. Damit das Verlangen der Augen da hindurchgehe. Er macht groß aus klein. Aus kleinen Tugenden machte er die großen. So wie der Beril die in ihm zu lesende Schrift vergrößert, gleicht ihm dein Herz, darin alle Tugenden in ihrem Wesen hoch, breit, weit und auch in die Länge wachsen.«

Die wichtigsten Eigenschaften von Beryllium

Name, Symbol, Ordnungszahl: Beryllium, Be, 4
Massenanteil an der Erdhülle: 5×10^{-4} %
Dichte: 1,848 g/cm^3
Mohshärte: 5,5
Schmelzpunkt: 1278 °C
Elektrische Leitfähigkeit: $31{,}3 \times 10^6$ A/V × m

Beryllium ist ein sehr hartes Leichtmetall mit einem außergewöhnlich hohen Schmelzpunkt, hohem Elastizitätsmodul, hoher Schwingungsdämpfung und außergewöhnlichen atomaren Eigenschaften. Es ist speziell in Pulverform hochgiftig und krebserregend.

Vorkommen und Anwendungen

Beryllium kommt in vielen verschiedenen Mineralien vor, doch die Gewinnung ist aufwendig. Zu finden ist es in Äquatornähe in Südamerika, in den USA, in Indien und in Afrika. Die Jahresproduktion liegt bei etwa 100 Tonnen.

Beryllium ist teuer und giftig, daher sind die Anwendungen meist auf Legierungen beschränkt. Bei Aluminium im Flugzeugbau wird dadurch die Festigkeit verbessert, Kupfer wird elastischer und fester und ist damit besser für Oberleitungen geeignet. Als reines Metall wird Beryllium aufgrund seiner neutronenbremsenden Eigenschaft in der Kernkraft eingesetzt. Beryllium war auch in der Atombombe enthalten, die 1945 Hiroshima zerstört hat.

Cadmium

Cadmium (auch: Kadmium) wurde 1817 unabhängig voneinander von den deutschen Physikern Friedrich Stromeyer (1776–1835) und Carl Samuel Leberecht Hermann (1765–1846) entdeckt. Stromeyer analysierte viele Minerale, eines ist nach ihm benannt. Hermann gewann aus Salinenabfällen Kalium- und Magnesiumsalze sowie Salzsäure und vertrieb diese mit seiner Firma Hermania.

Der Name leitet sich ab von Kadmeia, griechisch für Galmei, Zinkerz. In der Botanik findet sich der Name Galmeipflanze für Arten, die gut mit Böden zurechtkommen, die durch Schwermetalle belastet sind. Cadmium ist ein seltenes Element, der Name wurde aber schon im Mittelalter für Zink benutzt. 1942 wurde Cadmium für Kontrollstäbe im ersten Atomreaktor verwendet.

Die wichtigsten Eigenschaften von Cadmium

Name, Symbol, Ordnungszahl: Cadmium, Cd, 48
Massenanteil an der Erdhülle: 3×10^{-5} %
Dichte: 8,65 g/cm^3
Mohshärte: 2
Schmelzpunkt: 321 °C
Elektrische Leitfähigkeit: $13{,}8 \times 10^6$ A/V × m

Cadmium ist sehr weich und ähnelt in seinen Eigenschaften dem Zink. Wie bei Zinn treten beim Verbiegen Geräusche auf. An der Luft ist Cadmium beständig, bei höherer Temperatur oxidiert es. Es verbrennt zu dem hochgiftigen Cadmiumoxid. Ähnlich wie Quecksilber und Blei ist auch Cadmium giftig.

Vorkommen und Anwendungen

Gediegen kommt Cadmium sehr selten vor, es wird fast ausschließlich als Nebenprodukt bei der Zinkverhüttung gewonnen; das Verfahren ist abhängig von dem Verfahren für Zink. Als Recyclingmaterial wird es aus alten Cadmiumbatterien gewonnen.

Seiner Giftigkeit wegen sind die Anwendungen begrenzt. Es wird hauptsächlich in Verbindungen genutzt. Verwendungen sind unter anderem Rostschutz, Farbpigmente, Schmiermittel, Sensoren, Nickel-Cadmium-Akkus und Lötwerkstoffe.

Gold bekommt in der Legierung mit Cadmium einen grünlichen Schimmer.

Chrom

Chrom wurde als Element erst 1797 von Louis-Nicolas Vauquelin (1763–1829), der auch das Beryllium entdeckte, aus einem Mineral extrahiert. Den Namen hat es von dem griechischen Wort *chroma*, »Farbe«, weil Chromsalze viele Farben aufweisen können.

In der Kunstgeschichte spielt das brillante Pigment Chromgelb eine große Rolle, mit dem unter anderem die berühmten Sonnenblumenbilder von Vincent van Gogh gemalt sind. Es war auch Grundlage für das »Postgelb«, die Farbe der Post. Chromgelb kommt in den Wappenfarben der Familie von Thurn und Taxis vor, die früher das Postmonopol innehatte. Da Gelb häufig die Farbe Gold vertritt, fand das leuchtstarke Chromgelb auch hierfür gerne Verwendung.

Die wichtigsten Eigenschaften von Chrom

Name, Symbol, Ordnungszahl: Chrom, Cr, 24
Massenanteil an der Erdhülle: $1{,}9 \times 10^{-2}$ %
Dichte: 7,14 g/cm^3
Mohshärte: 8,5
Schmelzpunkt: 1857 °C
Elektrische Leitfähigkeit: $7{,}74 \times 10^6$ A/V × m

Chrom ist ein weiß glänzendes, sehr hartes Schwermetall, das in seiner Reinform ungiftig ist. Das früher in der Galvanotechnik und in Holzschutzmitteln verwendete Chromtrioxid dagegen ist giftig und krebserregend.

Vorkommen und Anwendungen

Chrom wird im Tagebau als *Chromit* abgebaut und daraus in mehreren Verfahrensschritten aufwendig gewonnen. Metallisches Chrom kommt nur sehr selten vor. Hauptlieferanten sind Südafrika, Indien und Kasachstan.

Die bekannteste Verwendung ist das *Verchromen,* also das Aufbringen einer Verschleißschutzschicht auf Stahl, Gusseisen, Kupfer und Aluminium. Chrom wird aber auch als Legierungsbestandteil in nicht rostenden Stählen und als Katalysator eingesetzt. Leder wird unter anderem mit Chrom gegerbt.

Noch aus Tonbandgerät-, Kassettenrekorder- und Walkman-Zeiten bekannt: Chromdioxid wurde bei Magnetbändern als höherwertige Alternative zu Eisenoxidbändern eingesetzt.

Cobalt

Cobalt (auch: Kobalt) wurde 1735 von dem schwedischen Chemiker Georg Brandt (1694–1768) entdeckt. Cobaltverbindungen wurden schon im Altertum als Farbstoffe (Kobaltblau) genutzt. Das Element Cobalt verdankt seinen Namen, genau wie das Element Nickel, den Bergleuten des Mittelalters, welche die bösen Erdgeister Kobold und Nickel dafür verantwortlich machten, dass die zugehörigen Erze während des Röstens knoblauchähnliche Gerüche (aufgrund ihres Arsengehalts) abgaben und aus den Rückständen zur damaligen Zeit keine wertvollen Metalle gewonnen werden konnten.

Die wichtigsten Eigenschaften von Cobalt

Name, Symbol, Ordnungszahl: Cobalt, Co, 27
Massenanteil an der Erdhülle: 37×10^{-6} %
Dichte: 8,9 g/cm^3
Mohshärte: 5
Schmelzpunkt: 1495 °C
Elektrische Leitfähigkeit: $17{,}2 \times 10^6$ A/V × m

Cobalt ist ein zähes Schwermetall, es ähnelt in seinen chemischen Eigenschaften Eisen und Nickel. Es leitet gut Strom und Wärme. Es gibt viele Cobalt-Isotope, die für Anwendungen wichtig sind.

Vorkommen

Cobalt, das in der Natur gediegen nicht vorkommt, ist ein Nebenprodukt bei der Gewinnung von Kupfer und Nickel. Cobalthaltige Erze findet man in Amerika und Australien, wobei es fast immer als Begleiter des Nickels zu finden ist. Der größte Teil der Weltproduktion wird aus cobalthaltigen Kupfererzen gewonnen.

Anwendungen

Seine bedeutendste Anwendung findet Cobalt in Legierungen. In Stählen und Superlegierungen beispielsweise wird durch das Zulegieren von Cobalt eine Erhöhung der Warmfestigkeit und der Verschleißbeständigkeit erreicht, und in Verbindung mit Eisen, Aluminium und Nickel eignet sich das Element zur Herstellung von magnetischen Legierungen für Permantmagnete. In der Glas- und Keramikindustrie werden Cobaltoxide oder -phosphate zur Herstellung von Farbpigmenten verwendet. Als Gammastrahler findet das radioaktive Isotop, *Cobalt-60* (60Co), Anwendung in der Medizin, speziell in der Krebstherapie und bei der Sterilisation, sowie bei der Lebensmittelkonservierung und der Materialprüfung.

Gallium

Abb. 11.2: Gallium (© Jurii)

Gallium ist ein sehr seltenes, hellblau schimmerndes Metall mit seltsamen, widersprüchlichen Eigenschaften. Es wurde 1875 von dem französischen Physiker und Chemiker Paul Emile Lecoq de Boisbaudran (1838–1912, siehe Kapitel 12) entdeckt und nach Gallien benannt, lateinisch für Frankreich. Andere Quellen behaupten, er hätte es nach seinem Namen Le coq (der Hahn), lateinisch *gallus*, benannt.

Die wichtigsten Eigenschaften von Gallium

Name, Symbol, Ordnungszahl: Gallium, Ga, 31
Massenanteil an der Erdhülle: 1×10^{-3} %
Dichte: 5,904 g/cm^3
Mohshärte: 1,5
Schmelzpunkt: 29,76 °C
Elektrische Leitfähigkeit: $6{,}78 \times 10^6$ A/V × m

Gallium hat eine sehr niedrige Schmelztemperatur (Handwärme), aber eine sehr hohe Siedetemperatur. In Legierungen, beispielsweise mit Indium, können sogar Schmelzpunkte unterhalb von 5 °C erreicht werden. Es ist weich, bei plötzlicher mechanischer Bearbeitung splittern aber feste Stücke ab. Es bleibt auch unter seinem Schmelzpunkt zunächst flüssig, erst durch einen Kristallisationskeim verflüssigt es sich. Es hat in flüssigem Zustand eine höhere Dichte als in festem Zustand (Dichteanomalie).

Gallium löst Aluminium, muss also vor allem in Flugzeugen entsprechend gesichert transportiert werden.

Vorkommen

Gallium kommt immer zusammen mit anderen Elementen vor, meistens in *Bauxit* zusammen mit Aluminium und Zink. Insofern ist Gallium ein Begleitmetall bei der Aluminium- und Zinkgewinnung. Der Galliumanteil in Bauxit liegt bei nur 0,1 Prozent. Gewonnen wird Gallium hauptsächlich in den USA, in Kasachstan, Australien, Indien und Afrika. Die Weltjahresproduktion lag 2007 bei rund 100 Tonnen, davon 20 Tonnen aus Galliumschrotten.

Anwendungen

Gallium ist ungiftig und wird daher als nicht flüchtiger Ersatz für Quecksilber eingesetzt, wo dies wirtschaftlich möglich ist, denn es ist sehr viel teurer. Hauptsächlich dient es aber für viele Anwendungen in der Hochtechnologie in Verbindungen für Leuchtdioden, Transistoren, Solarzellen und in der Optoelektronik und ist kaum substituierbar. In der

Computertechnik wird es zusammen mit Indium als Wärmeleitpaste, also zur Kühlung eingesetzt. In der Dentaltechnik ist Gallium ein Legierungszusatz, in der Nuklearmedizin wird es in der Diagnostik verwendet. Studien zeigen, dass Galliumverbindungen als Medikamente gegen Osteoporose (Knochenschwund) eingesetzt werden können.

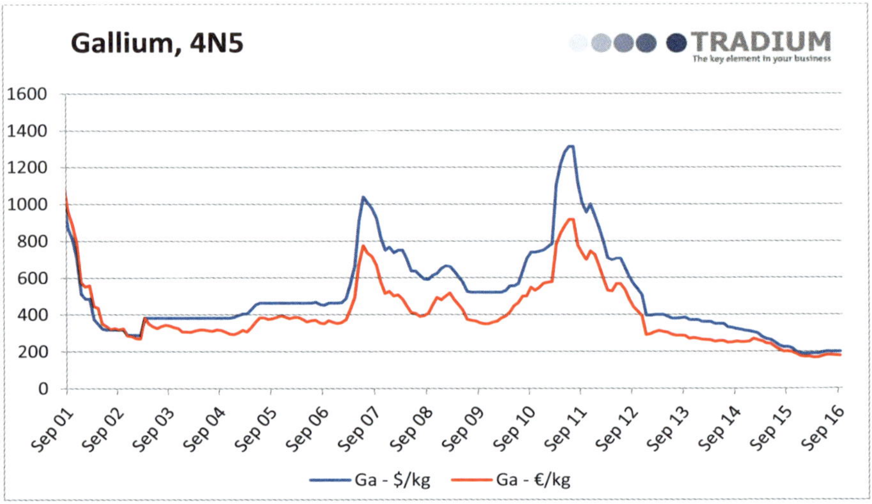

Abb. 11.3: Preisentwicklung von Gallium

Liefer- und Anlageaspekte

Die weltweite Kapazität zur Herstellung liegt bei etwa 280 Tonnen. Im Recycling führend sind die USA, Deutschland, Japan und Großbritannien.

Im Handel sind Reinheiten bis 99,9999 Prozent (Sechser Gallium) möglich, üblich sind 99,99 Prozent (Vierer Gallium), verpackt in PE-Flaschen zu 1 oder 2 Kilogramm. Gallium wird laut Expertenmeinung als eines der ersten Metalle weltweit knapp werden. Bis 2030 wird sich der Bedarf versechsfachen.

Germanium

Abb. 11.4: Germanium (© Jurii)

Germanium wurde von dem deutschen Chemiker Clemens Winkler (1838–1904) erstmals im Jahr 1886 in einem Silbererz aus einer Grube in Sachsen nachgewiesen und nach Deutschland, Germania, benannt. Dimitri Mendelejew, den Winkler im Jahr 1894 erstmals traf, hatte die Existenz des Elements vorhergesagt. 1920 wurde zwar im heutigen Namibia das erste reichere Germaniumvorkommen entdeckt, aber erst 1941 in den USA das erste reine Germanium gewonnen.

Die wichtigsten Eigenschaften von Germanium

Name, Symbol, Ordnungszahl: Germanium, Ge, 32
Massenanteil an der Erdhülle: 6×10^{-4} %
Dichte: 5,323 g/cm^3
Mohshärte: 6
Schmelzpunkt: 938,3 °C
Elektrische Leitfähigkeit: 1,45 A/V × m

Germanium ist ein sehr sprödes Metall und in Salzsäure und Schwefelsäure bei Raumtemperatur nicht löslich. Es ist sehr korrosionsbeständig und weist wie Gallium eine Dichteanomalie auf, wiegt also in festem Zustand weniger als in flüssigem Zustand. Es hat eine sehr geringe elektrische Leitfähigkeit.

Vorkommen

Germanium ist zwar weitverbreitet, kommt aber in Erzen nur in geringen Konzentrationen vor. Es ist ein Begleitmetall in Kupfer-, Blei- und Zinkerzen. Die Hauptvorkommen liegen in Afrika, genauer: im Kongo. 2004 belief sich die weltweite Germaniumproduktion auf nur rund 50 Tonnen, 35 Prozent davon entstammen dem Recycling.

Anwendungen

Germanium findet Verwendung als Halbleiter in der Elektronik, in Solarzellen und in optischen Gläsern für Nachtsichtgeräte und Infrarotkameras. In vielen Anwendungen als Halbleiter, Transistoren beispielsweise, wurde Germanium von dem preiswerteren Silizium ersetzt. In Verbindung mit Gold setzt es dessen Schmelzpunkt herab, in Verbindung mit Aluminium erhöht es dessen Härte.

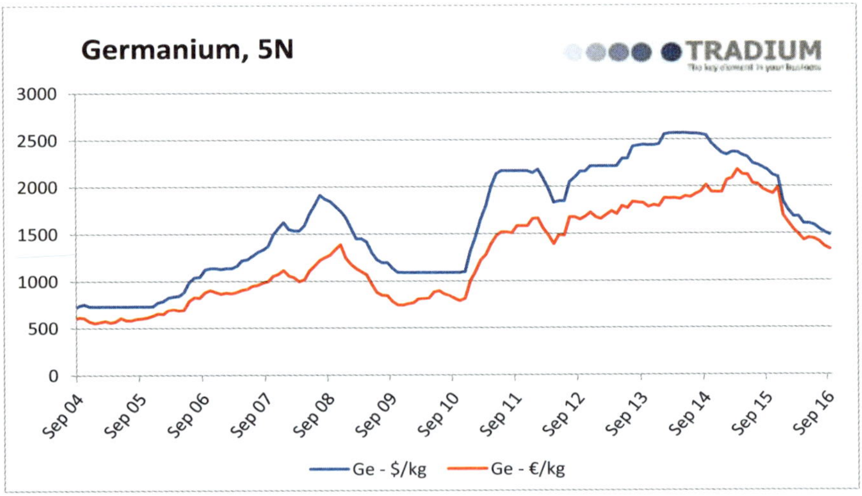

Abb. 11.5: Preisentwicklung von Germanium

Liefer- und Anlageaspekte

Germanium ist etwa dreimal teurer als Gallium. Geliefert wird es mit einer Reinheit von 99,999 Prozent (Fünfer Germanium) in Barren oder Stücken zu 1 bis 2 Kilogramm.

Hafnium

Abb. 11.6: Hafnium (© Deglr6328 at the English language Wikipedia)

Hafnium ist eines der zuletzt entdeckten Elemente, von dessen Existenz Wissenschaftler, unter anderem Niels Bohr, schon vorher durch Berechnungen in Verbindung mit dem Periodensystem überzeugt waren. Erst 1922 wurde es in Kopenhagen von dem ungarischen Chemiker George Charles de Hevesy (1885–1966) gemeinsam mit dem niederländischen Physiker Dirk Coster (1898–1950) aus zirkoniumhaltigem Mineral isoliert. Hafnium ist benannt nach dem lateinischen Namen für Kopenhagen, *Hafnia*.

De Hevesy ist einer der Begründer der Radiochemie. Mit seinem Namen ist folgende Geschichte verbunden: Nachdem der Nationalsozialismuskritiker Carl von Ossietzky 1935 den Friedensnobelpreis erhalten hatte, wurde Deutschen das Tragen oder Annehmen von Nobelpreisen verboten. Daraufhin vertrauten die deutschen Physiker und Nobelpreisträger Max von Laue und James Franck ihre Medaillen dem dänischen Physiker und Nobelpreisträger Niels Bohr an, der sie nach Kopenhagen brachte, um sie vor deutscher Konfiszierung zu retten. 1940 allerdings besetzten deutsche Truppen Kopenhagen und George de Hevesy löste die beiden goldenen Nobelpreismedaillen in Königswasser auf, um sie erneut vor einer Beschlagnahme zu schützen. Nach Kriegsende extrahierte de Hevesy das Gold und gab es der Königlich Schwedischen Akademie der Wissenschaften, die daraus neue Medaillen herstellte und diese wieder den Herren von Laue und Franck überreichte. 1943, also noch zu NS-Zeiten, erhielt de Hevesy selbst den Nobelpreis für Chemie.

Die wichtigsten Eigenschaften von Hafnium

Name, Symbol, Ordnungszahl: Hafnium, Hf, 72
Massenanteil an der Erdhülle: $4{,}9 \times 10^{-4}$ %
Dichte: 13,31 g/cm^3
Mohshärte: 5,5
Schmelzpunkt: 2233 °C
Elektrische Leitfähigkeit: $3{,}12 \times 10^6$ A/V × m

Hafnium ist ein weiches Schwermetall, das sich gut walzen und schmieden lässt. Es ist in seinen chemischen, nicht aber seinen physikalischen Eigenschaften dem Zirkonium ähnlich. Hafnium ist ein Elektronenfänger, Zirkonium dagegen ist durchlässig. Hafnium ist sehr korrosions- und säurefest.

Vorkommen

Hafnium kommt nicht gediegen vor, sondern nur in Zirkoniummineralen. Die wichtigsten Lagerstätten befinden sich in Südafrika und Australien. Hafnium muss in aufwendigen Verfahren vom Zirkonium abgetrennt werden.

Anwendungen

Hafnium ist selten und teuer. Damit sind seine Anwendungen auf Hochtechnologien begrenzt. In Legierungen mit Niob, Molybdän und Wolfram werden sehr hohe Schmelzpunkte und Festigkeiten erzielt. Außerdem wird es eingesetzt als Steuerstabmaterial in Kernreaktoren zur

Regulierung der Kettenreaktion. In der Lasertechnologie wird Hafnium in Laserköpfen eingesetzt. Zunehmend spielt Hafnium auch in der Halbleitertechnik eine Rolle.

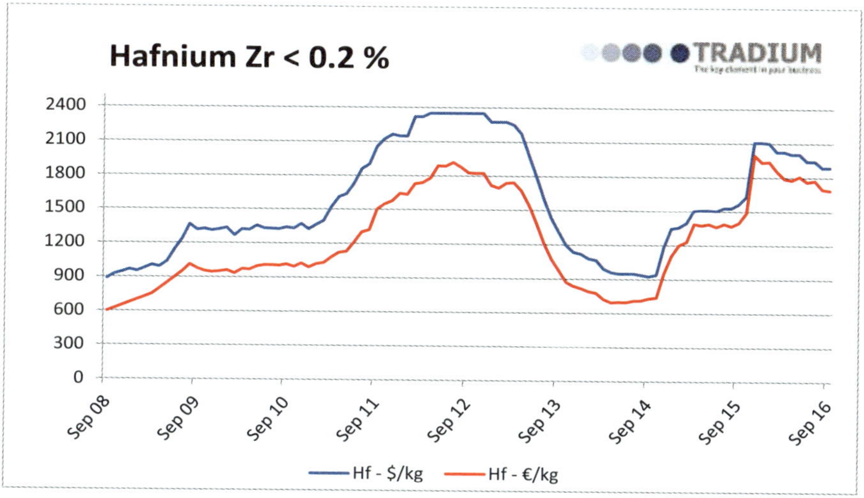

Abb. 11.7: Preisentwicklung von Hafnium

Liefer- und Anlageaspekte

Hafnium wird immer mit einem mehr oder weniger großen Anteil an Zirkonium gehandelt. Die Reinheit für beide Anteile zusammen ist 99,9 Prozent. Der Zirkoniumanteil beträgt meist bis zu 2,5 Prozent; für die Nuklearindustrie gibt es auch Sonderformen mit 0,3 Prozent. Die Weltjahresproduktion schätzt man auf 50 bis 70 Tonnen. In einer aufsehenerregenden Presseerklärung hat Intel, der Weltmarktführer bei Halbleitern, neue Prozessoren auf Basis von Hafnium anstelle des seit über 40 Jahren verwendeten Siliziums vorgestellt. Auf einem Hafnium-Chip lassen sich mehr Transistoren unterbringen, er spart somit Strom.

Hafnium wird üblicherweise geliefert in Stücken in 50-Kilogramm-Fässern mit einer Reinheit von 99,9 Prozent Hf+Zr und maximal 2,5 Prozent Zirkonium.

Indium

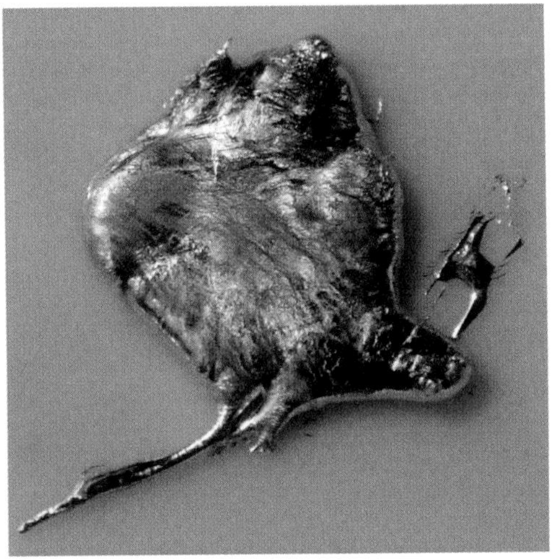

Abb. 11.8: Indium (© Jurii)

Indium wurde 1863 von den deutschen Chemikern Ferdinand Reich (1799–1882) und Theodor Richter (1824–1898) entdeckt, und zwar durch eine unerwartete indigoblaue Spektrallinie bei der Untersuchung einer Probe. Dieses neue Element konnte dann extrahiert werden und wurde – nach seiner Spektralfarbe Indigo – Indium genannt. Reich war außerdem Physiker und führte Fallexperimente zum Nachweis der Erdrotation durch. Richter war an der Bergakademie Freiberg Professor für »Lötrohrprobierkunst«, ein Verfahren zur Spektralanalyse.

Die wichtigsten Eigenschaften von Indium

Name, Symbol, Ordnungszahl: Indium, In, 49
Massenanteil an der Erdhülle: 1×10^{-5} %
Dichte: 7,31 g/cm^3
Mohshärte: 1,2
Schmelzpunkt: 156,6 °C
Elektrische Leitfähigkeit: $12{,}5 \times 10^6$ A/V × m

Indium ist ein sehr weiches Schwermetall, weicher als Blei. Auch sein Schmelzpunkt ist niedriger. Es ist aber nicht toxisch. Ähnlich wie bei Zinn den Zinnschrei hört man beim Verbiegen eines Indiumstabs ein knisterndes Geräusch. Flüssiges Indium hinterlässt auf Glas ähnlich wie Gallium eine dauerhafte Benetzung.

Vorkommen

Indium findet sich hauptsächlich in Zink- und Kupfererzen in Australien, Südamerika, Russland, Afrika und in den USA. Die Gewinnung ist sehr aufwendig. Indium zählt wegen der hohen Nachfrage und dem geringen Angebot zu den knappsten Rohstoffen der Welt. Heute ist der größte Indiumproduzent China. Das wichtige Recycling übertrifft mittlerweile die Primärproduktion aus Lagerstätten.

Indium wird meist gemeinsam mit dem Hauptmetall Zink gefördert. Das kann zu einem Problem werden, weil eine große Nachfrage nach Indium keine große Nachfrage nach Zink begleiten muss.

Anwendungen

Indium wird verwendet in Kernreaktoren, als Lot für Halbleiter und als Ersatz für das giftige Blei, wo dies möglich und wirtschaftlich vertretbar ist. In der Nanotechnologie spielen Indiumverbindungen eine große Rolle. 65 Prozent der Indiumproduktion werden in der Verbindung Indiumzinnoxid verwendet, welches seine Hauptanwendung in Flachbildschirmen, Touchscreens und Solarzellen findet. Beschichtungen von Dünnschicht-Solarzellen bestehen hauptsächlich aus Indium. Diese Anwendungen sind der Hauptgrund für die Preisexplosion innerhalb weniger Jahre.

Eine neue Anwendung könnte sich für die Wasserstofferzeugung für Brennstoffzellen ergeben. Forschungen haben erste Resultate mit einem komplexen Werkstoff erzielt, der Indium enthält. Da Indium nicht giftig ist, wird es auch in niedrig schmelzenden Legierungen eingesetzt.

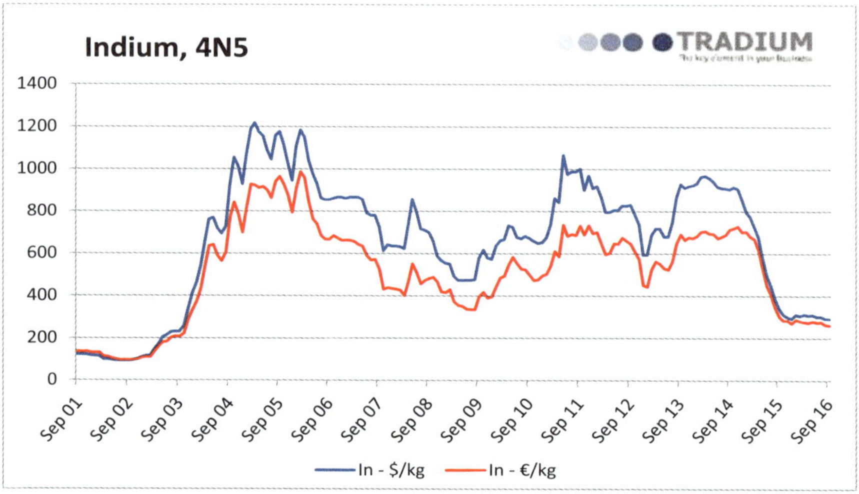

Abb. 11.9: Preisentwicklung von Indium

Die heute bekannten Reserven reichen rein rechnerisch bei gleichbleibender Produktion und gleichbleibendem Verbrauch nur noch für sechs Jahre.

Liefer- und Anlageaspekte

Unter allen Strategischen Metallen hat Indium eine Sonderstellung, weil es für eine Vielzahl von Anwendungen in heutigen Technologien in relativ großen Mengen benötigt wird, andererseits die verfügbaren Mengen jedoch stark begrenzt sind. Die derzeitige Jahresproduktion beträgt rund 500 Tonnen, benötigt werden aber jetzt bereits 900 Tonnen. Indium kann in hohen Reinheiten von 99,99999 Prozent (Siebener Indium) geliefert werden. Üblich sind aber 99,99 Prozent (Vierer Indium) in der Handelsform Barren zu 0,5 oder 1 Kilogramm.

Iridium

Das Element Iridium wurde 1803 zusammen mit Osmium von dem britischen Chemiker Smithson Tennant (1761–1815) als Verunreinigung in Platin entdeckt. Tennant stellte gemeinsam mit William Hyde Wollaston (1766–1828, siehe Rhodium) auch fest, dass Diamant reiner Kohlenstoff ist. Später kam Tennant durch einen Reitunfall ums Leben.

Benannt wurde das Element Iridium nach dem griechischen Wort *iris*, »Regenbogen«, was sich aus der Farbvielfalt seiner Verbindungen herleitet. Iridium ist seltener als Gold und Platin und gehört zu den schweren Platinmetallen.

Die wichtigsten Eigenschaften von Iridium

Name, Symbol, Ordnungszahl: Iridium, Ir, 77
Massenanteil an der Erdhülle: 1×10^{-7} %
Dichte: 22,56 g/cm^3
Mohshärte: 6,5
Schmelzpunkt: 2466 °C
Elektrische Leitfähigkeit: $19{,}7 \times 10^6$ A/V × m

Iridium hat die zweithöchste Dichte aller Elemente und den zweithöchsten Schmelzpunkt unter den Platingruppenmetallen (PGM). Iridium hat eine hohe Festigkeit und Härte, weshalb eine Umformung nur bei hohen Temperaturen, etwa 1100 bis 1500 °C, erfolgt. Eine Bearbeitung, zum Beispiel Drehen und Fräsen, ist aufgrund der Sprödigkeit des Metalls praktisch nicht möglich. Gegen Korrosion wird Iridium als beständigstes Metall bezeichnet, gegen Säuren inklusive Königswasser ist es resistent.

Vorkommen

Die einzigen Vorkommen des seltensten Edelmetalls Iridium mit wirtschaftlicher Bedeutung sind die edelmetallhaltigen Nickel-/Kupfersulfid-Erze des Bushveld Complex in Südafrika. Hier findet es sich unter anderem auch gediegen in Legierung mit Osmium als *Iridosmium* (ca. 70 Prozent Iridium). Sekundäre Quellen von Iridium im Recycling sind vor allem die Aufarbeitung verbrauchter Reforming-Katalysatoren, in denen Iridium neben Platin als Promotor enthalten sein kann.

Anwendungen

Iridium wird als Bestandteil in Legierungen mit den restlichen PGM, vornehmlich mit Platin selbst, verwendet. Iridium verleiht den Legierungen eine höhere Härte und Korrosionsbeständigkeit. Bauteile und Halbzeuge aus Platin-Iridium-Legierungen werden zum Beispiel für die chemische Industrie, die Raumfahrttechnik sowie für Zündkerzenelektroden hergestellt. Das Urkilogramm und das Urmeter in Paris sind Platin-Iridium-Legierungen. Wegen der ausgezeichneten Körperverträglichkeit gibt es vielfältige Platin-Iridium-Produkte für die Medizintechnik und im Schmuckbereich für stark beanspruchte Teile. Aufgrund der Temperaturstabilität und der hohen Korrosionsbeständigkeit des Metalls werden Teile für Hochtemperaturanwendungen aus Iridium gefertigt. Iridium-Gamma-Strahlungsquellen werden in Kernreaktoren aktiviert und dienen der Materialuntersuchung. Iridium-Katalysatoren kommen in Satelliten- und Raketentriebwerken zum Einsatz.

Magnesium

Magnesium ist eines der häufigsten Elemente. Als Entdecker gilt der schottische Physiker und Chemiker Joseph Black (1728–1799), der 1755 den Unterschied zwischen Calciumcarbonat und Magnesiumcarbonat erkannte, elementares Magnesium aber noch nicht herstellen konnte. Der Erfinder der Dampfmaschine, James Watt (siehe Kapitel 6), war Joseph Blacks Assistent und Schüler und baute auf dessen Untersuchungen des Wasserdampfs auf. Die Herstellung von reinem Magnesium war ein langer Weg und ist verbunden mit Namen wie Humphry Davy (1808), Antoine Bussy (1828), Michael Faraday (1833), Robert Wilhelm Bunsen (1852) und Henri Etienne Sainte-Claire Deville und Henri Caron (1857).

Die wichtigsten Eigenschaften von Magnesium

Name, Symbol, Ordnungszahl: Magnesium, Mg, 12
Massenanteil an der Erdhülle: 1,94 %
Dichte: 1,738 g/cm^3
Mohshärte: 2,5
Schmelzpunkt: 650 °C
Elektrische Leitfähigkeit: 22,7 × 10^6 A/V × m

Elementares Magnesium ist ein sehr leichtes Metall mit geringer Festigkeit, das sich kalt schwer verarbeiten lässt. Meist wird es gegossen. Es oxidiert schnell an der Luft; in Wasser bildet sich Magnesiumhydroxid. Mit Schwefel- und Salzsäure reagiert Magnesium sehr stark, es wird leicht entzündlicher Wasserstoff frei. Generell ist Magnesium leicht entzündlich, als Pulver sogar selbstentzündlich!

Vorkommen und Anwendungen

Magnesium kommt nur als Mineral vor. Ein häufiges Mineral, das *Dolomit*, ist Namensgeber für die Dolomiten, die zu einem großen Teil daraus bestehen. In Wasser gelöst, ist Magnesium neben Calcium ein Härtebildner. In Meerwasser findet es sich in großen Mengen. Die Gewinnung von reinem Magnesium ist sehr energieaufwendig. Der bedeutendste Hersteller ist China.

Metallisches Magnesium findet überall dort Anwendung, wo seine Entzündlichkeit genutzt werden kann, also beispielsweise in Brandsätzen, Munition, Blitzlichtpulver et cetera. Magnesiumlegierungen werden zur Gewichtseinsparung genutzt; als Aluminiumzusatz erhöht es dessen Härte. Deshalb findet man Magnesiumlegierungen vor allem im Automobilbau. Dort wird auch eine weitere Eigenschaft geschätzt: Magnesiumlegierungen sind schwingungsdämpfend.

Mangan

Mangan ist eine Verkürzung des Begriffs »Magnesia«, schwarzes Magnesium, um eine Verwechslung zu vermeiden. Das Wort Mangan kommt aus dem Altgriechischen und bedeutet so viel wie »Ich entfärbe wirklich«.

Manganverbindungen werden schon seit Tausenden von Jahren von Menschen genutzt, ohne das Metall selbst zu kennen. In Höhlen fand man Manganpigmente in Wandmalereien. Der Chemiker Johann Rudolph Glauber (1604–1670), der auch die abführende Wirkung von Natriumsulfat entdeckte und damit das nach ihm benannte *Glaubersalz,* entdeckte im 17. Jahrhundert das *Permanganat.* Glauber wurde als erster industrieller Chemiker bezeichnet, der von diesem »Beruf« leben konnte. Er erblindete und erlahmte – wahrscheinlich infolge einer Vergiftung mit Arsen oder Quecksilber – bei seinen Versuchen.

1774 erkannte der deutsch-schwedische Chemiker Carl Wilhelm Scheele (1742–1786), dass in Braunstein ein unbekanntes Metall enthalten sein müsse, und im gleichen Jahr gelang es dann dem Schweden Johan Gottlieb Gahn (1745–1818), metallisches Mangan zu isolieren. Gahn verdanken wir auch die Erkenntnis, dass das Element Phosphor ein wichtiger Bestandteil von Knochen ist. Scheele wurde in Stralsund geboren, das seit dem Dreißigjährigen Krieg zu Schweden gehörte. Er entdeckte die beiden Hauptelemente der Luft: Stickstoff und Sauerstoff.

Die wichtigsten Eigenschaften von Mangan

Name, Symbol, Ordnungszahl: Mangan, Mn, 25
Massenanteil an der Erdhülle: 0,09 %
Dichte: 7,47 g/cm^3
Mohshärte: 6
Schmelzpunkt: 1244 °C
Elektrische Leitfähigkeit: 0,695 × 10^6 A/V × m

Mangan ist ein hartes und sprödes Schwermetall, das in vielen Eigenschaften dem Eisen ähnelt. Es ist relativ unbeständig und wird von Wasser und verdünnten Säuren angegriffen. An Luft oxidiert es. Mangan ist zudem ein schlechter Stromleiter.

Vorkommen und Anwendungen

Mangan ist ein sehr häufiges Element, kommt aber nicht gediegen vor. Es wird in Afrika, Australien, China, Brasilien und Indien aus Erzen gewonnen. Zukünftig interessant für eine Gewinnung können die auf dem Meeresboden in mehreren Tausend Metern Tiefe liegenden *Manganknollen* sein, die zu etwa 25 Prozent aus Mangan bestehen. Allein im Pazifik vermutet man rund 100 Millionen Tonnen. Internationale Konsortien haben bereits begonnen, Verfahren zur Förderung zu entwickeln.

Mangan in reiner Form hat kaum Anwendungen. Fast das gesamte Mangan wird in der Stahlherstellung zur Verbesserung vieler Eigenschaften eingesetzt: Schmelzpunkt, Korrosion, Festigkeit, Härte, Ausdehnung et cetera. Manganverbindungen lassen Farben schneller trocknen und werden somit als sogenannte *Sikkative* (Trocknungsmittel) genutzt.

Molybdän

Molybdän leitet sich ab von dem griechischen Molybdaena, Bleiglanz, mit dem Molybdänglanz lange verwechselt wurde.

Dem deutsch-schwedischen Apotheker und Chemiker Carl Wilhelm Scheele (1742–1786, siehe Mangan) gelang es 1778, aus Molybdänglanz Molybdäntrioxid herzustellen, aus dem 1782 wiederum der schwedische Chemiker Peter Jacob Hjelm (1746–1813) elementares Molybdän gewinnen konnte. Hjelm war Leiter der Königlich Schwedischen Münze und der Schwedischen Akademie der Wissenschaften (siehe Hafnium), die heute noch die Nobelpreise für Physik und Chemie verleiht.

Die wichtigsten Eigenschaften von Molybdän

Name, Symbol, Ordnungszahl Molybdän, Mo, 42
Massenanteil an der Erdhülle 1×10^{-3} %
Dichte 10,28 g/cm^3
Mohshärte 5,5
Schmelzpunkt 2623 °C
Elektrische Leitfähigkeit $18{,}7 \times 10^6$ A/V × m

Molybdän ist hochfest, zäh, hart und hat einen sehr hohen Schmelzpunkt. Es lässt sich zwar plastisch verformen, wird jedoch bei kleinster Verunreinigung mit Stickstoff oder Sauerstoff spröde. Es lässt sich leicht mit vielen anderen Metallen legieren.

Vorkommen und Anwendungen

Elementar kommt Molybdän nicht vor, sondern zumeist als das Mineral *Molybdänglanz*. Die Hauptmenge jedoch wird aus dem Nebenprodukt *Molybdänit* im Kupferbergbau gewonnen. Hauptvorkommen finden sich in Nord- und Südamerika, China und Kanada.

Reines Molybdän ist ein sehr hitzebeständiger Werkstoff für Widerstände, Elektroden und Glühdrähte. Verwendet wird es aber hauptsächlich in Legierungen zur Verbesserung der Festigkeit, Korrosions- und Hitzebeständigkeit sowie als Katalysator zur Entschwefelung. In beiden Weltkriegen war die Nachfrage zur Herstellung von Waffen, etwa Kanonenrohre, groß, fiel danach aber ab.

Molybdändisulfid ist ein auch bei hohen Temperaturen belastbares Schmiermittel.

Niob

Niob wurde 1801 von dem englischen Chemiker Charles Hatchett (1765–1847) in England entdeckt. Seine Liebe zur Chemie und zur Mineralogie entwickelte sich während einer Reise nach Sankt Petersburg, als er eine im Kutschbau-Unternehmen seines Vaters gebaute Kutsche für Katharina die Große persönlich ablieferte. Nach vielen Entdeckungen auf dem Gebiet der Mineralogie und Chemie, durch die er Vizepräsident der Royal Institution of Great Britain wurde, zog er sich aus der Naturwissenschaft zurück. Er wurde berühmt als Sammler von Kunst, Büchern, Manuskripten und Musikinstrumenten. Seit 1979 gibt es den Charles-Hatchett-Preis für besondere Forschungen über Niob. Da Hatchett Niob in einem Columbiterz fand, bezeichnete er das Element, bei dem es sich eigentlich um zwei handelte, als *Columbium*. Aufgrund der großen chemischen und physikalischen Ähnlichkeit von Tantal und Niob konnte der deutsche Mineraloge Heinrich Rose (1795–1864) erst 1844 beweisen, dass es sich um verschiedene Elemente handelt. Rose hatte dabei keine Kenntnis von den Arbeiten Hatchetts. Er nannte das Element Niob nach der mythologischen griechischen Figur Niobe, Tochter des Tantalos – wegen der Ähnlichkeit von Niob und Tantal. Erst 1864 gelang dem schwedischen Chemiker Christian Wilhelm Blomstrand (1826–1897) aus Niobchlorid die Reduktion zu metallischem Niob.

Die wichtigsten Eigenschaften von Niob

Name, Symbol, Ordnungszahl: Niob, Nb, 41
Massenanteil an der Erdhülle: $1{,}8 \times 10^{-3}$ %
Dichte: 8,57 g/cm^3
Mohshärte: 6
Schmelzpunkt: 2477 °C
Elektrische Leitfähigkeit: $6{,}93 \times 10^6$ A/V × m

Niob ist ein bis 250 °C luftbeständiges, durch eine dünne Oxidschicht sich selbst schützendes, sehr weiches und gut umformbares Metall. Bei Temperaturen über 250 °C reagiert Niob mit Sauerstoff, Stickstoff, Wasserstoff und Kohlenstoff und setzt daher eine Bearbeitung über dieser Temperatur im Vakuum oder unter Schutzgas voraus. Bei einer Temperatur unterhalb -263,69 °C ist Niob supraleitend. Es kann leicht Gase aufnehmen, beispielsweise 100 cm^3 Wasserstoff auf 1 g Niob.

Vorkommen und Anwendungen

Die bedeutendsten Lagerstätten befinden sich in Brasilien (ca. 85 Prozent), Kanada, Afrika und Australien. Niob kommt in seinen Mineralien immer verschwistert mit Tantal vor. Daher muss zur Herstellung von Niob das Tantal nach dem Auflösen des Erzkonzentrats durch aufwendige Extraktion abgetrennt werden.

Rund 85 Prozent der Jahresweltproduktion (im Jahr 2006 etwa 55 000 Tonnen) werden als Ferroniob für Bau- sowie hochwarmfeste Stähle verwendet. Weitere 10 Prozent werden mit Niob und Cobalt zu Superlegierungen für Gasturbinen und Flugzeugtriebwerke verarbeitet. Nur etwa 3 bis 4 Prozent werden als hochreines Metall, Legierung oder Keramik benötigt. Nb_3Sn, eine Niob-Zinn-Verbindung, wird für supraleitfähige Kabel in Hochleistungsmagneten eingesetzt. Bei vielen Anwendungen, die Tantal benötigten, kann mittlerweile das teure Tantal durch das preiswertere Niob ersetzt werden.

Osmium

1804 wurde Osmium zusammen mit Iridium von dem englischen Chemiker Smithson Tennant (1761–1815, siehe Iridium) entdeckt, als er Rückstände von in Königswasser aufgelöstem Platin untersuchte. Osmium leitet sich ab von dem altgriechischen Wort *osme* für Geruch, da Osmiumtetroxid stechend nach Rettich riecht. Es ist hochgiftig.

Die wichtigsten Eigenschaften von Osmium

Name, Symbol, Ordnungszahl: Osmium, Os, 76
Massenanteil an der Erdhülle: 1×10^{-6} %
Dichte: 22,59 g/cm^3
Mohshärte: 7
Schmelzpunkt: 3130 °C
Elektrische Leitfähigkeit: $10{,}9 \times 10^6$ A/V × m

Osmium ist sehr hart, gehört zu den schweren Platinmetallen und hat von allen Elementen noch vor Iridium das höchste spezifische Gewicht (es ist doppelt so schwer wie Blei!). Osmium hat von allen Platinmetallen den höchsten Schmelzpunkt. Osmium und seine Verbindungen sind giftig.

Vorkommen

Osmium ist sehr selten und kommt meist zusammen mit den anderen Platinmetallen vor. Es kann gediegen vorkommen, ist aber meist gebunden und findet sich in Kupfer-, Nickel-, Chrom- und Eisenerzen. Die wichtigsten Vorkommen finden sich in Kanada, Russland und Südafrika. Die Gewinnung ist sehr aufwendig, man schätzt die weltweite Produktionsmenge auf gerade einmal 100 Kilogramm pro Jahr.

Anwendungen

Der Firmen- und Markenname Osram, den Carl Freiherr Auer von Welsbach (1858–1929, siehe S. 257) kreierte, gibt schon einen Hinweis auf die Verwendungsmöglichkeiten. Osram setzt sich zusammen aus Osmium und Wolfram – beide Metalle wurden früher für Glühfäden genutzt. Aufgrund des hohen Preises für Osmium und seiner Giftigkeit ist diese Anwendung heute Wolfram vorbehalten. In der Nukleartechnik werden radioaktive Osmium-Isotope genutzt. Osmium findet sich nur noch in Platinlegierungen zur Erhöhung der Härte in wenigen Anwendungen für Herzklappen, Abtastnadeln, Füllhalterspitzen und andere.

Quecksilber

Quecksilber ist das einzige Metall und neben Brom das einzige Element, das unter Normalbedingungen flüssig ist. Seine hohe Oberflächenspannung sorgt dafür, dass es Unterlagen nicht benetzt, sondern tropfenförmig darauf perlt. Es dehnt sich bei Erwärmung stark aus. Quecksilber bedeutet so viel wie flüssiges, lebendiges Silber (jemand ist quicklebendig!). Es ist seit dem Altertum bekannt, in der griechischen Götterwelt symbolisiert es den Planeten und den Gott Merkur. Daher kommt der englische Name für Quecksilber: *mercury*. 1911 wurde von dem niederländischen Physiker und Nobelpreisträger Heike Kamerlingh Onnes (1853–1926) mittels Quecksilber das Phänomen der Supraleitung entdeckt. Im Mittelalter galten Quecksilber, Schwefel und Salz als die drei Hauptelemente. Die Abkürzung Hg leitet sich ab von dem lateinischen *hydrargyrum*, flüssiges Silber.

Im Sinne von quicklebendig wurde der englische Name Mercury für viele Anwendungen genutzt: als Automarke, als Bootsmotorenmarke, als Windows-Mailserver, als Nähmaschinenmarke, als Hotelmarke, als Weltraumkapseltyp und – wohl am bekanntesten – als Künstlername für den unvergessenen Freddie Mercury (1946–1991), geboren als Farrokh Bulsara auf Sansibar.

Die wichtigsten Eigenschaften von Quecksilber

Name, Symbol, Ordnungszahl: Quecksilber, Hg, 80
Massenanteil an der Erdhülle: 4×10^{-5} %
Dichte: 13,55 g/cm^3
Mohshärte: ohne, da flüssig
Schmelzpunkt: –38,83 °C
Elektrische Leitfähigkeit: $1{,}04 \times 10^6$ A/V × m

Quecksilber ist ein Schwermetall, es bildet mit vielen anderen Metallen Amalgame. Es ist flüssig und verdunstet schon bei Raumtemperatur. Insbesondere beim Einatmen wirkt es stark toxisch. Auch viele Verbindungen sind giftig, Quecksilber findet sich ungewollt oft in Nahrungsmitteln. Es ist etwa 13,5-mal schwerer als Wasser, somit schwimmen auch Gegenstände aus schweren Materialien darin, beispielsweise Eisenwürfel.

Vorkommen und Anwendungen

Quecksilber kommt auch gediegen vor, hauptsächlich jedoch als Mineral in Zinnober. Dieses findet man in Amerika, Russland, China, Italien und Nordafrika. Die Gewinnung ist relativ einfach. Man lässt Zinnober (HgS), also eine Verbindung aus Quecksilber und Schwefel, unter Erhitzung mit Sauerstoff reagieren.

Quecksilber hat viele Anwendungen. Es dient in Thermometern und Manometern als Messmedium, als Neigungsschalter in elektrischen Anwendungen, in Quecksilberdampflampen, als Amalgam in Zahnfüllungen, in Batterien et cetera. Auch in der Goldwäsche wird es zur Abtrennung verwendet, was zu erheblichen Umweltproblemen geführt hat.

Rhenium

Abb. 11.10: Rhenium (© Jurii)

Auch der russische Chemiker Dmitri Iwanowitsch Mendelejew (1834–1907, siehe Scandium) arbeitete an der Systematik der Elemente, die heute als Periodensystem bekannt ist. In diesem Zusammenhang sagte er bereits 1871 die Existenz des Metalls Rhenium voraus. Nachgewiesen als letztes natürliches Element wurde Rhenium erst 1928 von Walter Noddack (1893–1960), seiner mehrmals vergebens für den Nobelpreis vorgeschlagenen Frau Ida Noddack-Tacke (1896–1978) und Otto Berg (1873–1939). Das Element wurde nach dem Fluss Rhein (lat. Rhenus) benannt. Dieses seltene Übergangsmetall befindet sich zwischen den Refraktärmetallen und den Metallen der Platingruppe in der Mangangruppe des Periodensystems.

Abb. 11.11: Ida Noddack-Tacke (© Wikimedia Commons/Dome_de aus der deutschsprachigen Wikipedia)

Noddack, seine Frau und Otto Berg berichteten auch schon von einem Element namens *Masurium* (von »Masuren«, der Heimat Noddacks), dessen Entdeckung aber zunächst nicht anerkannt wurde. Seit 1937 heißt es *Technetium* (vom altgriechischen Wort für »künstlich«), gehört zu den Übergangsmetallen und war das erste künstlich hergestellte Element.

Die wichtigsten Eigenschaften von Rhenium

Name, Symbol, Ordnungszahl: Rhenium, Re, 75
Massenanteil an der Erdhülle: 1×10^{-7} %
Dichte: 21,02 g/cm^3
Mohshärte: 7 bis 8
Schmelzpunkt: 3186 °C
Elektrische Leitfähigkeit: $5{,}56 \times 10^6$ A/V × m

Rhenium ist ein hartes Metall. Bereits bei leicht erhöhter Temperatur (300 °C) oxidiert Rhenium an Luft. Damit ist die Warmverarbeitung praktisch nicht möglich. Alle Glühungen müssen unter Schutzgasatmosphäre oder im Vakuum erfolgen. Rhenium fällt als Nebenprodukt der Molybdängewinnung aus Kupfererzen an. Im Periodensystem liegt Rhenium zwischen dem Refraktärmetall Tantal einerseits und den Platingruppenmetallen Osmium, Iridium und Platin andererseits. Es zeigt typische Eigenschaften beider Metallklassen wie zum Beispiel einen sehr hohen Schmelzpunkt, hohe Dichte sowie einen sehr hohen Elastizitätsmodul.

Vorkommen und Anwendungen

Die wichtigsten Rheniumvorkommen finden sich in Molybdänsulfiderzen, wobei Chile hier knapp die Hälfte der Weltproduktion (etwa 50 Tonnen gesamt in 2006) liefert, gefolgt von den USA und Kasachstan. Rhenium schlägt sich beim Rösten der Molybdänerze in der Flugasche nieder, die in Wäschern aufgefangen wird. Wichtige sekundäre Quellen von Rhenium sind ferner das Recycling gebrauchter Katalysatoren aus der Petrochemie und rheniumhaltige Superlegierungen.

Rhenium ist ein wichtiges Legierungselement in vielen Werkstoffen für den Hochtemperatureinsatz. Die am höchsten belasteten

Turbinenschaufeln in modernen Triebwerken und Gasturbinen bestehen aus Legierungen, die 3 bis 6 Prozent Rhenium enthalten. Etwa gleichwertig in seiner Bedeutung ist die Verwendung als Katalysator bei der Herstellung von Benzin mit hoher Oktanzahl.

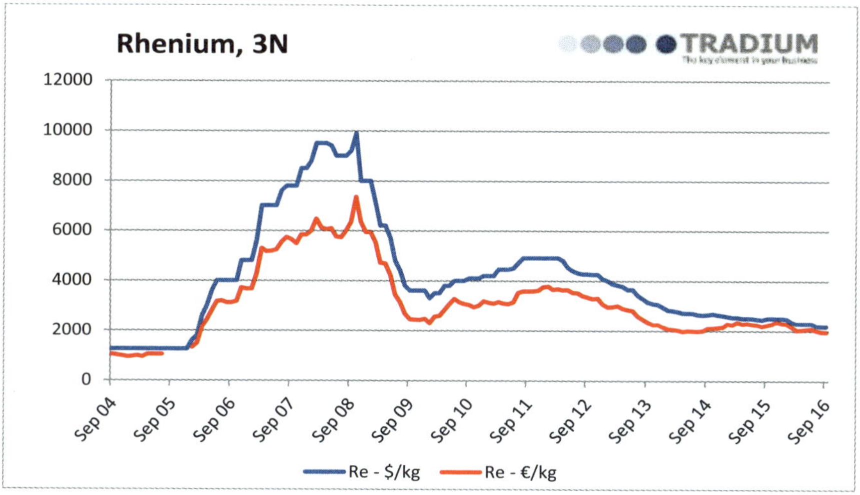

Abb. 11.12: Preisentwicklung von Rhenium

Liefer- und Anlageaspekte

Rheniumpulver wird üblicherweise im Sinterverfahren zu 10 bis 20 Millimeter großen Tabletten gepresst und in 10-Kilogramm-PE-Behältern unter Argon verpackt. Die übliche Reinheit beträgt 99,9 Prozent.

Rhodium

Das seltene Übergangsmetall Rhodium wurde im Jahr 1803 von dem englischen Wissenschaftler William Hyde Wollaston (1766–1828) gemeinsam mit Palladium entdeckt. Rhodium gehört zusammen mit Ruthenium zu den leichten Platinmetallen. Das silberweiße Metall erhielt seinen Namen nach der rosenroten Farbe seiner Verbindungen in Anlehnung an das griechische Wort *rhódon* (Rose).

Wollaston war Mediziner, Chemiker und Physiker, entdeckte schon 1802 Absorptionslinien im Sonnenspektrum und entwickelte das Refraktometer, ein Gerät, mit dessen Hilfe man über die Lichtbrechung die Konzentration beispielsweise des Zuckergehalts von Trauben bei der Weinernte, die Öchslegrade, bestimmen kann. Ein Mineral, ein See und ein Mondkrater sind nach ihm benannt.

Die wichtigsten Eigenschaften von Rhodium

Name, Symbol, Ordnungszahl: Rhodium, Rh, 45
Massenanteil an der Erdhülle: 1×10^{-7} %
Dichte: 12,45 g/cm^3
Mohshärte: 6
Schmelzpunkt: 1964 °C
Elektrische Leitfähigkeit: $23{,}3 \times 10^6$ A/V × m

Rhodium ist derzeit das teuerste Edelmetall. Es löst sich nicht in Salz-, Salpeter- und Schwefelsäure sowie in Königswasser. In fester Form ist es ein silberweiß, stark glänzendes Metall mit einem hohen Oberflächenglanz. Das Reflexionsvermögen, die Wärmeleitfähigkeit und die elektrische Leitfähigkeit sind höher als bei den anderen Platingruppenmetallen. Rhodium ist oberhalb von 200 °C gut verformbar.

Vorkommen

Mit rund 85 Prozent der Weltproduktion befinden sich die bedeutendsten Rhodiumvorkommen in den edelmetallhaltigen Nickel-/Kupfersulfid-Erzen des Bushveld Complex in Südafrika, das als Lagerstätte von weltpolitischer Bedeutung gilt. Von geringerer Bedeutung sind Vorkommen in Russland und Nordamerika. Die im Erz als Chalkogenide oder in Legierung vorliegenden Edelmetalle werden in einem aufwendigen Prozess gewonnen. Wichtige sekundäre Rhodiumquellen erschließen sich aus dem Recycling von Rückständen aus rhodiumhaltigen Legierungen.

Anwendungen

Rhodium wird vorwiegend als Katalysator eingesetzt. Etwa 90 Prozent der Jahresproduktion an Rhodium werden in der Automobilindustrie für Abgaskatalysatoren verbraucht. Katalysatornetze aus Platin-Rhodium-Legierungen werden in der chemischen Industrie bei der Kunstdünger- und Blausäureherstellung verwendet. Rhodium wird aufgrund des stark festigkeitssteigernden Effekts in Platinlegierungen gebraucht, die in großem Umfang für hochtemperaturfeste Bauteile für die Glasindustrie genutzt werden. Weiterhin wird es als Legierungselement in Platin-Rhodium-Thermoelementen und Iridium-Rhodium-Zündkerzenelektroden eingesetzt. Dünne Schichten aus Rhodium werden in hochwertigem Schmuck sowie in elektrischen Kontakten verwendet sowie als Röntgenfilter, um in Mammografiegeräten die optimale Wellenlänge zu erzielen.

Ruthenium

Der deutsche Chemiker und Physiker Gottfried Wilhelm Osann (1796–1866) und der schwedische Chemiker Jöns Jakob Berzelius (1796–1866, siehe Antimon) entdeckten Ruthenium bereits 1827, aber erst 1844 wurde dieses seltene Platinbegleitelement von dem deutsch-russischen Chemiker Karl Ernst Claus (1796–1864) eindeutig identifiziert. Wie bereits von Osann vorgeschlagen, nannte er es Ruthenium nach Ruthenia, der lateinischen Bezeichnung seines Heimatlands Russland. Osann studierte – das verdankte er dem Einfluss Goethes, einem Freund seines Vaters – Naturwissenschaften und wurde Professor an mehreren Universitäten. Er war liiert mit Adele Schopenhauer, der Schwester Arthur Schopenhauers, heiratete aber eine andere. Adele schrieb Jahre später ihrem Bruder: »Ich weiß nur Einen, den ich heirathen könnte ohne Widerwillen, und der ist verheirathet.«

Claus war Apotheker und ursprünglich an Pflanzenkunde interessiert. Deshalb schloss er sich einer wissenschaftlichen Expedition in den Ural an. Dort lernte er aber den Bergbau kennen und interessierte sich fortan mehr für Metallgewinnung und für Chemie, speziell die der Platinmetalle. So fand er das Ruthenium, das neben Rhodium zu den leichten Platinmetallen gehört.

Die wichtigsten Eigenschaften von Ruthenium

Name, Symbol, Ordnungszahl: Ruthenium, Ru, 44
Massenanteil an der Erdhülle: 2×10^{-6} %
Dichte: 12,37 g/cm^3
Mohshärte: 6,5
Schmelzpunkt: 2334 °C
Elektrische Leitfähigkeit: $13{,}7 \times 10^6$ A/V × m

Ruthenium ist ein hartes, sprödes Metall. Selbst bei hohen Temperaturen lässt es sich mit den üblichen Metallverarbeitungsprozessen nicht umformen. Bei Raumtemperatur ist es gegen Oxidation an der Luft beständig, bildet jedoch bei Temperaturen über 800 °C Oxide, die zum Teil flüchtig sind. Ruthenium ist gegen alle Mineralsäuren inklusive Königswasser beständig, wird jedoch von Alkalischmelzen angegriffen. Rutheniumtetroxid ist ein starkes und giftiges Oxidationsmittel, das einerseits in chemischen Prozessen Anwendung findet, andererseits aber auch mit organischen Stoffen explosionsartig reagieren kann.

Vorkommen

Die Rutheniumvorkommen mit der größten wirtschaftlichen Bedeutung sind die edelmetallhaltigen Nickel-/ Kupfersulfid-Erze des Bushveld Complex in Südafrika (siehe Rhodium). Die im Erz in Legierung vorliegenden Edelmetalle kommen immer mit anderen Platinmetallen vor und werden in einem aufwendigen Prozess angereichert. Nach dem Laugen erhält man ein Edelmetallkonzentrat. Vor der Trennung der einzelnen Edelmetalle wird dieses Konzentrat oxidativ in Salzsäure gelöst.

Das Recycling von Ruthenium aus dem Sputtertarget-Business ist eine bedeutende sekundäre Quelle, ebenso wie andere rutheniumhaltige Rückstände aus industriellen Anwendungen.

Anwendungen

Ruthenium ist Legierungsbestandteil von Platin und Palladium zur Erhöhung der Verschleißfestigkeit, in Titanlegierungen erhöht bereits ein kleiner Anteil von Ruthenium stark die Korrosionsbeständigkeit. Es wird als Katalysator eingesetzt sowie als Beschichtung von Festplatten und Solarzellen verwendet. In der Schmuckindustrie wird es zur galvanischen Veredelung von Oberflächen genutzt. Ruthenium kann große Mengen an Wasserstoff absorbieren.

Selen

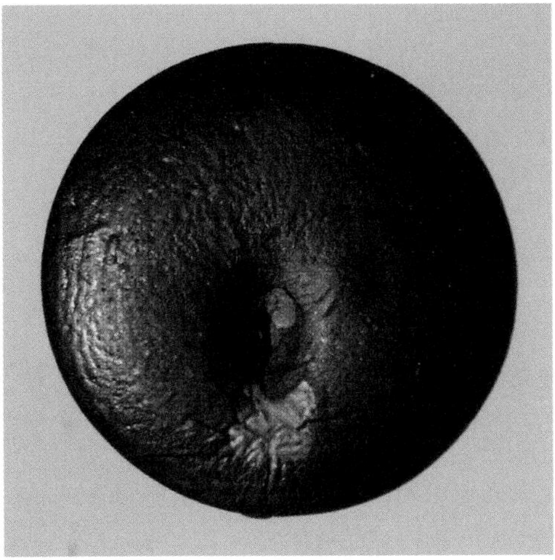

Abb. 11.13: Selen (© Wikimedia Commons/ Hi-Res Images of Chemical Elements)

Selen, griechisch »Mond«, wurde 1817 von Jöns Jakob Berzelius (1796–1866, siehe Antimon) im Schlamm von Bleikammern einer schwedischen Schwefelsäurefabrik entdeckt. Den Namen wählte er, weil der Schlamm auch das Element Tellur, Erde, enthielt. Selen gehört zu den Halbmetallen, im Periodensystem ist es auch als Nichtmetall aufgeführt. Es ist in höheren Dosen giftig. Selen ist ein essenzielles Spurenelement und lebensnotwendig für Stoffwechsel und Zellen.

Die wichtigsten Eigenschaften von Selen

Name, Symbol, Ordnungszahl: Selen, Se, 34
Massenanteil an der Erdhülle: $0{,}8 \times 10^{-6}$ %
Dichte: 4,79 g/cm^3
Mohshärte: 2
Schmelzpunkt: 221 °C
Elektrische Leitfähigkeit: 1×10^{-10} A/V × m

Selen zeigt einen photovoltaischen Effekt und ändert bei Belichtung seine elektrische Leitfähigkeit. Das chemische Verhalten ist dem von Schwefel ähnlich.

Vorkommen

Gediegenes Selen findet sich in kleinen Mengen, meist aber als Begleiter schwefelhaltiger Erze der Metalle Blei, Eisen, Gold, Kupfer und Zink. Selen kommt in mehreren Modifikationen vor. Es gibt sogenanntes rotes Selen, schwarzes Selen und graues, metallisches Selen, die häufigste Form. Selen wird meist als Nebenprodukt bei der Kupferherstellung gewonnen, oft gemeinsam mit Tellur.

Anwendungen

Selen wird in größeren Mengen in Verbindungen als Nahrungsergänzung verwendet und auch Futtermitteln für Nutztiere zugesetzt.

Ansonsten ist Selen ein wichtiges Element für die Elektronikindustrie. Es wird bei der Herstellung von Fotozellen sowie für Halbleiter und Gleichrichter verwendet. In der Stahlherstellung wird es als Legierungszusatz genutzt. Röntgendetektoren werden mit Selen beschichtet, in Batterien ist es Legierungsbestandteil, in der Glasindustrie dient es der Färbung und Entfärbung. In CIS (Kupfer-Indium-Diselenid) Dünnschicht-Solarzellen ist Selen Bestandteil und bewirkt einen geringeren Energieverbrauch.

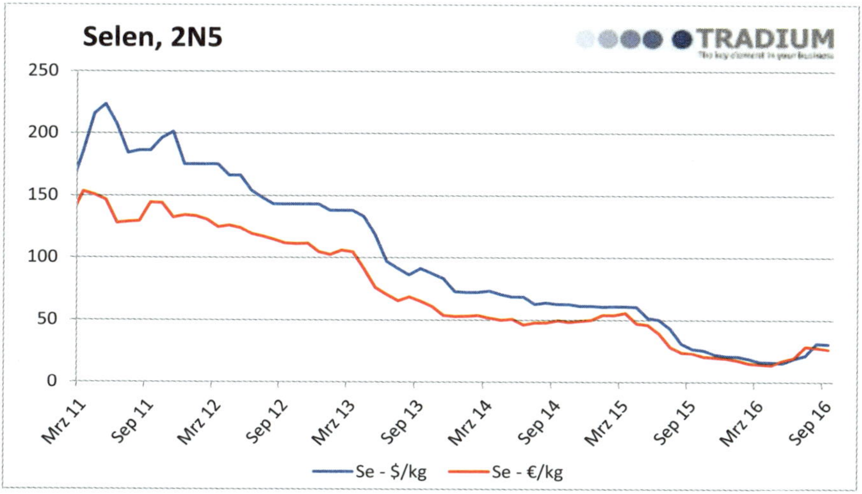

Abb. 11.14: Preisentwicklung von Selen

Liefer- und Anlageaspekte

Die gängige Lieferform ist Pulver mit einer Reinheit von 99,5 Prozent bis 99,9 Prozent und einer Korngröße von 200 mesh (ca. 0,3 Millimeter) oder Granulat von 1 bis 5 Millimeter. Auch der Selenpreis wird maßgeblich von dem Bedarf in China beeinflusst. In den vergangenen Jahren war er sehr volatil.

Silizium

Silizium ist ein ganz besonderer Stoff, ist er doch einerseits in riesigen Mengen vorhanden, andererseits erst nach aufwendiger Isolation nutzbar und in der heutigen Welt einer der wichtigsten Rohstoffe. Silizium leitet sich ab von dem lateinischen Wort *silex* für Kieselstein. Silizium ist ein Halbmetall, weist also sowohl metallische als auch nicht metallische Eigenschaften auf. Silizium ist nach Sauerstoff das zweithäufigste Element, etwa 25 Prozent der Erdkruste bestehen aus Siliziumverbindungen. Man findet auf Deutsch auch die Schreibweise Silicium.

Die Geschichte der Siliziumentdeckung zog sich über viele Jahrzehnte hin und beschäftigte viele Naturwissenschaftler. 1787 stellte Antoine Laurent de Lavoisier (1743–1794) Silizium als Element her, glaubte aber, dies sei eine Verbindung. Lavoisiers Biografie füllt ganze Bücher (siehe Kapitel 6), deshalb sei hier nur kurz erwähnt: Er war einer der bedeutendsten Chemiker der Geschichte, entwickelte die *Stöchiometrie* (die »Mathematik« der Chemie), das Gesetz zur Erhaltung der Massen, entdeckte den Wasserstoff, erkannte Wasser als Verbindung von Wasserstoff und Sauerstoff und vieles mehr.

Unabhängig von Lavoisiers Entdeckung stellte 1800 auch der englische Chemiker Humphry Davy (1778–1829) Silizium her. Davy war ebenfalls einer der Großen seiner Zeit und Wegbereiter der Elektrochemie, mit der er erstmals viele Elemente darstellen konnte. Er sprach mehrere Sprachen, erhielt viele Ehrungen, verstarb aber schon mit 51 Jahren nach vielen seiner Selbstversuche mit damals noch unbekannten Substanzen.

1811 stellten die französischen Chemiker Joseph Louis Gay-Lussac (1778–1850) und Louis Jaques Thénard (1777–1857) amorphes, also nicht kristallines Silizium her. Gay-Lussac ist vor allem bekannt wegen seiner Gasgesetze. Für ein Experiment stieg er 1804 mit einem Wasserstoffballon über 7000 Meter hoch. Eine Pariser Straße ist nach ihm benannt, sein Name ist einer der 72 auf dem Eiffelturm verewigten. Thénard entdeckte das Wasserstoffperoxid und entwickelte das industriell herstellbare Kobaltblau für Porzellan. Er veröffentlichte ein Chemielehrbuch, das jahrzehntelang als Standardwerk die chemische Wissenschaft bestimmte. Zu seinen Ehren wurde 1865 seine Heimatstadt Louptire umbenannt in Louptire-Thénard.

1824 erkannte Jöns Jakob Berzelius (1796–1866, siehe Antimon) als Erster die elementare Natur des Siliziums und gab ihm seinen Namen. 1854 konnte mithilfe der Elektrolyse von dem französischen Chemiker Henri Etienne Sainte-Claire Deville (1818–1881) erstmals reines, kristallines Silizium hergestellt werden. Deville, geboren auf der Karibikinsel Saint Thomas, wurde Professor in Besançon und Paris, erforschte die Platinmetalle und stellte erstmals technisches Aluminium her.

Der englische Begriff *silicon* mit der Endung »-on« soll auf die chemische Verwandtschaft mit Carbon, Kohlenstoff, hinweisen und wurde 1831 von dem schottischen Chemiker Thomas Thomson (1773–1852) vorgeschlagen. Das Silicon Valley (also Silizium-Tal) bei San Francisco in Kalifornien hat seinen Namen durch die vielen dort beheimateten Unternehmen der Halbleiter- und Computertechnik, die es ohne Silizium nicht gäbe. Das englische *silicon* darf nicht verwechselt werden mit Silikon, einem Kunststoff, der Siliziumatome enthält. Diesen Fehler findet man oft in der Literatur. Silikon kennt man als Abdichtungsmasse für Fugen sowie in der Verwendung als Silikonkissen für oft unsinnige medizinische Implantate, um es einmal vorsichtig und ganz neutral auszudrücken.

Die wichtigsten Eigenschaften von Silizium

Name, Symbol, Ordnungszahl: Silizium, Si, 14
Massenanteil an der Erdhülle: 25,8 %
Dichte: 2,33 g/cm^3
Mohshärte: 6,5
Schmelzpunkt: 1410 °C
Elektrische Leitfähigkeit: $2{,}52 \times 10^{-4}$ A/V × m

Reines Silizium bildet Kristalle mit diamantähnlicher Gitterstruktur. Es ist sehr hart und ist in dünnen Schichten durchsichtig. Silizium hat wie Wismut und Gallium eine Dichteanomalie, sein spezifisches Gewicht ist also in flüssigem Zustand höher als in festem. Es hat eine hohe thermische, aber geringe elektrische Leitfähigkeit. Durch Zusatz geringer Menge fremden Materials erzeugt man einen Halbleiter. Silizium wird von Säuren nicht angegriffen.

Vorkommen

Silizium tritt hauptsächlich als Siliziumdioxid auf, beispielsweise als Sand und Quarz. Auch die Halbedelsteine Amethyst, Rosenquarz, Achat, Opal und andere bestehen aus Siliziumdioxid. Silikate, Metallverbindungen, sind Asbest, Glimmer, Schiefer, Sandstein und andere. In Form von gelöster Kieselsäure ist Silizium in großen Mengen in Meerwasser enthalten.

In der Herstellung unterscheidet man je nach Anwendung industrielles Rohsilizium, Solarsilizium und Halbleitersilizium, die sich durch ihre Reinheit unterscheiden. Die Verfahrensschritte bauen aufeinander auf und werden von Stufe zu Stufe immer aufwendiger.

Anwendungen

Rohsilizium dient hauptsächlich als Legierungsbestandteil in der Stahlherstellung; es verbessert die Korrosionsbeständigkeit. Solarsilizium wird benötigt für die Herstellung von Solarzellen. Halbleitersilizium, also hochreines, kristallines Silizium ist Ausgangsmaterial für Computerchips, Transistoren, Speicher und vieles andere in der Mikroelektronik.

Tantal

Abb. 11.15: Tantal (© Jurii)

Tantal wurde 1802 von dem schwedischen Naturforscher und Chemiker Anders Gustaf Ekeberg (1767–1813) entdeckt. Er benannte es nach Tantalos, einer Figur aus der griechischen Mythologie, der seinen Durst nie löschen konnte. Aufgrund der großen chemischen und physikalischen Ähnlichkeit von Tantal und Niob konnte erst 1844 von dem deutschen Mineralogen Heinrich Rose (1795–1864, siehe Niob) eindeutig bewiesen werden, dass es sich um zwei verschiedene Elemente handelt. Werner von Bolton (1868–1912) gelang es 1903, duktiles metallisches Tantal herzustellen. Als Laborleiter bei Siemens & Halske entwickelte er daraus Glühfäden für Glühbirnen, die ab 1910 durch Wolframfäden ersetzt wurden.

Die wichtigsten Eigenschaften von Tantal

Name, Symbol, Ordnungszahl: Tantal, Ta, 73
Massenanteil an der Erdhülle: $1{,}7 \times 10^{-6}$ %
Dichte: 16,65 g/cm^3
Mohshärte: 6,5
Schmelzpunkt: 3017 °C
Elektrische Leitfähigkeit: $7{,}61 \times 10^6$ A/V × m

Tantal ist ein schweres, in seinen chemischen und physikalischen Eigenschaften dem Niob sehr ähnliches, bis etwa 250 °C luftbeständiges, durch eine dünne Oxidschicht sich selbst schützendes, sehr gut formbares Metall. Bei Temperaturen über 250 °C reagiert Tantal mit Sauerstoff, Stickstoff, Wasserstoff und Kohlenstoff und setzt daher eine Bearbeitung über dieser Temperatur im Vakuum oder unter Schutzgas voraus. Tantal ist beständig gegen alle Säuren außer Flusssäure. Bei einer Temperatur unterhalb von -268,87 °C ist Tantal supraleitend.

Vorkommen

Die bedeutendsten Lagerstätten befinden sich in Australien (ca. 70 Prozent), Brasilien (ca. 20 Prozent), Kanada und Afrika. Tantal kommt in seinen Mineralien immer verschwistert mit Niob vor. Daher muss zur Herstellung von Tantal das Niob nach dem Auflösen des Erzkonzentrates abgetrennt werden. Die Reinigung des Metalls erfolgt durch mehrfaches Schmelzen im Vakuum in einer Elektronenstrahlschmelzanlage. Das zugehörige Roherz heißt *Coltan* und leitet sich ab von Columbit (Niobit) und Tantalit.

Insbesondere der unkontrollierte Abbau in der Kiwusee-Region in der zentralafrikanischen Republik Kongo hat zu großen Umweltzerstörungen und zum Bürgerkrieg beigetragen. Verdient wird von ganz wenigen sehr viel unter Einsatz von Gewalt und Korruption. Die Arbeiter schuften unter unvorstellbaren Bedingungen zu Hungerlöhnen. Wenn Europäer die Zustände beklagen und mit Sanktionen drohen, interessiert das niemanden.

Stammeskriege führten zu einem Rückgang des weltweiten Handels mit Tantal mit der Folge von zunehmenden Preissteigerungen. 2004 betrug die Weltbergwerksproduktion etwa 1300 Tonnen.

Anwendungen

Etwa 60 Prozent der Jahresweltproduktion (2007: ca. 1100 Tonnen) werden zu Kondensatoren verarbeitet. Weitere Anwendung findet Tantal im chemischen Apparatebau sowie für Laborgeräte, als Implantat in der Medizintechnik, als Elektrode in Röntgenröhren, in Superlegierungen mit Nickel für Turbinen, bei Hochtemperaturanwendungen und in optischen Gläsern. Tantalcarbid wird mit einer dem Diamant sehr nahekommenden Härte und einem extrem hohen Schmelzpunkt (ca. 3900 °C) als Schutzschicht auf hochwarmfesten Legierungen für Triebwerke und Schneidwerkzeuge eingesetzt.

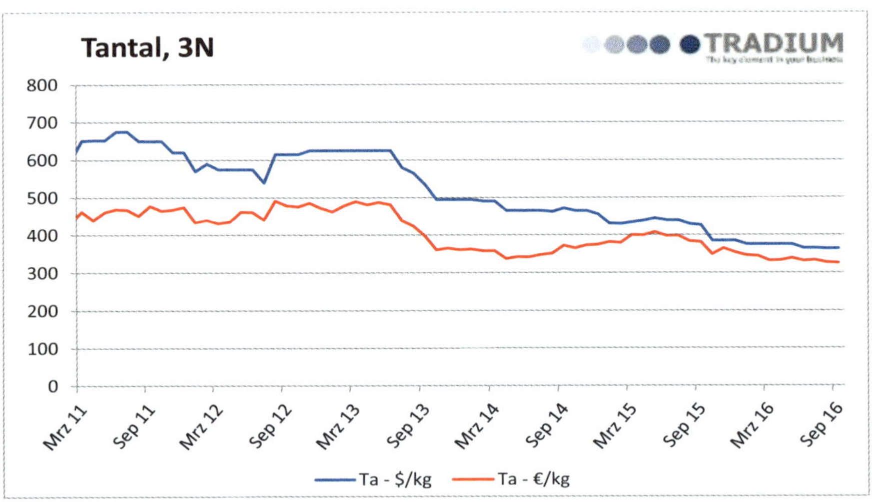

Abb. 11.16: Preisentwicklung von Tantal

Tantal ist ein hoch effizientes Metall für kleine Bauteile und findet sich in fast allen Handykondensatoren. Da es auch bei hohen Drücken und Temperaturen beständig gegen Flusssäure ist, kann es in der Chemie als dünnwandiger Ersatz für Keramikwerkstoffe eingesetzt werden. Eine neue Legierung ist auch besonders beständig gegen Salzsäure und vor allem gegen Schwefelsäure, der am häufigsten verwendeten Industriechemikalie.

Die Reserven von Tantal werden vermutlich noch 25 Jahre reichen.

Liefer- und Anlageaspekte

Tantal wird mit einer Reinheit von 99,9 Prozent in sogenannten Billets geliefert, das sind Stangen mit einem Durchmesser von etwa 15 Zentimetern mit Längen zwischen 1,20 Meter und etwa 1,40 Meter. Verpackt sind diese in Holzkisten.

Tellur

Abb. 11.17: Tellur (© Dschwen)

Tellur wurde 1782 bei Untersuchungen von Golderzen in Siebenbürgen von dem österreichischen Chemiker Franz Joseph Müller Freiherr von Reichenstein (1740 oder 1742–1825) entdeckt. Da er es aber nicht einordnen konnte, nannte er es deswegen zunächst treffend »metallum problematicum«. Von Reichenstein hatte eigentlich Philosophie studiert, später aber sein Interesse für Bergbau und Mineralogie entdeckt. Er ist einer der wenigen großen Entdecker der Neuzeit, dessen Geburtsort und -datum nicht genau bekannt sind. Dennoch wurde zu seinem angenommenen 250. Geburtstag 1992 eine österreichische Sonderbriefmarke herausgegeben.

Abb. 11.18: Denkmal Heinrich Klaproth (© Wikimedia Commons/Axel Mauruszat)

Den Namen Tellur, von lat. Tellus, Erde, gab dem Element 1798 der deutsche Chemiker Martin Heinrich Klaproth (1743–1817, siehe Vanadium), der von Reichenstein würdigte und Tellur als Element erkannte. Klaproth war einer der bedeutendsten Pharmazeuten und Mineralogen seiner Zeit und der bedeutendste Chemiker der Generation vor Berzelius. Er sammelte rund 5000 Mineralien und entdeckte auch die Elemente Chrom, Uran und Zirconium. Auf Vorschlag Alexander von Humboldts (1769–1859) wurde er 1810 Professor der Chemie an der neu gegründeten Berliner Universität, der heutigen Humboldt-Universität.

Die wichtigsten Eigenschaften von Tellur

Name, Symbol, Ordnungszahl: Tellur, Te, 52
Massenanteil an der Erdhülle: 1×10^{-6} %
Dichte: 6,24 g/cm^3
Mohshärte: 2,25
Schmelzpunkt: 449,51 °C
Elektrische Leitfähigkeit: 5×10^{-3} A/V × m

Kristallines Tellur ist ein weiches und sprödes Metall, das sich leicht pulverisieren lässt. Es ist ein Halbleiter, dessen elektrische Leitfähigkeit sich bei Temperaturerhöhung erhöht. In Schwefel- und Salzsäure löst es sich nicht, in Salpetersäure dagegen gut. Sollten Sie einmal Tellur probieren, werden Sie einen knoblauchartigen Geschmack im Mund feststellen.

Vorkommen und Anwendungen

Tellur kommt selten gediegen vor, findet sich aber in zahlreichen Mineralien. Es wird zusammen mit Selen als Nebenprodukt der Kupfer- und Nickelherstellung gewonnen. Die größten Produzenten sind die USA, Peru, Kanada und Japan. Weltweit werden jährlich nur etwa 200 Tonnen produziert.

Tellur fördert als Zusatz die Korrosionsbeständigkeit von Metalllegierungen, findet sich in speziellen Verbindungen als Halbleiter und wird als Tellurdioxid in Lichtwellenleitern eingesetzt. Es wird als Cadmiumtellurid in der Photovoltaik und in der Solartechnologie verwendet. Als Stahlzusatz sorgt es für eine bessere Zerspanbarkeit. Interessant ist die Anwendung als Ummantelungsbestandteil von Hochseekabeln, da diese in letzter Zeit als Alternative zu unsichereren Satelliten eine Renaissance erleben. In Verbindung mit Wismut, Wismuttellurid, kann Tellur als thermoelektrischer Wandler zur Kühlung von elektrischen Bauteilen genutzt werden.

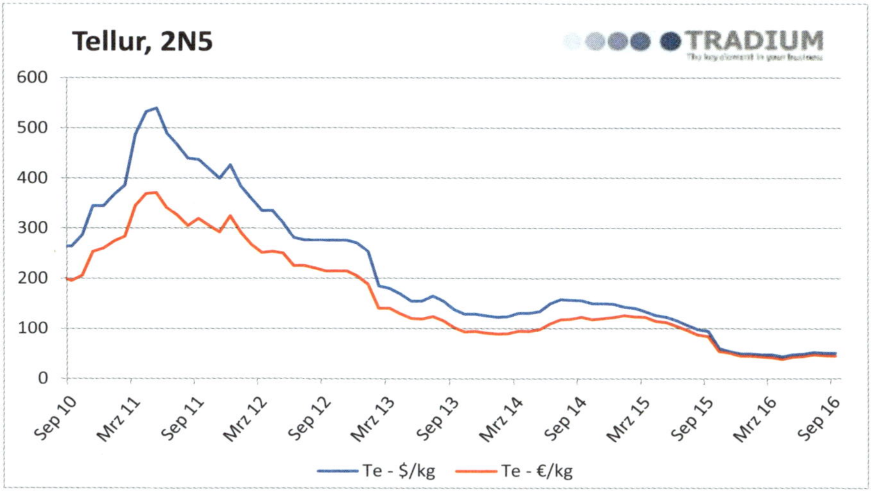

Abb. 11.19: Preisentwicklung von Tellur

Liefer- und Anlageaspekte

Tellur wird gehandelt in kleinen Stangen oder Barren mit einer Reinheit von 99,5 Prozent.

Titan

Titan wurde gleich zweimal entdeckt, einmal 1791 von dem englischen Amateur-Chemiker William Gregor (1761–1817), der im Hauptberuf Priester war, und unabhängig davon 1795 von Heinrich Klaproth (1743–1817, siehe Tellur), der dem Metall auch den Namen nach den Titanen aus der griechischen Mythologie gab. Reines Titan wurde erstmals 1910 hergestellt, 1938 wurde dann von dem luxemburgischen Metallurgen William Justin Kroll (1889–1973) ein technisches Verfahren entwickelt, mit dem man Titan industriell herstellen konnte. Kroll floh 1940 in die USA, wo er seine Forschungen weiterführen konnte und sein Wissen in Instituten und Universitäten vermittelte. Er meldete über 50 Patente an. 1961 kehrte er nach Brüssel zurück, wo er 1973 hochgeehrt starb.

Der Kroll-Prozess ist kompliziert, deshalb ist Titan, obwohl eigentlich ein häufig vorkommendes Metall in Titaneisenerz, sehr viel teurer als Stahl.

Die wichtigsten Eigenschaften von Titan

Name, Symbol, Ordnungszahl: Titan, Ti, 22
Massenanteil an der Erdhülle: 0,56 %
Dichte: 4,507 g/cm^3
Mohshärte: 6
Schmelzpunkt: 1668 °C
Elektrische Leitfähigkeit: 2,34 × 10^6 A/V × m

Titan vereinigt viele für Anwendungen positive Eigenschaften. Es ist leicht, dennoch sehr fest und korrosionsbeständig. Auch gegen verdünnte Säuren ist Titan beständig. Titandioxid ist ein preiswertes, stabiles und ungiftiges weißes Farbpigment, dem nicht einmal konzentrierte Salzsäure etwas anhaben kann.

Vorkommen

Titan findet sich in vielen Mineralien, dort allerdings in geringer Konzentration. Hauptvorkommen sind in Australien und Nordamerika sowie in Skandinavien und im Ural. Auch in Meteoriten und auf dem Mond wurde Titan gefunden. Größte Produzenten von Titan nach dem Kroll-Prozess sind russische Staatsunternehmen. Der weltgrößte russische Titanproduzent VSMPO-AVISMA soll die Airbus-Muttergesellschaft EADS bis 2020 mit Titan beliefern.

Anwendungen

Titandioxid findet sich in fast allen weißen Kunststoffen und Farben, auch in Lebensmittelfarben (E 171). Titan wird als Metall und in Legierungen überall dort verwendet, wo es auf geringes Gewicht und hohe Belastbarkeit ankommt. Das sind Flugzeugbau, Raumfahrt, U-Bootbau, Anlagenbau, in der Medizintechnik für Prothesen und anderes. Titan wird auch für Schmuck verwendet.

Liefer- und Anlageaspekte

Die gängigste Lieferform von Titan ist Titanschwamm in einer Reinheit von 99,7 Prozent in unregelmäßigen Stücken von 12 bis 25 Millimeter, verpackt in Fässern.

Uran

Uranoxid wurde 1789 von Martin Heinrich Klaproth (1743–1817, siehe Tellur) aus Pechblende isoliert und nach dem Planeten Uranus benannt, der einige Jahre zuvor entdeckt worden war. Reines Uran konnte erst 50 Jahre später hergestellt werden. Uranverbindungen wurden zunächst hauptsächlich für das Färben von Glas und Keramik verwendet.

Seine Radioaktivität, die Hauptanwendungseigenschaft, wurde 1896 von dem französischen Physiker Antoine Henri Becquerel (1852–1908) zunächst zufällig entdeckt, als er eine von Uranmaterialien ohne Lichteinfluss geschwärzte Fotoplatte vorfand. Für die Entdeckung der Radioaktivität erhielt er 1903 den Nobelpreis für Physik, gemeinsam mit dem Ehepaar Pierre (1859–1906) und Marie (1867–1934) Curie, deren aufregende Biografien hier leider nicht näher berücksichtigt werden können. Sie entdeckten die Elemente Polonium und Radium. Marie Curie erhielt 1911 außerdem noch den Nobelpreis für Chemie und ist damit die einzige Person neben Linus Pauling, die Nobelpreise auf zwei unterschiedlichen Gebieten erhalten hat. Nach Becquerel ist auch die Maßeinheit für Radioaktivität benannt. 1938 wurde am Kaiser-Wilhelm-Institut in Berlin die folgenreiche Kernspaltung und damit die Kernenergie entdeckt. Verbunden damit sind berühmte Namen wie Otto Hahn, Fritz Strassmann, Lise Meitner, Otto Frisch, Enrico Fermi, Werner Heisenberg und andere, auf deren Biografien in Verbindung mit Nazizeit, Vertreibung, Atombombe et cetera hier aus Platzgründen leider ebenfalls nicht eingegangen werden kann.

Nicht unerwähnt bleiben darf aber das »Manhattan Project«, das unter der militärischen Leitung von General Groves und der physikalischen Leitung von Robert Oppenheimer ab 1942 stand. Es war der Deckname für die Entwicklung der Atombombe, die dann 1945 in Hiroshima und Nagasaki eingesetzt wurde (siehe auch Kapitel 6). Verantwortlich war das Oak Ridge National Laboratory (ORNL) in Tennessee, das dafür 1943 gegründet wurde. Heute ist es ein Forschungsinstitut für mehrere Naturwissenschaften (siehe Kapitel 12 unter Promethium).

Die wichtigsten Eigenschaften von Uran

Name, Symbol, Ordnungszahl: Uran, U, 92
Massenanteil an der Erdhülle: 3×10^{-4} %
Dichte: 19,16 g/cm^3
Mohshärte: 2,5–3
Schmelzpunkt: 1133 °C
Elektrische Leitfähigkeit: 3,24 A/V × m

Uran ist ungefähr so schwer wie Gold und in Pulverform selbstentzündlich. In Säuren löst es sich. Viele Uranverbindungen sind giftig und krebserzeugend. Aus Uran-Isotopen lässt sich Plutonium herstellen, ein künstliches, giftiges und hoch radioaktives Schwermetall. Ebenfalls nicht geändert, sondern eher gesteigert hat sich das Interesse an Rohstoffen als Investmentmöglichkeit.

Abb. 11.20: Erläuterungstafel am Standort der Georg Wagsfort Fundgrube in Johanngeorgenstadt (© Wikimedia Commons/de:Benutzer:Hejkal)

Vorkommen

Uran kommt nicht gediegen, sondern nur in Mineralien vor. Die größten Vorkommen finden sich im Norden und im Süden der Erdkugel: in

Nordamerika und Russland sowie in Südafrika und Australien. Uranverbindungen und Spurenelemente sind aber auch im Wasser sowie in normalen Böden enthalten. Die Herstellung von Uran ist ein kompliziertes Verfahren in mehreren Stufen. Viel Uran wird aus alten Brennstäben und Kernwaffen recycelt. Eng verknüpft ist Uran mit der Geschichte des Bergbaus im Erzgebirge. Ab 1946 wurde dort unter dem Namen Wismut Uran für die Atomindustrie der Sowjetunion gefördert. Mehr dazu finden Sie unter Wismut.

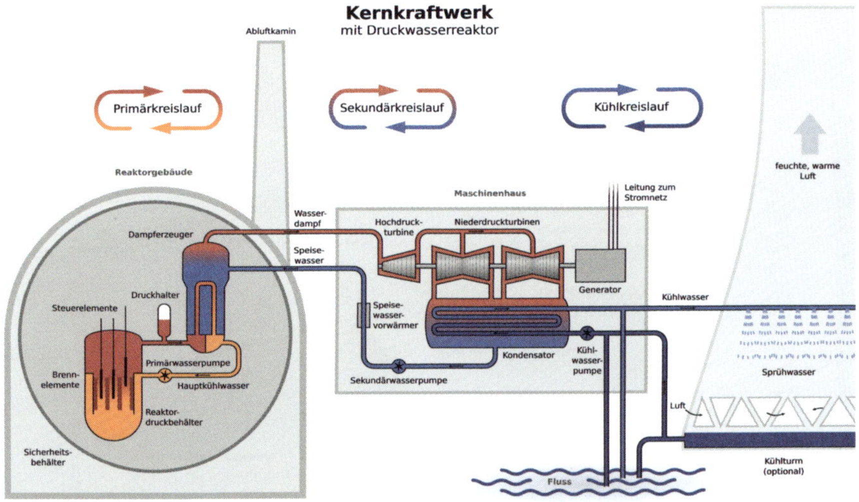

Abb. 11.21: Schema eines Kernkraftwerks mit Druckwasserreaktor
(© Wikimedia Commons/San Jose, Niabot)

Anwendungen

Uran wird als preiswerte Möglichkeit dort eingesetzt, wo viel Gewicht bei geringem Platzbedarf benötigt wird, beispielsweise als Gegengewicht im Flugzeugbau. Die Hauptanwendung von Uran findet sich in Kernkraftwerken, meistens ausgelegt mit Leichtwasserreaktoren als Druckwasserreaktor oder Siedewasserreaktor. Das hohe Gewicht von Uran wird in der Waffentechnik auch als Projektilmaterial in Verbindung mit seinen anderen Eigenschaften genutzt. Das Uran-Isotop Plutonium kann für die sogenannte »schmutzige« Bombe genutzt werden, bei der Plutonium zwar nicht wie eine Atombombe explodiert, aber in Verbindung mit einer »normalen« Bombe die Umgebung kontaminiert. Und natürlich wird Uran immer noch für Kernwaffen verwendet.

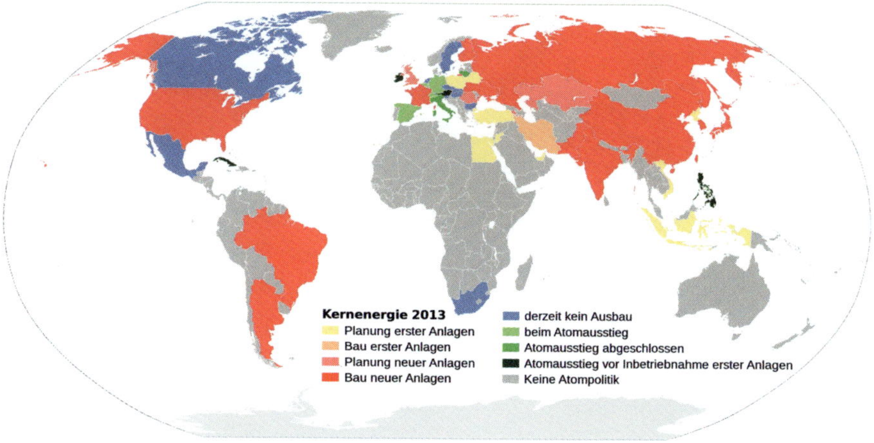

Abb. 11.22: Kernenergie weltweit, 2013

Vanadium

Vanadium, bis 1975 in Deutschland auch Vanadin genannt, wurde erstmals 1801 in Mexiko von dem spanischen Mineralogen und Chemiker Andrés Manuel del Rio (1764–1849) zufällig entdeckt, als er ein Bleierz untersuchte. Del Rio studierte in Spanien, Paris und in Sachsen und freundete sich dort mit Friedrich Wilhelm Heinrich Alexander von Humboldt (1769–1859) an, einem der bedeutendsten Naturforscher aller Zeiten. Diesen hier auch nur annähernd ausreichend zu würdigen, ist ein sinnloses Unterfangen. Er betrieb wissenschaftliche Feldforschungen in ganz unterschiedlichen Bereichen wie Physik, Chemie, Geologie, Mineralogie, Botanik, Zoologie, Astronomie, Klimatologie bis hin zu Ethnologie und Demografie. Er erhielt zahllose Ehrungen und war Mitglied in vielen Akademien. Kultur und

Abb. 11.23: Alexander von Humboldt
(© Shutterstock/Nicku)

Abb. 11.24: Die Gartenlaube; Schiller, Wilhelm und Alexander von Humboldt und Goethe in Jena

Politik suchten zeitlebens seine Nähe, er arbeitete unermüdlich und kam angeblich mit vier Stunden Schlaf aus. Berühmt wurde seine Erstbesteigung des Vulkans Chimborazo bis zur damaligen Rekordhöhe von 6310 Metern im Rahmen seiner Amerikareise 1799 bis 1804. Sein Bruder Wilhelm war ebenfalls an der Gründung der Universität Berlin beteiligt, die heute Humboldt-Universität heißt. Er hat sich schwerpunktmäßig mit Kulturwissenschaft, Sprache, Literatur et cetera beschäftigt und war preußischer Diplomat.

Zurück zu del Rio: In Paris wurde er Assistent von Lavoisier (1743–1794, siehe Kapitel 6) bis zu dessen Verhaftung, dann floh er noch vor Lavoisiers Hinrichtung über England nach Mexiko und wurde dort Professor. Als Alexander von Humboldt 1803 in Mexiko weilte, bezweifelte er del Rios Entdeckung und hielt sie für Chrom. Del Rio widerrief daraufhin. Erst 1830 wurde Vanadium von dem schwedischen Chemiker Nils Gabriel Sefström (1787–1845) nochmals entdeckt und nach dem Beinamen Vanadis der germanischen Göttin Freya benannt. Del Rios Vermutung wurde damit bestätigt. Er hat Alexander von Humboldt dessen falsche Einschätzung nie verziehen. Er arbeitete noch einige Jahre in den USA und starb 1849 in Mexiko.

Die wichtigsten Eigenschaften von Vanadium

Name, Symbol, Ordnungszahl: Vanadium, V, 23
Massenanteil an der Erdhülle: 0,013 %
Dichte: 6,11 g/cm^3
Mohshärte: 7
Schmelzpunkt: 1910 °C
Elektrische Leitfähigkeit: 5×10^6 A/V × m

Vanadium ist ein relativ weiches, zähes Schwermetall. In vielen Eigenschaften ähnelt es Titan. Gegen Säuren und Laugen ist es bei Raumtemperatur stabil, kann aber mit vielen Nichtmetallen reagieren. Der bereits hohe Schmelzpunkt kann mit Zugabe von nur 10 Prozent Kohlenstoff auf 2700 °C angehoben werden. Vanadiumpulver kann sich selbst entzünden.

Vorkommen und Anwendungen

Vanadium ist ein häufiges Element, es kommt nicht gediegen, sondern nur in Mineralien vor. Allerdings sind hohe Konzentrationen selten. Die Gewinnung von reinem Vanadium ist aufwendig und damit teuer; einfacher ist die Herstellung von Ferrovanadium aus vanadiumhaltigen Eisenerzen. Dies ist eine Eisen-Vanadium-Legierung, die ohnehin für den höchsten prozentualen Anteil der Vanadiumverwendung benötigt wird.

Hauptsächlich in Legierungen verwendet, erhöht Vanadium die Härte, Festigkeit, Zähigkeit und Verschleißfähigkeit. Bekannt sind höherwertige

Werkzeuge aus Chrom-Vanadium-Stahl. Reines Vanadium wird nur in kleinen Mengen für Spezialanwendungen benötigt, beispielsweise als Hüllstoffe für Kernbrennstoffe.

Wismut

Wismut ist der umgangssprachlich meistgenutzte Name, oft auch Wismuth geschrieben. Der fachsprachlich korrekte Name ist Bismut in dieser Schreibweise, man findet aber auch Bismuth. Über die Namensgebung kursieren zwei Theorien. Die eine geht auf Paracelsus zurück, der das Metall weiße Masse, »wis mat«, nannte, die andere auf den wichtigen Fundort »in den Wiesen« im Erzgebirge. Abbau nannte man »Mutung«, aus Wiesemutung könnte dann Wismut entstanden sein.

Paracelsus, eigentlich Philippus Theophrastus Aureolus Bombastus von Hohenheim (1493–1541), beschrieb 1527 zum ersten Mal das Element, das zuvor oft mit Zinn und Zink verwechselt wurde. Paracelsus war ein für seine Zeit typischer Allround-Wissenschaftler, wie man heute sagen würde. Er war Alchemist (»Chemiker« gab es noch nicht), Arzt, Astronom, Theologe und Philosoph. Bekannt wurde Paracelsus hauptsächlich durch seine medizinischen Lehren. Er starb durch eine Bleivergiftung.

Ein Zeitgenosse, Georgius Agricola (1494–1555), nannte das Wismut *plumbum cinereum,* was so viel wie »aschgraues Blei« bedeutet. Und tatsächlich haben beide Elemente zum Teil ähnliche Eigenschaften. Beide sind schwer, weich und haben einen niedrigen Schmelzpunkt. Schon damals gab es Künstlernamen, denn Georgius Acricola hieß eigentlich Georg Bauer, was ihm als anerkanntem Gelehrten in den Gebieten Mineralogie, Medizin, Philosophie, Alchemie und anderen wohl zu profan war. Sein Hauptwerk ist das 12-bändige Metallkundewerk *De re metallica libri XII* von 1556.

Die schwedischen Chemiker Carl Wilhelm Scheele (1742–1786, siehe Mangan) und Torbern Olof Bergmann (1735–1784) erkannten 1775 den Elementcharakter von Bismut. Nach Bergmann sind das Mineral Torbernit und ein Mondkrater benannt.

Wismut ist nicht radioaktiv. Deshalb wurde sein Name als Tarnname für die 1946 gegründete Wismut SDAG (Sowjetisch-Deutsche Aktiengesellschaft) benutzt, die bis 1990 für die Sowjetunion im Erzgebirge Uran abbaute (siehe Uran).

Die wichtigsten Eigenschaften von Wismut

Name, Symbol, Ordnungszahl: Bismut, Bi, 83
Massenanteil an der Erdhülle: 2×10^{-5} Prozent
Dichte: 9,78 g/cm^3
Mohshärte: 2,25
Schmelzpunkt: 271,2 °C
Elektrische Leitfähigkeit: $0{,}867 \times 10^6$ A/V × m

Wismut ist eines der wenigen ungiftigen Schwermetalle. Es hat einen hohen elektrischen Widerstand und ist spröde. Gegen Salzsäure und verdünnte Schwefelsäure ist es resistent. Wismut bildet an feuchter Luft eine Oxidschicht, die in vielen Anlauffarben schillern kann. Deshalb ziert Wismut auch das Titelblatt dieses Buchs. Auch Wismut weist eine Dichteanomalie auf, ist also flüssig schwerer als fest. Es kann sich sehr stark ausdehnen.

Viele Wismutlegierungen haben einen Schmelzpunkt weit unterhalb dessen von Wismut selbst. Die wichtigste ist die Woodsche Legierung – benannt nach dem gleichnamigen Physiker – mit Blei, Zinn und Cadmium mit einem Schmelzpunkt von nur 60 bis 70 °C. Es wird unter anderem in Schmelzsicherungen verwendet.

Vorkommen

Wismut ist relativ selten, es kommt auch in gediegener Form vor. Man findet es aber hauptsächlich in verschiedenen Erzen, so auch als Begleitmaterial in Blei-, Kupfer- und Zinnerzen. Die Angaben für die weltweite Produktion in 2007 reichen von 5000 bis 15 000 Tonnen. Auch dieser Markt wird von China kontrolliert. Erschwerend kommt hinzu, dass das Recycling von Wismut schwierig ist.

Anwendungen

Wismut wird hauptsächlich in Legierungen verwendet. Mit Mangan werden Permanentmagnete hergestellt. Als Woodsches Metall mit seinem niedrigen Schmelzpunkt wird es eingesetzt für Schmelzsicherungen, Sprinkleranlagen et cetera. Außerdem dient Wismut als Katalysator. Blei-Wismut-Legierungen können als Kernreaktorkühlmittel verwendet werden. Allgemein wird aber Blei in vielen Anwendungen zunehmend durch Wismut ersetzt, so auch in piezokeramischen Elementen. Sie erzeugen unter Druck eine elektrische Spannung.

Wismut wird in Verbindungen häufig auch in der Kosmetik und der Medizin genutzt. Es ist ein Metall, für das immer neue Anwendungen gefunden werden.

Liefer- und Anlageaspekte

Wismut wird in einer Reinheit von 99,99 Prozent in Blöcken bis 10 Kilogramm geliefert.

Wolfram

Im 16. Jahrhundert fand der Wissenschaftler Georgius Agricola (1494–1555, siehe Wismut) ein Mineral in Zinnerzen, das die Zinngewinnung erschwerte. Er führte auch den »Wolf« in den Namen »Wolfram« ein und nannte das Mineral *lupi spuma*, Wolfs-Schaum. Später wurde daraus Wolfram, *ram* aus dem Mittelhochdeutschen (bedeutet Ruß). 1783 gelang es den spanischen Brüdern Fausto (1755–1833) und Juan José (1745–1796) Elhuyar, reines Wolfram herzustellen.

Die wichtigsten Eigenschaften von Wolfram

Wolfram ist ein sprödes und hartes Schwermetall, ungefähr so schwer wie Gold, und hat von allen Elementen nach Kohlenstoff den höchsten Schmelzpunkt. Gegenüber Säuren ist es widerstandsfähig, bei sehr tiefen

Temperaturen ist es supraleitend. Einige Eigenschaften ähneln denen von Molybdän.

Name, Symbol, Ordnungszahl: Wolfram, W, 74
Massenanteil an der Erdhülle: 6×10^{-3} Prozent
Dichte: 19,25 g/cm^3
Mohshärte: 7,5
Schmelzpunkt: 3422 °C
Elektrische Leitfähigkeit: $18{,}9 \times 10^6$ A/V × m

Vorkommen und Anwendungen

Wolfram kommt nicht gediegen vor. Die größten Erzlagerstätten liegen in China, das allein rund 80 Prozent des auf der Welt produzierten Wolframs herstellt. Es folgen Russland und Kanada, aber auch in Österreich, im Felbertal, wird seit 1976 Wolframerz abgebaut.

Die wichtigsten und bekanntesten Anwendungen für Wolfram sind wegen seines hohen Schmelzpunkts Glühwendel und Elektroden. Auch als Legierungsbestandteil für Stahl findet Wolfram Verwendung, es erhöht die Härte. Wo es wirtschaftlich vertretbar oder technologisch erforderlich ist, wird Wolfram als Gewicht genutzt. Es ist so schwer wie Gold, aber billiger. Deshalb wurde es trotz seiner schwierigen Verarbeitung auch schon zum Fälschen von Gold genutzt. Wolfram ist schwerer als Blei, aber als Material und in der Verarbeitung wesentlich teurer. Projektilkerne in Granaten sind ein Beispiel für militärische Anwendungen, Kielbomben bei teuren Segeljachten haben einen geringeren Widerstand als Bleikiele.

Zirconium

Zur besseren Unterscheidung von dem Mineral Zirkon schreibt man das Metall Zirkonium richtig mit »C«, also Zirconium. Das Mineral Zirkon war bereits als Schmuckmaterial in der Antike bekannt. Es ist erdgeschichtlich gesehen das älteste Mineral. Zirkon (persisch *zargun*, »goldfarben«) kann verschiedene Färbungen aufweisen, farblos wird es als Diamantersatz genutzt. Dennoch darf es nicht verwechselt werden mit Zirkonia, Zirconiumdioxid, dem synthetisch hergestellten Diamantmaterial.

Als Element wurde Zirconium 1789 von Martin Heinrich Klaproth (1743–1817, siehe Tellur) entdeckt. Es enthält auch in sehr reiner Form immer etwas Hafnium, das nur schwer abtrennbar ist. Deshalb ist völlig reines Zirconium erst ab 1924 bekannt.

Die wichtigsten Eigenschaften von Zirconium

Name, Symbol, Ordnungszahl: Zirconium, Zr, 40
Massenanteil an der Erdhülle: 0,016 %
Dichte: 6,511 g/cm^3
Mohshärte: 5
Schmelzpunkt: 1857 °C
Elektrische Leitfähigkeit: 2,36 × 10^6 A/V × m

Zirconium ist ein Schwermetall. Es ist weich und biegsam, doch bereits geringe Verunreinigungen lassen es spröde und schwer verarbeitbar werden. Zirconium ist ein guter Wärmeleiter. Es reagiert bei Hitze mit vielen Nichtmetallen, ist also relativ unedel. Die Eigenschaften ähneln denen des Hafniums, abgesehen von der Dichte, die bei Zirconium doppelt so groß ist. Zirconiumpulver kann sich entzünden und ist mit Wasser nicht löschbar.

Vorkommen und Anwendungen

Zirconium kommt nicht gediegen vor, sondern in Mineralien. Es ist weitverbreitet, die Konzentrationen sind aber gering. Die wichtigsten Lagerstätten liegen in Australien, in den USA und in Brasilien, die wichtigsten Förderländer sind Australien und Südafrika. Nach der aufwendigen Gewinnung von fast reinem Zirconium enthält dieses immer noch Hafnium, das, wenn für bestimmte Anwendungen notwendig, auch noch in komplexen Verfahren abgetrennt werden muss.

Ohne Hafnium wird Zirconium verwendet als Hüllmaterial für Brennelemente in Kernkraftwerken, und zwar als Legierung mit anderen Metallen mit einem Zirconiumanteil von über 90 Prozent. Diese Legierung wird Zirkalloy, Zirkaloy, Zircalloy oder Zircaloy genannt. In chemischen Anlagen wird es aufgrund seiner Korrosionsbeständigkeit für Armaturen und anderes eingesetzt. Als Blitzlichtpulver verbrennt Zirconium rauchfrei. Zirconium-Niob-Legierungen sind supraleitend. Mit Zirconiumdioxid kleidet man feuerfeste Öfen aus, als Kristall Zirkonia dient es als Diamantersatz. Zirconiumoxid findet man in den Laufringen für Kugellager.

Fazit

Bisher wurden in den Publikumsmedien fast ausschließlich die Anlagemetalle Gold, Silber, Platin und Palladium als Finanzanlage mit der Hoffnung auf Wertzuwachs beziehungsweise unter Inflationsschutzaspekten diskutiert. Die anderen Metalle fand man unter diesen Gesichtspunkten bisher nur in speziellen Fachpublikationen oder aber subsumiert unter Rohstoffe. Warum ist das eigentlich so?

Dafür gibt es keinen Grund. Sie haben überragende technische Eigenschaften und sind aus diesem Grund geeignet für immer mehr hochwertige technologische Anwendungen. Die Tatsache, dass Strategische Metalle nicht in Münz- oder Barrenform für jedermann sinnvoll zu Hause eingelagert werden können, ist jedenfalls kein hinreichender Grund. Spezielle Unternehmen bieten Unterstützung, da nur über diese – mit den entsprechenden Analysen – physisch vorhandene Metalle in Privatbesitz an Anwender veräußert werden können. Renommierten Händlern wird in Bezug auf ihre fachlichen Angaben hohes Vertrauen entgegengebracht, das Privatpersonen naturgemäß nicht haben können.

Die Zukunftsaussichten als Finanzanlage für die oben beschriebenen Metalle sind vielversprechend. Auch für Strategische Metalle sind Investitionen in Sparpläne mit dem Vorteil des in Kapitel 3 erklärten Cost Average Effect möglich.

12

Seltenerdmetalle – Technologiemetalle II

Diese Metallgruppe war bei Investoren bisher so gut wie nicht bekannt, das hat sich erst seit 2009 geändert. Auffallend sind mittlerweile zahllose Artikel in Fachpresse und Publikumsmedien in Verbindung mit China.

Geben Sie doch einfach einmal in einer Suchmaschine »Seltene Erden« oder »Seltenerdmetalle« ein und Sie werden überrascht sein von den vielen Seiten aus der Finanzwelt. Wenn Sie nach »rare earth« für englischsprachige Seiten suchen, müssen Sie ein wenig blättern. Denn die obersten Treffer in den Suchergebnissen beziehen sich auf eine 1961 gegründete amerikanische Rockband, die es immer noch gibt. So ist das nun mal mit den Prioritäten der Suchmaschinen ...

In *Sicher mit Anlagemetallen,* das im Oktober 2009 erschien, handelte ich die Seltenen Erden noch mit folgender Bemerkung ab:

> »Die Seltenerdmetalle werden zurzeit noch kaum als Anlagemöglichkeit diskutiert, das kann sich in Zukunft durchaus ändern. Im Moment wollen wir es dabei belassen.«

Das wichtigste Exportland China hat die Möglichkeit, durch Exportbeschränkungen Einfluss zu nehmen. So hat China die Lieferung von Seltenen Erden nach Japan eingestellt, nachdem Japan den Kapitän eines chinesischen Fischkutters verhaftete, der ein Boot der japanischen Küstenwache gerammt hatte und zwar in dem öl- und gasreichen Gebiet Senkaku-Inseln, auf das beide Staaten Anspruch erheben.

Auf internationale Intervention hin konnte eine Eskalation vermieden werden.

Zwar hat die schon seit Längerem bekannte Abhängigkeit von China mit seiner Fast-Monopolstellung die Seltenen Erden betreffend dazu geführt, in anderen Ländern wieder Vorkommen zu fördern, aber es dauert Jahre, bis eine nennenswerte Versorgung der Industrie außerhalb Chinas mit Seltenerdmetallen aus anderen Ländern gewährleistet werden kann. Klar ist aber auch, dass die Seltenen Erden so selten nicht sind und überall auf der Welt vorkommen. Ein Abbau lohnt sich immer dann, wenn der Marktpreis den Gestehungspreis dauerhaft übertrifft. Also wurden neben dem Abbau der bekannten Vorkommen vor allem in Australien, in den USA, in Kanada, Indien, Russland und Grönland weitere Vorkommen gesucht. Afrika beispielsweise ist in Bezug auf Seltenerdmetalle noch ein weißer Fleck.

Bundeskanzlerin Angela Merkel sprach neben den üblichen Themen wie Produktpiraterie und Handelsbeschränkungen auch das Rohstoffproblem während ihres Chinabesuchs im Juli 2010 an, machte aber im Inneren auch klar, dass sich die deutsche Politik aus der Problematik der Rohstoffversorgung der deutschen Industrie weitgehend heraushalten wolle. Der damalige Wirtschaftsminister Brüderle forderte Ende Oktober 2010 die Industrie auf, eine Deutsche Rohstoff AG, eine Art Nachfragekartell, zu gründen, wobei »AG« für Arbeitsgemeinschaft stehen soll. Dass es bereits eine gleichnamige AG als Aktiengesellschaft gibt, die auch Seltene Erden fördern wollte, war ihm wahrscheinlich zu dem Zeitpunkt nicht bekannt. Diese Arbeitsgemeinschaft der Industrie soll ein Gegenpol zu einer Art »Seltene-Erde-Opec« oder auch »Eisenerz-Opec« sein, da für die Industriemetalle auch Verknappungen befürchtet werden. Aus politischer Sicht könne man beispielsweise über die Entwicklungshilfe für rohstoffreiche Länder Einfluss nehmen. Für China kommt diese Idee allerdings zu spät. Helfen könne die Politik auch mit politischen Kontakten, und die Bundesanstalt für Geowissenschaften und Rohstoffe (BGR, gegründet 1958 von Ludwig Erhard) hat eigens eine Deutsche Rohstoffagentur gegründet, die sich auch mit den Seltenen Erden beschäftigen und kleine und mittlere Unternehmen auf vielfältige Art unterstützen soll. Die Bundesregierung wird aber selbst nicht beginnen, Rohstoffe oder Bergwerke vorsorglich aufzukaufen, auch wenn das im Hinblick auf die anders gelagerte

Wirtschaftspolitik Chinas von Wirtschaftsverbänden so gefordert wurde. Brüderle wörtlich: »Einen VEB Rohstoffe wird es mit mir nicht geben.«

Im Dezember 2010 kündigte China weitere Exportdrosselungen von Seltenen Erden für das Jahr 2011 an, zunächst um 10 Prozent, einige Tage später sogar um ein Drittel. China wollte damit nicht vorrangig mehr Gewinn mit dem Verkauf der Metalle ins Ausland machen, sondern mit der Verknappung ausländische Unternehmen dazu drängen, mehr in China zu produzieren. Inzwischen wurden die Exportbeschränkungen gelockert.

Die amerikanische Behörde United States Geological Survey (USGS) hat ausgerechnet, dass es bei den Seltenen Erden schon bei einer Nachfragesteigerung von nur 10 Prozent eine ernsthafte Verknappung geben wird.

Der im Wortsinn seltsame Name der Metallgruppe »Seltene Erden« geht zurück auf den früheren chemischen Ausdruck »Erde« für Oxid und die Annahme, dass diese Mineralien sehr selten seien. Dem ist jedoch nicht so. Cer beispielsweise ist ähnlich häufig wie Kupfer und Nickel – und das seltenste, Thulium, immer noch häufiger als Gold oder Platin.

Rare Earth	**Demand**		**Supply/Production**	
Oxide	**REO Tonnes**	**%**	**REO Tonnes**	**%**
Lanthanum	51,050	28.4%	54,750	26.9%
Cerium	65,750	36.5%	81,750	40.2%
Praseodymium	7,900	4.4%	10,000	4.9%
Neodymium	34,900	19.4%	33,000	16.3%
Samarium	1,390	0.8%	4,000	2.0%
Europium	840	0.5%	850	0.4%
Gadolinium	2,300	1.3%	3,000	1.5%
Terbium	590	0.3%	350	0.2%
Dysprosium	2,040	1.1%	1,750	0.9%
Erbium	940	0.5%	1,000	0.5%
Yttrium	12,100	6.7%	11,750	5.7%
Ho-Tm-Yb-Lu	200	0.1%	1,300	0.5%
Total	**180,000**	**100%**	**203,500**	**100.0%**

IMCOA Nachfragevorhersage

Interessant ist in diesem Zusammenhang, dass die Seltenerdmetalle trotz ihres vergleichsweise häufigen Vorkommens bisher nur an wenigen Stellen der Erdkruste in abbauwürdigen Mengen vorhanden sind. Die weltweiten Ressourcen werden auf etwa 100 Millionen Tonnen geschätzt, zurzeit hiervon wirtschaftlich abbauwürdig sind aber lediglich 10 Prozent, also 10 Millionen Tonnen. Die weltweite Produktion liegt zurzeit bei 100 000 Tonnen pro Jahr und wird sich Vorhersagen zufolge auf 150 000 Tonnen bis 2016 steigern. Es gibt Annahmen, wonach über 95 Prozent der Abbaugebiete alleine in China liegen, dort hauptsächlich in der Inneren Mongolei.

In der folgenden Tabelle tauchen Grönland und Kanada nicht auf. Vermutet werden dort aber riesige Vorkommen, die teilweise noch weitgehend unerforscht sind.

Weltweiter Abbau (in Tonnen) und Verteilung der Weltreserven (2010)
US. Geological Survey 2010

Land	**2006**	**2007**	**2008**	**2009**	**Erkundete Reserven in Tonnen**
China	119 000	120 000	120 000	120 000	36 000 000
Indien	2700	2700	2700	2700	3 100 000
Brasilien	730	730	650	650	48 000
Malaysia	200	200	380	380	30 000
GUS-Staaten	k.A	k.A.	k.A.	k.A.	19 000 000
USA	0	0	0	0	13 000 000
Australien	0	0	0	0	5 400 000
Andere	.	.	.	.	22 000 000
Gesamt (gerundet)	**123 000**	**124 000**	**124 000**	**124 000**	**98 600 000**

Quelle: Wikipedia

Einteilung der Seltenerdmetalle und Historie

Alle Seltenen Erden sind in ihrer Reinform silbrig glänzend, leicht giftig, relativ weich und sehr reaktionsfreudig. Sie oxidieren schnell an der Luft und zersetzen sich in Wasser unter Freisetzung von Wasserstoff. Der Begriff »unedel« steht in der Chemie für dieses Verhalten. Durch ihre Ähnlichkeit im Verhalten, die durch ihren ähnlichen Atomaufbau bedingt ist, waren diese Metalle nur schwer voneinander zu trennen. Anfänglich glaubte Johan Gadolin (1760–1852, siehe Gadolinium), nach dem bereits ein 1784 von ihm gefundenes Mineral benannt wurde, mit *Yttererde*, also Yttriumoxid, 1794 ein einziges neues Element gefunden zu haben.

Zu den 17 Metallen der Seltenen Erden gehören die Lanthanoide, eine Elementegruppe aus dem Periodensystem (siehe Kapitel 5), Scandium, Yttrium sowie das Lanthan selbst. *Lanthanoid* bedeutet so viel wie »dem Lanthan ähnlich«.

Auf Deutsch findet man sie folgendermaßen abgekürzt:

SE: Seltene Erden
SEM: Seltenerdmetalle
SEE: Seltenerdelemente.

Die englischen Abkürzungen und Begriffe sollten Sie ebenfalls kennen, da die Literatur über diese Metallgruppe nun einmal hauptsächlich auf Englisch vorhanden ist und die englischen Abkürzungen auch in deutschen Publikationen verwendet werden. Sie sind aber leicht zu verstehen. Es gibt:

RE: Rare Earths
REM: Rare Earth Metals
REE: Rare Earth Elements
REO: Rare Earth Oxides
LRE, LREE, LREO: Light RE, Light REE, Light REO
Leichte SEM: Lanthan (La, 57) bis Samarium (Sm, 62)
HRE, HREE, HREO: Heavy RE, Heavy REE, Heavy RE
Schwere SEM: Europium (Eu, 63) bis Lutetium (Lu, 71)
TREE, TREO Total REE, Total REO: Angabe bei Lagerstätten, wenn man Relationen benennen möchte, zum Beispiel 23 Prozent HREO/TREO.

Weiterhin unterteilt man die Seltenerdmetalle nach ihrem Vorkommen in der Natur. Die sogenannten *Ceriterden* beinhalten Lanthan und die leichteren Lanthanoide (Ordnungszahlen 58–63, Cer bis Europium), die *Yttererden* Yttrium und die schwereren Lanthanoide (Ordnungszahlen 64–71, Gadolinium bis Lutetium). Die Begriffe »leicht« und »schwer« differieren also in der englischen und der deutschen Literatur um ein Element.

Generell sind die schweren Seltenerdmetalle die für die Technik wichtigeren.

Lanthanoide kommen in Mineralien fein verteilt und miteinander vermischt vor, sodass es lange Zeit wegen ihrer ähnlichen chemischen Eigenschaften nur schwer möglich war, ein Lanthanoidgemisch zu trennen. Dies führte in ihrer Entdeckungsgeschichte von 1784 (Gadolinit) bis 1947 (Promethium) zu vielen Missverständnissen und auch Doppelentdeckungen.

Abb. 12.1: Tafel der Ytterby Grube (© Uwezi)

Eine Erzgrube spielt eine besondere Rolle für die Entdeckung vieler Elemente der Seltenen Erden. Es ist die Grube Ytterby, die auf einer Ostseeinsel im Schärengarten vor Stockholm liegt. Hier wurden Gadolinium, Holmium und Thulium entdeckt, außerdem Yttrium, Ytterbium, Erbium und Terbium, die alle nach der Grube benannt sind. Heute ist die Grube weitgehend ausgebeutet und steht unter Denkmalschutz.

Verglichen mit anderen Elementgruppen erfolgten die einzelnen Entdeckungen der Seltenerdmetalle sehr spät und in einem relativ kurzen Zeitraum von gerade einmal 120 Jahren, wenn man von der Entdeckung des Promethiums 1947 absieht. Die nachfolgende nach Jahreszahlen geordnete Auflistung zeigt dies:

Jahr	**Element/Mineral**	**Entdecker**	**Namensgebung**
1784	Gadolinit	C. A. Arrhenius	Person: Johan Gadolin
1794	Yttriumoxid	Gadolin	Ort: Ytterby
1751	Cerit	Cronstedt	Planetoid: Ceres
1804	Cer	Berzelius Hisinger	Planetoid: Ceres
1839	Samarskit	Klaproth G. Rose	Person: Oberst Samarsky
1839	Lanthan	Mosander	Eigenschaft: versteckt sein
1842	Didym	Mosander	Eigenschaft: Zwillinge
1843	Terbium beziehungsweise Erbium	Mosander	Ort: Ytterby
1878	Ytterbium	Marignac	Eigenschaft: zwischen Erbium und Ytterbium
1879	Samarium	Boisbaudran	Mineral: Samarskit
1879	Scandium	Nilson	Ort: Skandinavien
1879	Thulium	Cleve	Ort: Skandinavien (alter Name: Thule)
1879	Holmium	Cleve	Ort: Stockholm

1886	Dysprosium	Boisbaudran	Eigenschaft: schwer beizukommen
1886	Gadolinium	Marignac	Person: Gadolin
1886	Praseodym	Auer von Welsbach	Eigenschaft: grüner Zwilling
1886	Neodymium	Auer von Welsbach	Eigenschaft: neuer Zwilling
1901	Europium	Demarçay	Ort: Europa
1907	Lutetium	Urbain Auer von Welsbach	Ort: Paris (lateinisch Lutetia)
1947	Promethium	Marinsky Glendenin Coryell	Sage: Prometheus

Quelle: http://de.wikipedia.org/wiki/Metalle_der_Seltenen_Erden

Die häufigsten lanthanoidführenden Mineralien sind *Monazit* und *Bastnäsit*. Diese beiden Mineralien, die in der Natur verglichen mit anderen eher selten vorkommen, spielen eine wichtige Rolle zum Verständnis der Herkunft der Seltenerdmetalle und ihrer Bedeutung im Weltmarkt. Deshalb wollen wir uns ihnen etwas ausführlicher widmen.

Monazit

Der Name *Monazit* leitet sich aus dem Griechischen ab und bedeutet so viel wie allein (mono) lebend. Dies bezieht sich auf die einzeln vorkommenden Kristalle. Monazit enthält auch Zerfallsprodukte wie Blei und Helium. Daher ist Monazit ein wichtiges Mineral für die absolute Altersdatierung von Gesteinen (Geochronologie). Monazit hat eine Mohshärte von etwa 5 und eine Dichte von rund 5 kg/dm^3. Es gehört zur Mineralklasse der Phosphate, Arsenate und Vanadate. Seine Farbe variiert zwischen rotbraun und gelb. Monazit findet sich in Erzgruben in Gebirgen, aber auch als Monazitsand an Flussläufen und Küstenstreifen. Die bedeutendsten Abbaugebiete sind Erzgruben in der Inneren Mongolei in China, im Süden Kaliforniens, in Südafrika und in Australien, außerdem an Stränden von Südindien, Sri Lanka und Brasilien.

Abhängig vom Fundort enthält Monazit folgende Elemente (ungefähre Werte):

- Cer: 50 Prozent
- Lanthan: 20 Prozent
- Neodym: 20 Prozent
- Praseodym: 5 Prozent
- Andere: 5 Prozent

Monazit wurde von dem österreichischen Chemiker und Unternehmer Carl Freiherr Auer von Welsbach (1858–1929) gefunden, als er nach Thorium, einem radioaktiven Actinoid, im Ballastsand aus brasilianischen Schiffen suchte. Dies benötigte er für die von ihm erfundenen Glühstrümpfe für Gaslicht, der damals wichtigsten Lichtquelle. Dieses Gasglühlicht wurde auch *Auerlicht* genannt, es wurde für Auer von Welsbach ein großer wirtschaftlicher Erfolg. Er entdeckte auch die vier Elemente Neodym, Praseodym, Ytterbium und Lutetium und erfand den Zündstein für das Feuerzeug.

Abb. 12.2: Denkmal Robert Wilhelm Bunsens in Heidelberg (© Shutterstock/Jorg Hackemann)

Unter der Leitung von Professor Robert Wilhelm Bunsen (1811–1899) in Heidelberg, an dessen Brenner wir uns alle aus dem Chemieunterricht noch gerne erinnern, begann Auer mit Arbeiten an den Seltenen Erden. Über Bunsen sagte sein Freund, der englische Chemiker Henry Enfield Roscoe (1833–1915), nach dessen Tod:

»Als Forscher war er großartig. Als Lehrer sogar noch großartiger. Als Mann und Freund war er der Größte.«

Gelehrte aus der ganzen Welt baten Auer von Welsbach um Präparate, die er, beeinflusst von Bunsen, kostenfrei zur Verfügung stellte, was ihm hohe Achtung weltweit einbrachte. Schließlich waren Eifersüchteleien und Geheimniskrämerei in der Welt der Wissenschaft, der Entdecker und Erfinder schon immer eher der Normalfall.

Abb. 12.3: Auer von Welsbach

In einem Bericht über seine Arbeiten vor 1910 beschrieb Auer auch Beobachtungen zur Radioaktivität, 24 Jahre vor ihrer offiziellen Entdeckung! Seine Studien über hoch temperaturbeständige Metalle für Glühfäden führten zur Gründung der Marke Osram. Er erhielt viele Ehrendoktorwürden sowie den Adelstitel und wurde auf Geldscheinen und Münzen verewigt. Ein Museum in Althofen in Österreich ist allein ihm gewidmet.

Folgenden Artikel aus der Zeitschrift »Die Koralle« vom September 1929 möchte ich Ihnen nicht vorenthalten, auch wenn sich einige Angaben an anderen Stellen dieses Buchs wiederholen:

Das Lebenswerk Auer von Welsbachs

Von Magister pharm. Robert Plohn

Wir hatten Dr. Karl Auer von Welsbach darum gebeten, in der vorliegenden Nummer sein Lebenswerk zu schildern; der Tod hat es verhindert. Am 4. August ist er kurz vor seinem 71. Geburtstag auf Schloß Welsbach in Kärnten an den Folgen eines Magenleidens verstorben, am 7. August wurde er in Wien auf dem Hitziger Friedhof in der Familiengruft bestattet.

Am 1. September 1858 war Auer in Wien in der Staatsdruckerei geboren. Sein Vater hatte sich vom Setzerlehrling zum Direktor der Staatsdruckerei emporgearbeitet, hatte den Weltruf dieses Instituts begründet. Als der Sohn 10 Jahre alt war, verlor er den Vater. Er studierte dann zunächst am Wiener Polytechnikum, um 1880 nach Heidelberg zu gehen. Hier im Laboratorium Bunsens begann er jene Untersuchungen der »seltenen Erden«, die er dann in Wien im Laboratorium von Lieben weiterführte, deren Erforschung sein Leben bis zum letzten Atemzuge gewidmet war; mit dem Erfolg, daß die Bezeichnung »seltene Erden« nunmehr geschichtlich gerechtfertigt erscheint. Vier Elemente aus dieser Gruppe hat Auer entdeckt, von ihm Neodym, Praseodym, Cassiopeium, Aldebaranium benannt.

Auer ist nicht nur Erfinder des Gasglühlichts und der Osmiumlampe, sondern auch des Cer-Eisens, das als Auermetall bekannt, die Zündsteine der Feuerzeuge liefert, er ist der Schöpfer der Industrie der seltenen Erden. Im Laboratorium Bunsens, dem Vater der Spektralanalyse, waren Auer einige Stückchen von Mineralien, die nordische seltene Erden enthielten, in die Hand gefallen. Mit großem Eifer sammelte er ein Handvoll des Minerals und ging, von Bunsen ermutigt und unterstützt, an die Analyse. Das Ergebnis war die Veröffentlichung in der Wiener Akademie über die Erden des Gadoliniths von Ytterby. In Fortsetzung dieser Arbeiten in Wien gelang es Auer, das bisherige Element Didym zu zerlegen und so das Neodym und Praseodym zu entdecken. Um das auffallende Strahlungsvermögen dieser Elemente, wie überhaupt der seltenen Erden, besser beobachten zu können, tränkte Auer Wollfäden mit Salzen dieser Stoffe und brachte diese Fäden dann in die Flamme des Bunsenbrenners. Das ist der Ursprung des Gasglühlichts, eine Bezeichnung, die ein die Versuche Auers bewundernder Wiener Journalist geprägt hat. In jener langen Spanne, beginnend mit dem Augenblick, in dem Prometheus die brennende Fackel zu den Menschen brachte und ihnen damit Feuer und Licht schenkte, bis zu jenem Zeitpunkt, da Auer seine Versuche anstellte, war stets nur glühender Kohlenstoff die einzige Quelle künstlichen Licht gewesen, im Kienspan, in der Tranlampe, in der Kerze, im Petroleum, im Leuchtgas und in der Kohlenfadenlampe Edisons. Jetzt zum ersten Male lernte man wirkliche Lichtspender kennen, Licht war bisher nur gleichsam der Abfall der Wärmeerzeugung und der Verbrennung gewesen. Die Geburtsstunde des Auer-Strumpfes war gleichzeitig die Geburtsstunde der modernen Lichtwissenschaft und Lichttechnik.

Unter der Bezeichnung seltene Erden faßt man eine Anzahl erdartiger Sauerstoffverbindungen von Elementen zusammen, die fast immer gruppenweise miteinander verbunden sind und die sich durch eine beispiellose Ähnlichkeit auszeichnen, so daß die gebräuchliche Art der chemischen Trennung hier völlig versagt. Dem Chemiker gibt das sogenannte periodische System der Elemente, in dem die einzelnen Elemente nach Ordnungsnummern gruppenweise eingereiht sind, eine genaue Übersicht über die chemischen Grundstoffe, so daß man weiß, daß dort wo eine solche Ordnungsnummer unbesetzt ist, sich wohl noch ein unbekanntes Element befinden dürfte, ja man konnte auf Grund dieses Systems die Eigenschaften unbekannter Elemente voraussagen, die bei der späteren Entdeckung bestätigt wurden. Die Elemente der Gruppe der seltenen Erden sind einander in ihren Eigenschaften so ähnlich, daß man sie häufig an derselben Stelle des Systems einreiht. Nicht in ihrer Seltenheit, sondern in ihrer Ähnlichkeit lagen die Schwierigkeiten für ihre Trennung und Verwertung, und diese Schwierigkeiten hat Auer durch seine Methode der fraktionierten Kristallisation überwunden.

Zuerst waren es die Salze des Zirkons und des Lanthans, die Auer für die Herstellung der Glühkörper verwandte. Das Ergebnis war wenig befriedigend, und seine eigenen Studien führten ihn dazu, an ihre Stelle Thoroxyd mit einem Zusatz von 1 v. H. Ceroxyd zu verwenden. Das ist im wesentlichen auch noch heute die Zusammensetzung der Glühkörper. Das Auer-Licht kam im richtigen Augenblick, denn eben ging die Elektrizität daran, mit der Edisonschen Kohlefadenlampe den Kampf gegen das Gas aufzunehmen. Das Auer-Licht erwies sich als wesentlich wirtschaftlicher und besser. Allein auch den geretteten Erzeugern des Gases machte anfänglich die Erfindung bange, dreimal so viel Licht bei halbem Gasverbrauch. Das schien gefährlich. In Wirklichkeit aber sind über 200 Milliarden Kubikmeter Gas unter Auer-Strümpfen verbrannt und trotzdem noch ebensoviel an Gas erspart worden. Dazu kommt noch, daß nun, da das Gas nicht selbst Leuchtquelle war, die Einführung des billigen

Wassergases, das selbst nicht leuchtete, möglich wurde. Aus dem Chemiker Auer war aber in der Zwischenzeit der Lichttechniker geworden, der die Mängel der Glühlampe genauestens erkannte und durch die Erfindung der Osmium-Lampe beseitigte. Auch hier schuf er besseres Licht mit halbem Energieverbrauch.

Die Osmiumlampe als erste Metallfadenlampe leitete den Siegeszug des elektrischen Lichtes ein, aber auch heute noch ist das Auer-Gaslicht ein gewaltiger Lichtspender. Auch heute noch sind beispielsweise in Berlin 69 v. H. aller Wohnungen durch ihn erleuchtet, alljährlich werden noch 150 Millionen Gasglühkörper in der Welt hergestellt. Als Rohstoff für die Gewinnung der Seltenen Erden erwies sich der Monazitsand, einst Ballast der brasilianischen Schiffe, als hervorragend geeignet und reichlich vorhanden.

Wie schon erwähnt, kommen die Seltenen Erden stets in engster Verbindung miteinander vor und die Glühkörpererzeugung braucht im wesentlichen Thoriumoxyd und nur 1 v. H. Cer. Es galt, die Überschüsse wirtschaftlich zu verwerten. Dies führte wiederum bei Cer durch Zusammenschmelzen mit Eisen zum Auer- Metall, zu den sogenannten pyrophoren Legierungen, zum Feuerzeug, das jedem von uns vertraut ist. Auf der anderen Seite ergeben sich radioaktive Substanzen und das von Otto Hahn entdeckte Mesothor ist unter anderem die Quelle der radiumleuchtenden Zifferblätter. In allerjüngster Zeit werden herrliche Kunstgläser durch Beimischung von Neodym -und Praseodymsalzen gewonnen, Gläser die wohl in Zukunft wegen ihrer besonderen optischen Eigenschaften vielfach Verwendung finden werden, genau so wie Gläser mit Cer heute bereits als Brillengläser das Auge vor der unerwünschten Einwirkung der ultravioletten Strahlung schützen. Die ins Ungeheuerliche verfeinerte und gesteigerte Methode hat Auer zu einem völligen Aufschluß und zu einer befriedigenden wirtschaftlichen Ausnutzung des Monazit-Sandes geführt.

Land	Lagerstätte	Erzvorräte (Mio. t)	SEO-Gehalt (%)	Status	Prod. Ziel SEO (T/a)	davon Nd_2O_3 (t/a)
USA	Mountain Pass	50	8-9	Vorbereitung zur Wiederaufnahme der Produktion	20.000	2.500
Australien	Mt. Weld	7,7	11,9	Im Aufschluss	21.000	3.900
	Nolans	30,3	2,8	Pre-Feasibility Studie, Pilotanlage	20.000	4.300
	Dubbo	73,2	0,89	Exploration	3.200	450
	Cummins Range	4,17	1,72	Exploration	?	?
Indien	Manavalakurichi, Chavara u.a.	8	57	Beiprodukt, Steigerung	7.000	735
Malawi	Kangakunde	2,53	4,24	Exploration	5.000	700
Kanada	Hoidas Lake	1,4	2,5	Exploration	4.000	875
	Thor Lake	61,15	2,05	Exploration	5.000	945
Grönland/ Dänemark	Kvanefjeld	457	1,07	Pre-Feasibility Studie	43,7291[1)]	5.640
Vietnam	Verschiedene	>9	4-5	Vorbereitung	?	?
Mongolei	Verschiedene	25	0,5-3	Exploration	?	?

[1)] **nur 34% Ausbringen in derzeitigen Aufbereitungsversuchen**

Bastnäsit

Bastnäsit ist nach dem Fundort Bastnäs in einer alten Bergbauregion in Schweden benannt. Bastnäsit ist der Name für eine Serie von Mineralen aus der Gruppe der Carbonate, genauer der Lanthanoid-Fluorcarbonate. Aus ihnen wird seit den 1960er Jahren ein großer Teil der Weltproduktion an Lanthanoiden gewonnen. Die Einzelminerale, die zur Bastnäsit-Gruppe gehören und anerkannt sind, lauten Bastnäsit-(Ce), Bastnäsit-(Y) und Hydroxylbastnäsit-(Ce), wobei das Element in Klammern den jeweiligen Hauptbestandteil des Minerals angibt, jedoch auch andere Lanthanoide in mehr oder minder großer Konzentration darin vorkommen.

Durch Verwitterung und damit einhergehenden chemischen Prozessen kann sich Monazit bilden. Die Mohshärte der Bastnäsite liegt bei 4 bis 4,5 und die Dichte bei etwa 5,0 g/cm³.

Eine typische Verteilung der Seltenerdmetalle am Beispiel des Einzelminerals Bastnäsit-(Ce) zeigt folgende Tabelle, wobei die genaue Zusammensetzung je nach Fundstätte schwanken kann.

Element	Typischer Anteil
Lanthan	33,2 %
Cer	49,1 %
Praseodym	4,3 %
Neodym	12 %
Samarium	8000 ppm
Gadolinium	1700 ppm
Europium	1200 ppm
Dysprosium	310 ppm
Terbium	160 ppm
Holmium	50 ppm
Erbium	35 ppm
Thulium	8 ppm
Ytterbium	6 ppm
Lutetium	1 ppm
Quelle: http://de.wikipedia.org/wiki/Bastnäsit	

Was »ppm« bedeutet, finden Sie in Kapitel 7. Der jeweilige Massenanteil an der Erdhülle ist auch bei der Vorstellung der einzelnen Metalle genannt.

Die bedeutendsten Hauptfundorte von Bastnäsit sind die Innere Mongolei in China, Mountain Pass im Süden Kaliforniens und Madagaskar.

Beteiligungsmöglichkeiten und Aussichten für Anleger

Noch weniger als bei den Strategischen Metallen gibt es bisher Möglichkeiten, in Seltene Erden zu investieren. Sie können entweder direkt Aktien von Minenunternehmen beziehungsweise Produzenten erwerben oder sich an entsprechenden Fonds beteiligen. Diese beinhalten meist auch Aktien von Minen anderer Rohstoffe, oft Strategische Metalle und nicht nur Seltene Erden. Erst in den letzten Monaten des Jahres 2010 sind Indizes für Seltene Erden entstanden, wohlgemerkt mit Minengesellschaften, nicht mit den Metallen selbst. Mehr dazu finden Sie im für die aktualisierte Auflage neu aufgenommenen Kapitel 13.

Da Metallaktien, -fonds und -derivate meist in US-Dollar gehandelt werden, sollten Sie auf den Kurs zum Euro achten. Oft gibt es die Möglichkeit, gegen eine Gebühr währungsgesicherte Anlagen zu zeichnen.

Für ein direktes Investment in Minenaktien oder in gemanagte Fonds oder in Indexfonds, die solche Aktien beinhalten, ist natürlich kurzfristig China das bedeutendste Land, vor den USA und Australien, die eher für längerfristige Investments infrage kommen.

Bedeutung der Lagerstätten in China

Der Bezirk Bayan Kuang (»Reiche Mine«), der zur Stadt Baotou in der Inneren Mongolei in China gehört, Gansu und Sichuan sind die bisher bedeutendsten Fundorte weltweit, die bereits produzieren. In Bayan Kuang wurden die Erzgruben, die im Tagebau abgebaut werden, 1920 entdeckt. Man schätzt die Reserven an Erzen der Seltenen Erden auf über 35 Millionen Tonnen. Dort befinden sich auch die größten Eisenerzvorkommen Chinas mit über 1 Milliarde Tonnen Reserven. Die führenden Produzenten von Seltenerdmetallen in der Volksrepublik sind Baotou Steel, Baotou Rare Earth Group Co., Gansu Rare Earth Co. und Sichuan Rare Earth Group.

Die Tagebaustätten haben eine gewaltige Umweltzerstörung zur Folge, die nur mit hohem Aufwand wieder zu beheben sein wird. Solche Umweltproblematik ist in anderen Förderländern wie den USA, Kanada oder Australien inakzeptabel, neben dem höheren Lohnniveau mit ein Grund für höhere Förderkosten dort.

Aus China kommen 95 Prozent der Weltproduktion, über 100 000 Tonnen. So beziehen auch die USA 90 Prozent ihres Bedarfs an Seltenerdmetallen aus China. Diese strategische Bedeutung für China ist demzufolge natürlich auch außenpolitisch groß. 60 000 Tonnen exportierte China noch 2004, nur noch 40 000 Tonnen in 2007. Hinzu kommt die erklärte Absicht Chinas, künftig vorrangig nicht die Metalle an Produzenten aller Art außerhalb des Landes verkaufen zu wollen, sondern die daraus zu fertigenden Endprodukte beziehungsweise Halbfertigzeuge im Land zu produzieren, um auch an den dazu notwendigen Verfahrensschritten zu profitieren. Auch hierzu dienen, wie bereits erläutert, die Ende 2010 angekündigten drastischen Exportreduzierungen.

Lagerstätten in den USA

Das Abbaugebiet Mountain Pass befindet sich im San Bernardino County im Süden Kaliforniens. Die Mine gehört der Moly Corp Division, die sich auch The Rare Earths Company nennt. Durch den Preisverfall von Seltenen Erden wurde Moly Corp 2015 insolvent.

Molycorp Minerals hatte einmal die weltgrößte Fördermine für Seltenerdmetalle, stellte aber aufgrund der billigeren Konkurrenz aus China 2002 die Förderung ein. Nach dem Preis-Boom begann man wieder, musste aber 2015 aufgeben. Zu berücksichtigen dabei ist, dass die Produktion von Seltenen Erden aus Erzen sehr aufwendig und China technologisch führend ist. Diesen Wissensvorsprung galt es erst einmal aufzuholen.

Eine weitere Lagerstätte in den USA ist Bear Lodge im Nordosten von Wyoming. Es soll die größte für Seltenerdmetalle in Nordamerika sein und befindet sich im Besitz des kanadischen Unternehmens Rare

Element Resources Ltd. Im Jahr 2015 gab es eine Kapitalerhöhung, das Projekt gilt als »Projekt nationalen Interesses«.

In der Nähe befindet sich ein einzigartiges Naturdenkmal, der Devils Tower. Er wurde von Präsident Roosevelt im Jahre 1906 zum ersten National Monument der USA erklärt und wurde 1977 weltberühmt durch den Spielfilm *Unheimliche Begegnung der dritten Art* von Steven Spielberg, in welchem er als Landeplatz für Außerirdische dient.

Lagerstätten in Australien

Die australischen Minenunternehmen sind im Abbau vieler Rohstoffe tätig. Die Seltenerdmetalle sind nur ein Teil der Aktivitäten und man steht damit noch am Anfang.

Eine besonders ergiebige Lagerstätte befindet sich in Mt. Weld im Westen Australiens. Erschlossen wird sie von der Lynas Corporation Ltd. Nach eigenen Angaben zählt das Vorkommen zu den größten weltweit. Lynas hat große Pläne. So will das Unternehmen nicht nur als Lieferant, sondern auch als Weiterverarbeiter auftreten.

Ein anderes australisches Unternehmen, Arafura Resources Ltd., soll auch über große SEM-Reserven verfügen. Es gibt mehrere Abbauprojekte in Nolans Bore, Lagoon Creek, Lucy Creek und Aileron Basin.

Im März 2010 wurden in China vier australische Manager von Rio Tinto zu bis zu 14 Jahren Haft wegen Industriespionage und Korruption verurteilt. Rio Tinto ist eines der größten Bergbauunternehmen weltweit, 1873 gegründet mit Unternehmenssitz in London und Melbourne und über 100 000 Mitarbeitern, das hauptsächlich Eisenerz, Aluminium, Kupfer und Gold gewinnt. Das Unternehmen hat enge Wirtschaftsbeziehungen zu China. Es fand die Strafen zwar hart, hat aber nicht protestiert und die Mitarbeiter sofort entlassen.

Weitere Lagerstätten

Usbekistan ist ein Land mit reichen Bodenschätzen. Es gibt dort Kohle, Öl, Erdgas, Edelmetalle, Buntmetalle und vieles andere. Bei der Suche fand man auch Vorkommen an Seltenerdmetallen und

Strategischen Metallen. Für eine endgültige Bewertung ist es aber noch zu früh.

In Kanada hat die Avalon Rare Metals Company Seltene Erden in der Lagerstätte Nechalacho entdeckt, von der man sich viel verspricht.

In Deutschland wollte die Deutsche Rohstoff AG Seltenerdmetalle fördern, die im Erzgebirge schon in den 1970er Jahren bei der Suche nach Uran gefunden wurden (siehe Kapitel 4). Nach dem Preisverfall wurde das Projekt aufgegeben.

Wenn China so übermächtig im Abbau der Erze und in der Produktion der Seltenerdmetalle bleibt, dann wird China die Preise diktieren. Sollte sich das ändern und zwei weitere große Produzenten aufholen, also in einem Markt eine Zeit lang drei Wettbewerber vorne liegen, gibt es zwei Möglichkeiten: Man liefert sich einen knallharten Konkurrenzkampf mit entsprechendem Verfall der Preise oder man spricht sich ab. Was ist wohl für alle Seiten sinnvoller? Eben! Selbstverständlich spreche ich hier nicht vom deutschen Binnenmarkt, hier sind Preisabsprachen verboten. Bedingt durch die strikte Einhaltung dieses Verbots haben wir einen so extremen Wettbewerb und Preiskampf beispielsweise bei Strom, Telekommunikation, Mineralstoffen, Medikamenten et cetera. Zynisch? Ja, aber erinnern Sie sich, was ich in der Einleitung zum Thema Korruption sagte?

Da man sowohl Amerikanern, Russen, Australiern und Kanadiern als auch Chinesen einen gesunden Geschäftssinn unterstellen kann, neige ich zu der Annahme, dass vielleicht nicht sofort, aber mit zunehmender Bedeutung schon bald die Preise für Seltenerdmetalle rasant steigen werden, natürlich mit dem üblichen Auf und Ab, wie das bei allen anderen Rohstoffpreisen auch der Fall ist. Mit hohen Volatilitäten ist zu rechnen. Die anderen Nationen mit den kleineren Abbaugebieten werden sich daran erfreuen und sicher nichts dagegen haben. Um im Markt bestehen zu können, müssen sie nicht die Preise der Großen unterbieten, es ist genug Bedarf für alle da.

Die Metalle

Aus beiden Erzsorten werden die Seltenerdmetalle in mehreren Verfahrensschritten mittels Zusatz von Säuren (saure Behandlung) und/oder Laugen (alkalische Behandlung) und Hitze gewonnen. Die Verfahren sind sehr komplex und aufwendig. Sie laufen grundlegend anders ab als die Gewinnung der meisten anderen Metalle aus Erzen, die meist durch Erhitzung herausgeschmolzen werden. Dies ist auch der Grund dafür, dass die Seltenerdmetalle verglichen mit anderen erst so spät entdeckt wurden und es so viele Missverständnisse gab. Näheres zu diesen Verfahren würde hier zu weit führen; unter den Stichworten Monazit und Bastnäsit finden an Chemie Interessierte genügend Informationen im Internet.

Viel mehr noch als in anderen Wissenschaftsgebieten gab es speziell bei den Entdeckungen der Metalle der Seltenen Erden Forscher, die metallübergreifend viele Grundlagen entdeckten. Dies hängt unter anderem mit der typischen und komplizierten Urform der Metalle als unterschiedliche Oxide zusammen, die man nicht auf Anhieb auseinanderhalten konnte.

Wie auch die Strategischen Metalle will ich Ihnen auf den folgenden Seiten die Metalle einzeln vorstellen. Dabei will ich auch ein wenig auf interessante Informationen eingehen, die über die Eigenschaften, Vorkommen und Anwendungen der Metalle hinausgehen. Wenn dieselben Wissenschaftler für verschiedene Elemente maßgebend waren, finden Sie Informationen über deren Biografien nur bei einem Metall, bei anderen Metallen wird dann zurückverwiesen.

Vieles konnte erst in der jüngeren Wissenschaftsgeschichte geklärt werden. So hat beispielsweise der französische Chemiker Georges Urbain (1872–1938) erst 1905 reines Erbiumoxid hergestellt. Er studierte an der Sorbonne in Paris und war dort bis zu seinem Tod Hochschullehrer. Er erkannte, dass mehrere bis dahin als rein angesehene Lanthanoidelemente in Wirklichkeit Gemische waren. So stellte er erstmals auch reines Lutetium und reines Gadolinium her. 1919 gründete er die *Société des terres rares* (Gesellschaft für Seltene Erden). Wie viele große Köpfe dieser und der vorangegangenen Zeiten war er sehr vielseitig, auch künstlerisch interessiert und wirkte als Bildhauer, Maler und Musiker.

Die 17 Metalle der Seltenen Erden mit Symbol und Ordnungszahl (in alphabetischer Reihenfolge)
Cer (Ce, 58), Dysprosium (Dy, 66), Erbium (Er, 68), Europium (Eu, 63), Gadolinium (Gd, 64), Holmium (Ho, 67), Lanthan (La, 57), Lutetium (Lu, 71), Neodym (Nd, 60), Praseodym (Pr, 59), Promethium (Pm, 61), Samarium (Sm, 62), Scandium (Sc, 21), Terbium (Tb, 65), Thulium (Tm, 69), Ytterbium (Yb, 70), Yttrium (Y, 39)

Ausnahmsweise wollen wir diese Metallgruppe auch noch einmal anders ordnen, und zwar nach den Ordnungszahlen. Hintergrund ist die für Anlagebetrachtungen und Minenbewertungen wichtige Unterscheidung in leichte und schwere Seltenerdmetalle (LREE bis 62, HREE bis 71):

Die 17 Metalle der Seltenen Erden geordnet nach Ordnungszahl
Scandium (Sc, 21), Yttrium (Y, 39), Lanthan (La, 57), Cer (Ce, 58), Praseodym (Pr, 59), Neodym (Nd, 60), Promethium (Pm, 61), Samarium (Sm, 62), Europium (Eu, 63), Gadolinium (Gd, 64), Terbium (Tb, 65), Dysprosium (Dy, 66), Holmium (Ho, 67), Erbium (Er, 68), Thulium (Tm, 69), Ytterbium (Yb, 70), Lutetium (Lu, 71)

Schon bei der Auflistung einiger Eigenschaften der Seltenerdmetalle wird Ihnen auffallen, dass sich diese im Gegensatz zu den Eigenschaften der meisten anderen Metallgruppen stark ähneln. So sind die Mohshärten sehr niedrig beziehungsweise können oft gar nicht angegeben werden. Die Dichten sind zwar unterschiedlich, gehen aber nicht über 10 g/cm^3 hinaus. Die elektrischen Leitfähigkeiten bewegen sich in ähnlichen Größenordnungen.

Gefahrstoffe

Einige Seltenerdmetalle unterliegen der Gefahrstoffkennzeichnung nach der Gefahrstoffverordnung. Diese besagt, dass Gefahrstoffe mit Namen,

Gefahrensymbol und -namen sowie Risiko- und Sicherheitssätzen gekennzeichnet sein müssen.

Folgende Symbole werden hierfür verwendet:

- Leichtentzündliche Stoffe (Auszug): Stoffe, die sich bei Raumtemperatur an Luft ohne äußere Energiezufuhr erhitzen und entzünden können oder Feststoffe, die sich bei kurzfristiger Einwirkung einer Zündquelle leicht entzünden und von alleine weiterbrennen können.

- Gesundheitsschädlich, reizend: Stoffe, die bei Berührung mit Wasser oder Luft hochentzündliche Gase entwickeln. Stoffe, die beim Verschlucken, Einatmen oder über die Haut Gesundheitsschäden hervorrufen können.

- Radioaktiv

Seltenerdoxide haben generell den Vorteil, sehr lagerstabil zu sein. Geliefert werden sie meist als Oxide in Pulverform in Plastik- oder Stahlfässern.

Physisches Investment

Neu ist die Möglichkeit, direkt in physische Seltenerdmetalle zu investieren, allerdings nicht in die Metalle in Reinform, sondern in ihre Oxide, die auch die Handelsform dieser Metalle darstellen. Hier gilt das Gleiche wie schon in Kapitel 11 aufgeführt, was die sinnvolle Auswahl betrifft. Am ehesten infrage hierfür kommen Dysprosium, Europium, Neodym, Gadolinium, Praseodym und Yttrium. Diese Metalle werden deshalb in den Überschriften in Kapitälchen herausgestellt und die Beschreibungen enthalten am Ende den Absatz »Liefer- und Anlageaspekte«.

Wie auch in Kapitel 11 sind im Folgenden der Orientierung halber die Preise der Metalloxide Ende Oktober 2016 in Deutschland vergleichsweise gegeneinandergestellt. Der Vermerk »in Deutschland« ist deswegen wichtig, weil die Transportkosten der Metalle aus aller Welt inbegriffen sind. Zu mehr als zu einer einfachen Orientierung als Momentaufnahme taugt diese Tabelle dennoch nicht, die Korrelationen können sich aus allen bereits genannten Gründen die Preisfindung betreffend schnell ändern. Preise sind in US-Dollar pro Kilogramm angegeben.

Wenn Sie sich die Charts der einzelnen Metalle anschauen, so finden Sie zurzeit historische Tiefstpreise vor. Das hat mehrere Gründe. Zum einen wurden Überkapazitäten aufgebaut, zum anderen hat China mit der Niedrigpreispolitik Mitbewerber aus dem Rennen geworfen. Die Überkapazitäten sind mittlerweile abgebaut und für die Metallförderer und -produzenten gibt es keinen Grund mehr, die Preise künftig nicht zu erhöhen. Der Markt verlangt in steigendem Maße die genannten Metalle. Gleiches gilt für die im vorigen Kapitel behandelten Strategischen Metalle, weshalb Sie diesen Absatz wörtlich auch dort finden.

Dysprosiumoxid	**Europiumoxid**	**Neodymoxid**
224	81	44
Terbiumoxid	**Yttriumoxid**	
442	4	

Preisangaben

Wie in Kapitel 11 möchte ich auch an dieser Stelle anmerken:

Unter den Beschreibungen werden Sie für die Metalle, die als Anlagemöglichkeit empfohlen werden, Charts mit Werten finden, die freundlicherweise von dem Handelsunternehmen TRADIUM zur Verfügung gestellt wurden. Die Charts stammen deshalb von einem Unternehmen, weil es für einige dieser Metalloxide zwar Charts im Internet, aber keine Börsen gibt, der Handel sich also direkt zwischen Käufer und Verkäufer abspielt. Aus diesem Grund sind auch die Preisangaben für die Metalloxide unterschiedlich in Bezug auf Währung, Menge und Preisstellung. Die angegebenen Reinheiten in Prozent entsprechen den üblichen Handelsspezifikationen. Unter www.technologiemetalle.de findet der interessierte Leser laufend aktualisierte Preis-Charts.

- Währungen können sein: $ (US-Dollar), € (EURO) oder RMB (Renminbi, siehe »Währung« unter China in Kapitel)
- Mengen können sein mt oder mtu (Metric Ton Unit = 1000 kg), kg (Kilogramm) oder lb (Pound, Pfund, entspricht 0,45359237 kg. 1 kg = 2,2046 pounds)
- Die Preisstellung kann sein FOB (Free On Board), CIF (Cost Insurance Freight) oder schlicht EU.

FOB und *CIF* sind Abkürzungen der Internationalen Handelsklauseln (International Commercial Terms, kurz Incoterms) der 1919 gegründeten Internationalen Handelskammer (International Chamber of Commerce, kurz ICC) mit Sitz in Paris. Damit wird die Art und Weise von Güterlieferungen international geregelt, wie beispielsweise Gefahrübergang oder Preisstellung. Die beiden genannten sind die meistgenutzten, sie werden auch für die Außenhandelsstatistik verwendet: FOB für Ausfuhren, CIF für Einfuhren. Wenn also ein Metall aus China eingeführt werden muss, bedeutet FOB, dass die Transportkosten von einem chinesischen Hafen zu einem europäischen Hafen nicht enthalten sind, bei CIF sind sie es, bei EU ebenfalls. IWH heißt »In Warehouse«, EXW »Ex Works«. Das muss ich nicht übersetzen

Verpackungen, Verpackungseinheiten und Lieferformen (Barren, Stangen, Stücke, Späne, Pulver et cetera) sind je nach Handelspartner unterschiedlich, die hier unter Liefer- und Anlageaspekte genannten sind die gängigsten.

Cer

Cer, auch Zer oder Cerium genannt, wurde als Oxid 1803 von den schwedischen Wissenschaftlern Jöns Jakob Berzelius (1779–1848) und Wilhelm von Hisinger (1766–1852) gleichzeitig mit Martin Heinrich Klaproth (1743–1817, siehe Tellur) entdeckt und nach dem Zwergplaneten Ceres benannt, der kurz vorher, im Jahr 1801, von dem italienischen Astronomen Giuseppe Piazzi (1746–1826) entdeckt worden war. Berzelius gilt als Vater der modernen Chemie; Hisinger, in dessen Haus er zeitweilig wohnte, finanzierte gemeinsame Studien. Sie entdeckten auch das Lithiumoxid.

Die Darstellung des Elements gelang 1825 Carl Gustav Mosander (1757–1858). Er war Apotheker, studierte Medizin und wurde Professor für Chirurgie. Durch Jöns Jacob Berzelius fand er zur Chemie und wurde 1836 dessen Nachfolger als Professor für Chemie und Pharmazie. Wissenschaftsübergreifenden Karrieren waren zu dieser Zeit nicht unüblich. In 20 Jahren Beschäftigung mit Seltenen Erden entdeckte Mosander noch weitere Elemente, darunter Erbium, Terbium und Yttrium.

Die wichtigsten Eigenschaften von Cer

Name, Symbol, Ordnungszahl: Cer, Ce, 58
Massenanteil an der Erdhülle: 43 ppm
Dichte: 6,689 g/cm^3
Mohshärte: 2,5
Schmelzpunkt: 795 °C
Elektrische Leitfähigkeit: 1,35 × 10^6 A/V × m

Cer ist silbrig-weiß glänzend und das zweitreaktivste Lanthanoidmetall. Schon eine oberflächliche Verletzung der gelben Oxidschicht entzündet das Metall. Fein verteilt erhitzt es sich ohne Energiezufuhr an der Luft und entzündet sich. Bei 150 °C verbrennt es. Von Wasser und Laugen wird es angegriffen. Cer ist leicht entzündlich und hat die Gefahrstoffkennzeichnung F.

Vorkommen

In der Natur kommt Cer in Ceriterden zusammen mit anderen Lanthanoiden vor. Es muss aufwendig auf chemischem Wege abgetrennt werden, bis hin zu einer Abschmelzung im Vakuum.

Anwendungen

Aufgrund seiner Eigenschaften wird Cer vorwiegend als Mischmetall eingesetzt, und zwar in Verbindungen mit Metallen, die bei der Herstellung aus den entsprechenden Seltenerdmineralien anfallen. Der Begriff »Mischmetall« hat sich inzwischen durchgesetzt für eine Verbindung aus 50 Prozent Cer, 25 Prozent Lanthan, 15 Prozent Neodym und 10 Prozent anderen Zusätzen. Diese Mischung wird gehandelt als Pulver, Barren, Stangen et cetera. Interessant ist die englische Übersetzung. Sie lautet nicht »mixed metal«, sondern »misch metal«. Die Verbindungen werden angeboten in Reinheiten von 99,0 bis 99,999 Prozent. Es gibt Azetat, Nitrat, Sulfat, Carbonat, Chlorid, Fluorid, Hydroxid et cetera.

Cereisen in der Zusammensetzung 70 Prozent Cer und 30 Prozent Eisen, auch als *Auermetall* bekannt, wurde von Karl Auer von Welsbach (1858–1929, siehe Monazit) 1903 zum Patent angemeldet. Eine Abwandlung fand weltweite Verbreitung als Zündstein, beispielsweise in Feuerzeugen.

Cer und seine Verbindungen dienen zur Färbung von Emaille, als Ausgangsstoff für Zündsteine, Bestandteil von Katalysatoren, UV-Filter, Bildröhren et cetera.

Dysprosium

Dysprosium wurde 1886 von dem Franzosen Paul Émile Lecoq de Boisbaudran (1838–1912), Sohn einer Weinhändlerfamilie, entdeckt, als er mit aufwendigen Analysemethoden Dysprosiumoxid von Holmiumoxid trennte. Bis dahin galt das Oxid als nur eine Substanz. Der Name

Abb. 12.4: Dysprosium (© Jurii)

Dysprosium kommt aus dem Griechischen und bedeutet treffend so viel wie »schwer zugänglich«. Zuvor hatte er schon 1875 das Element Gallium (siehe Kapitel 11) und im Jahr 1879 das Element Samarium entdeckt. Boisbaudran machte sich in der Wissenschaft einen Namen, als er den Zusammenhang zwischen Spektrallinienfrequenzen und Atommassen entdeckte. 1895 erlitt er eine Gelenkversteifung und konnte danach zu seinem großen Leidwesen nicht mehr experimentell arbeiten.

Die wichtigsten Eigenschaften von Dysprosium

Name, Symbol, Ordnungszahl: Dysprosium, Dy, 66
Massenanteil an der Erdhülle: 4,3 ppm
Dichte: 8,551 g/cm^3
Mohshärte: o. A.
Schmelzpunkt: 1407 °C
Elektrische Leitfähigkeit: 1,08 × 10^6 A/V × m

Dysprosium ist dehnbar und biegbar. Es ist sehr reaktionsfähig, chemisch gesehen also unedel. An der Luft oxidiert es, in Wasser wird es angegriffen, in verdünnter Säure gelöst. Dysprosium ist leicht entzündlich und hat die Gefahrstoffkennzeichnung F.

Vorkommen und Anwendungen

Auch Dysprosium muss aufwendig chemisch abgetrennt werden, bis hin zu einer Destillation im Hochvakuum. Die Ausgangsmaterialien sind Monazit und Bastnäsit. Die Fördermenge beträgt zurzeit weniger als 100 Tonnen pro Jahr.

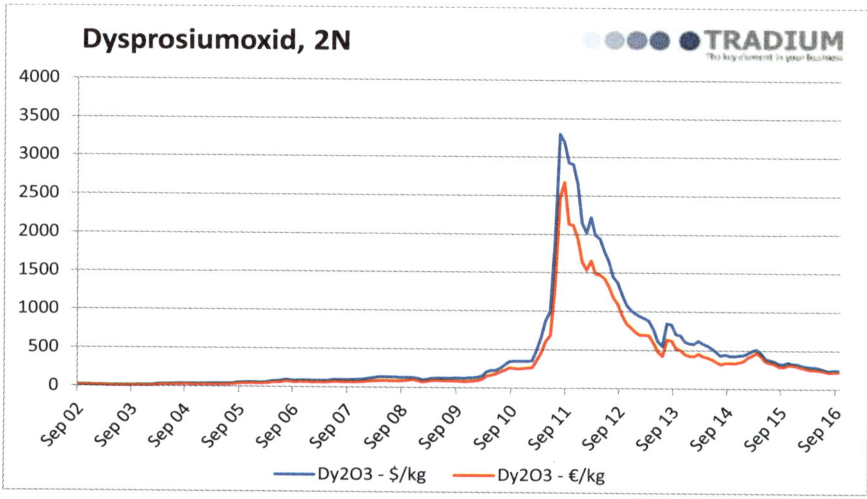

Abb. 12.5: Preisentwicklung von Dysprosium

Dysprosium findet man in mehreren Legierungen, es dient als Abschirmmaterial bei kerntechnischen Anwendungen, wird für Laserwerkstoffe verwendet und ist Bestandteil von Permanentmagneten. Diese werden benötigt in Generatoren für die Stromerzeugung, in Elektroautos et cetera. Dysprosium findet man auch in Energiesparlampen.

Liefer- und Anlageaspekte

Dysprosium wird als Dysprosiumoxid Dy_2O_3 in einer Reinheit von 99,0 Prozent gehandelt. Verpackt wird es üblicherweise in Plastik- oder Stahlfässern mit einem Gewicht von 25 oder 50 Kilogramm. Es ist sehr lagerstabil.

Erbium

Der Name Erbium leitet sich ab von der Grube Ytterby bei Stockholm, die oben näher beschrieben wurde. Es wurde dort 1843 von dem schwedischen Chemiker und Chirurgen Carl Gustav Mosander (1797–1858, siehe Cer) entdeckt. Mosander glaubte bei seiner Entdeckung des Erbiums ein reines Oxid gefunden zu haben. Es handelte sich aber um eine Oxidmischung, die auch andere SE-Metalle enthielt. Reines Erbiumoxid konnte erst 1905 von dem französischen Chemiker Georges Urbain (1872–1938) und dem amerikanischen Chemiker Charles James hergestellt werden.

Die wichtigsten Eigenschaften von Erbium

An der Luft läuft Erbium grau an. Es ist zwar schmiedbar, andererseits aber auch sehr spröde. Mit Wasser reagiert es zu Hydroxid, in Mineralsäuren löst es sich auf. Seine Verbindungen und Salze sind rosafarben. Erbium ist leicht entzündlich und hat daher die Gefahrstoffkennzeichnung F.

Vorkommen

Erbium gehört zu den seltenen Seltenerdmetallen. Es muss aufwendig von anderen Stoffen getrennt werden, bis hin zu einer Umschmelzung im Vakuum.

Anwendungen

Erbium hat viele bedeutende Anwendungen. In Lichtwellenleitern kann es als optischer Verstärker eingesetzt werden, der Glasfasersignale direkt ohne Einsatz elektrischer Signale verstärken kann. Bei Kalorimetern (Wärmemessgeräte) dient es als Sensormaterial.

Eine wichtige Anwendung erfährt Erbium in Festkörperlasern (Excimerlaser), die in der refraktiven Chirurgie eingesetzt werden. Durch schlagartige Verdampfung lässt sich Gewebe in dünnen Schichten abtragen, die sogenannte *Photoablation*. Es können sowohl Hautgewebe als auch Hartgewebe, wie beispielsweise in der Zahnmedizin, behandelt werden.

Europium

Abb. 12.6: Europium (© Jurii)

Europium ist als eines von nur zwei Elementen nach einem Erdteil, in diesem Fall Europa, benannt. Das andere ist *Americium*, ein künstlich erzeugtes, radioaktives Transuran der Actinoide, das für unsere Metallbetrachtungen jedoch irrelevant ist.

Der französische Chemiker Paul Émile Lecoq de Boisbaudran (1838–1912, siehe Dysprosium), der auch die Seltenerdelemente Samarium und Dysprosium entdeckte, fand 1890 in einem Samarium-Gadolinium-Konzentrat ihm zunächst unbekannte Spektrallinien.

1901 gelang dem ebenfalls französischen Chemiker Eugène-Anatole Demarçay (1852–1904) die Abtrennung und Entdeckung des Europiums, nachdem er 1896 in dem von Boisbaudran gerade entdeckten Samarium ein weiteres Element vermutete. In dieser Zeit arbeitete Demarçay mit der aus Polen stammenden Marie Curie (1867–1934) zusammen, der er bei der schwierigen Isolierung von Radium half, einem radioaktiven Erdalkalimetall. Marie Curie ist der bisher einzige Mensch aus der Reihe der wenigen Mehrfachpreisträger, der je einen Nobelpreis für Physik (1903) und Chemie (1911) erhalten hat. Sie prägte den Begriff »Radioaktivität«. Das Element Polonium ist nach ihrem Herkunftsland benannt. Rein metallisches Europium konnte aber erst Jahre nach seiner Entdeckung durch Demarçay hergestellt werden.

Die wichtigsten Eigenschaften von Europium

Name, Symbol, Ordnungszahl: Europium, Eu, 63
Massenanteil an der Erdhülle: 0,099 ppm
Dichte: 5,244 g/cm^3
Mohshärte: o. A.
Schmelzpunkt: 826 °C
Elektrische Leitfähigkeit: 1,11 × 10^6 A/V × m

In der Unterscheidung von Leicht- und Schwermetallen ist Europium das leichteste Schwermetall, das nächstleichtere Titan ist das schwerste Leichtmetall.

Europium ist das reaktivste Seltenerdmetall. In der Luft läuft es sofort an, entzündet sich schon bei 150 °C und verbrennt mit roter Flamme. In Wasser reagiert es unter Wasserstoffentwicklung. Europium und seine Verbindungen sind giftig. Metallstäube können explosionsgefährlich sein. Europium ist leicht entzündlich und hat die Gefahrstoffkennzeichnung F.

Vorkommen und Anwendungen

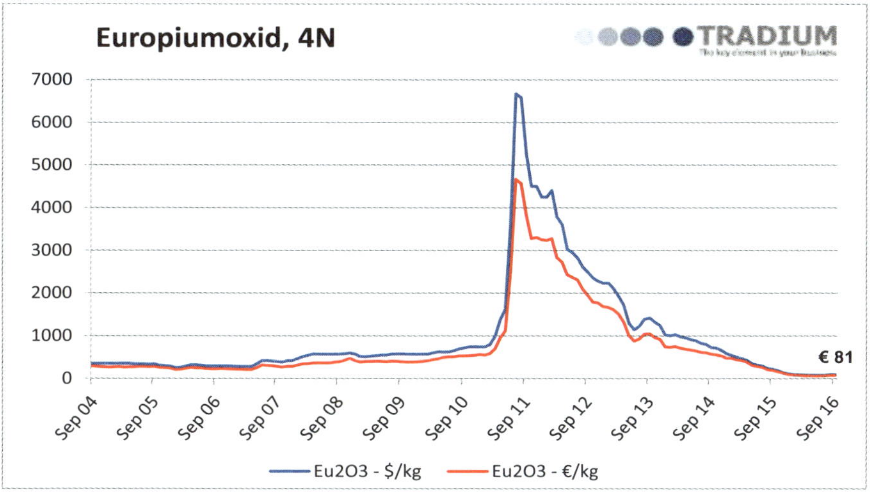

Abb. 12.7: Preisentwicklung von Europium

Europium kommt in der Natur nur in Verbindungen vor. Es lässt sich aus Bastnäsit und aus Monazit gewinnen, wobei zunächst sehr aufwendig hochreines Europiumoxid gewonnen und dieses dann zu metallischem Europium reduziert werden muss. Europium wurde mittels Spektralanalyse auch in der Sonne und in einigen Sternen nachgewiesen.

Europium findet Anwendung als Lumineszenzmaterial in Farbbildröhren und als Dotiermaterial. Unter Dotierung (lat. *dotare*, »ausstatten«) versteht man in der Halbleitertechnik das Verändern der Eigenschaften eines Ausgangsmaterials, beispielsweise der Leitfähigkeit, durch Einbringen kleiner Mengen eines anderen Materials.

Liefer- und Anlageaspekte

Europium wird als Europiumoxid Eu_2O_3 in einer Reinheit von 99,9 Prozent gehandelt. Verpackt wird es üblicherweise in Plastik- oder Stahlfässern mit einem Gewicht von 25 oder 50 Kilogramm. Es ist sehr lagerstabil.

Gadolinium

Auch Gadolinium zeigt auf, wie schwierig und komplex die Entdeckung der Metalle der Seltenen Erden war. Spektroskopisch wurde es bereits 1880 von Jean-Charles Galissard de Marignac (1817–1894) entdeckt und 1886 als Oxid hergestellt. 1886 wurde Marignac mit der Davy-Medaille ausgezeichnet, der höchsten britischen Auszeichnung auf dem Gebiet der Chemie. Gadolinium erhielt seinen Namen 1886 durch Paul Emile Lecoq de Boisbaudran (1838–1912, siehe Dysprosium) nach dem finnischen Chemiker Johan Gadolin (1760–1852), der nicht nur das nach ihm benannte Mineral Gadolinit entdeckte, sondern auch das erste Seltenerdelement Yttrium. Gadolin war Chemiker und ein bedeutender Universalgelehrter seiner Zeit. Großvater und Vater waren sowohl Bischöfe als auch Physikprofessoren an der Universität von Åbo in Südwestfinnland.

Reines Gadolinium konnte erstmals von dem französischen Chemiker Georges Urbain (1872–1938) hergestellt werden, dessen Hauptarbeitsgebiet die Lanthanoiden waren. Er isolierte auch erstmals Lutetium.

Die wichtigsten Eigenschaften von Gandolinium

Name, Symbol, Ordnungszahl: Gadolinium, Gd, 64
Massenanteil an der Erdhülle: 5,9 ppm
Dichte: 7,901 g/cm^3
Mohshärte: o. A.
Schmelzpunkt: 1312 °C
Elektrische Leitfähigkeit: 0,763 × 10^6 A/V × m

Gadolinium lässt sich schmieden und ist duktil. Hierunter versteht man die Eigenschaft eines Materials, sich durch Belastung verformen zu lassen. Glas beispielsweise ist nicht duktil, weil es sofort bricht; Gold ist sehr duktil, weil es sich gut biegen und walzen lässt. In feuchter Luft oxidiert Gadolinium, die Oxidschicht haftet jedoch nur lose und blättert leicht ab. In verdünnter Säure löst es sich auf. Gadolinium ist unterhalb von 16 °C ferromagnetisch, hat dann also ähnliche magnetische Eigenschaften wie Eisen. Gadolinium ist leicht entzündlich und hat die Gefahrstoffkennzeichnung F. Freies Gadolinium wirkt toxisch.

Vorkommen

Gadolinium kommt nur in Verbindungen vor, gewonnen wird es aus Monazit und Bastnäsit. Die Grube Ytterby nördlich von Stockholm, wo es erstmals gefunden wurde, ist heute erschöpft. Nachdem Gadoliniumoxid von den anderen Begleitstoffen aufwendig abgetrennt wurde, wird es in mehreren Verfahrensschritten über den Umweg Gadoliniumfluorid zu metallischem Gadolinium reduziert.

Anwendungen

Gadolinium wird für Mikrowellenanwendungen sowie für Radarschirme benötigt. Es ist ferromagnetisch. In der Medizin wird Gadolinium als Kontrastmittel bei der Kernspintomografie eingesetzt sowie für Untersuchungen am Gehirn, da Gadolinium-Komplexe die Blut-Hirn-Schranke nicht überwinden. Die Blut-Hirn-Schranke grenzt als selektiver Filter den

Blutkreislauf vom Zentralnervensystem ab und schützt somit das Gehirn vor Krankheitserregern im Blut.

Bisher noch keine technische Bedeutung hat Gadolinium für die Verwendung in Kühlgeräten ohne FCKW. Hieran wird noch gearbeitet. Experten sehen in diesem Bereich große Zukunftschancen.

Verwendet wird Gadoliniumoxid in modernen Brennelementen für Kernreaktoren.

Holmium

Auch Holmium wurde metallisch rein erst sehr spät, nämlich 1940 hergestellt. Zuvor war dem schwedischen Chemiker Holmberg 1911 die Gewinnung von reinem Holmiumoxid gelungen.

1878 und 1879 entdeckten die Schweizer Chemiker Marc Delafontaine (1838–1911) und Jacques Louis Soret (1827–1890) sowie der schwedische Naturforscher Per Teodor Cleve (1840–1905) unabhängig voneinander das neue Element mit unterschiedlichen Methoden. Cleve erhielt nach Abtrennung aller Verunreinigungen einen braunen Rest, den er *Holmia* nannte, und einen grünen Rest, der den Namen *Thulia* erhielt. Im Rahmen seiner wissenschaftlichen Studien bereiste Cleve zunächst Europa, später auch Nordamerika und die Karibik. Auch Cleve erhielt, wie Marignac, die Davy-Medaille.

Ob Holmberg den Namen Holmium, wie von Cleve mit der Zustimmung Sorets wegen der Nähe zu vielen Yttererden vorgeschlagen, nach der schwedischen Hauptstadt Stockholm oder nach seinem eigenen Namen gewählt hat, ist umstritten.

Die wichtigsten Eigenschaften von Holmium

Holmium ist weich und schmiedbar. Seine ferromagnetischen Eigenschaften sind denen aller anderen Elemente einschließlich Eisen überlegen. In feuchter Luft bildet Holmium eine Oxidschicht, oberhalb 150 °C verbrennt es. In Wasser reagiert es unter Wasserstoffentwicklung, in Säuren löst es sich auf. Holmium und seine Verbindungen gelten nicht als toxisch. Es unterliegt keiner Gefahrstoffkennzeichnung, Metallstäube sind aber feuergefährlich.

Name, Symbol, Ordnungszahl: Holmium, Ho, 67
Massenanteil an der Erdhülle: 1,1 ppm
Dichte: 8,795 g/cm^3
Mohshärte: o. A.
Schmelzpunkt: 1461 °C
Elektrische Leitfähigkeit: 1,23 × 10^6 A/V × m

Vorkommen und Anwendungen

Holmium kommt nur in Verbindungen wie Gadolinit und Monazit vor. Die Gewinnung erfolgt ähnlich aufwendig wie die anderer Seltenerdmetalle über Abtrennung anderer Begleiter, Umsetzung zu Holmiumfluorid und Umschmelzung im Vakuum.

Aufgrund seiner hervorragenden magnetischen Eigenschaften wird Holmium für Hochleistungsmagnete zur Erzeugung starker Magnetfelder in vielen Anwendungen genutzt. Es dient als Material für Steuerstäbe in Brutreaktoren, Dotiermaterial in Yttriumverbindungen und hat optische Anwendungen als Holmiumoxid.

Lanthan

Lanthan ist der Namensgeber für die Gruppe der Lanthanoide. Es wurde 1839 von Carl Gustav Mosander (1797–1858, siehe Cer) entdeckt. Der Name steht für das griechische Wort *lanthanein*, »versteckt sein«, was symptomatisch für die gesamte Elementgruppe und der Grund für deren vergleichsweise späte Entdeckung ist.

Die wichtigsten Eigenschaften von Lanthan

Name, Symbol, Ordnungszahl: Lanthan, La, 57
Massenanteil an der Erdhülle: 17 ppm
Dichte: 6,146 g/cm^3
Mohshärte: 2,5
Schmelzpunkt: 920 °C
Elektrische Leitfähigkeit: $1{,}626 \times 10^6$ A/V × m

Lanthan ist hämmerbar und duktil. Es oxidiert an der Luft, in Verbindung mit Feuchtigkeit wird aus der Oxidschicht ein Hydroxid. Oberhalb von 440 °C verbrennt Lanthan zu Lanthanoxid. Bereits in verdünnten Säuren löst es sich auf. Außerdem reagiert es unter Wärmezufuhr direkt mit vielen Elementen.

Lanthan ist leicht entzündlich und hat die Gefahrstoffkennzeichnung F. Es gilt als wenig toxisch.

Vorkommen und Anwendungen

Lanthan kommt nur vergesellschaftet mit anderen Lanthanoiden in Monazit und Bastnäsit vor. Die Gewinnung erfolgt wie bei den anderen bisher besprochenen Metallen, bis hin zur Umschmelzung im Vakuum zur Abtrennung verbleibender Reste und Verunreinigungen.

Lanthan wird als Legierungsmetall vielseitig verwendet. Man findet es in Kathoden, Kaltleitern, Brennstoffzellen, Akkumulatoren und in medizinischen Apparaten. Als Lanthanoxid wird es in optischen Anwendungen eingesetzt.

Lutetium

Lutetium wurde 1905 unabhängig voneinander von drei Wissenschaftlern entdeckt. Es waren Carl Auer von Welsbach (1858–1929, siehe Monazit), Charles James (1880–1928) und Georges Urbain (1872–1938). Der Franzose Urbain benannte das Metall nach Lutetia, dem römischen Namen für

Paris. Dieser Name war auch in Russland und in der englischsprachigen Welt in Gebrauch, die Abkürzung war Lu. In Deutschland und Österreich hingegen wurde das Metall bis 1949 *Cassiopeium* genannt und hatte das chemische Zeichen Cp. Die Umbenennung in Lutetium hatte auch etwas mit dem verlorenen Krieg, dem Nationalsozialismus und dem damit verbundenen Ansehensverlust der ehemals führenden Wissenschaftsnation Deutschland zu tun.

An dieser Stelle machen wir einen kleinen Ausflug, denn die Abkürzung Cp hat einen höchst aktuellen Bezug: 1996 wurde erstmals ein künstliches Element durch Fusion eines Zink- und eines Bleikerns erzeugt, das bisher mit dem provisorischen Namen *Ununbium* versehen wurde. Die Gesellschaft für Schwerionenforschung (GSI) schlug hierfür dann den Namen *Copernicium,* nach dem Astronomen Nikolaus Kopernicus (1473–1543), vor und hatte nun ein Abkürzungsproblem. Das zunächst vorgeschlagene Cp war schon für ein Element in Gebrauch, wenn auch nicht mehr gültig. Die dann folgenden Buchstaben hinter dem »C« im Namen »Copernicus« waren auch vergeben (Co für Cobalt, Cr für Chrom, Cs für Caesium und Cu für Kupfer). Die für Benennungen letztendlich zuständige International Union of Pure and Applied Chemistry (IUPAC) entschied sich dann für die Abkürzung Cn, die seit dem 19. Februar 2010 Gültigkeit hat. Die IUPAC in North Carolina, USA, wurde im Jahr 1919 mit dem Ziel gegründet, die weltweite Kommunikation zwischen Chemikern zu vereinfachen und ist international als die Institution anerkannt, die für Terminologie, Symbole, Nomenklatur et cetera zuständig ist.

Die wichtigsten Eigenschaften von Lutetium

Name, Symbol, Ordnungszahl: Lutetium, Lu, 71
Massenanteil an der Erdhülle: 0,7 ppm
Dichte: 9,841 g/cm^3
Mohshärte: o. A.
Schmelzpunkt: 1652 °C
Elektrische Leitfähigkeit: 1,72 × 10^6 A/V × m

Lutetium ist weich, dehnbar und schmiedbar. In feuchter Luft läuft es grau an. In Wasser reagiert es langsam, in Säuren löst es sich unter Wasserstoffentwicklung auf. Lutetium ist leicht entzündlich und hat die Gefahrstoffkennzeichnung F. Es gilt als wenig toxisch.

Vorkommen und Anwendungen

Lutetium kommt in der Natur nur in Verbindungen vor. Das Mineral Monazit ist lutetiumhaltig. Der weitere Vorgang ist so wie bei den meisten anderen Seltenerdmetallen: Abtrennung, Umwandlung zu Fluorid, Reduzierung, Vakuumschmelze.

Lutetium findet Anwendung in Szintillator-Kristallen für die Positronen-Emissions-Tomografie (PET), ein bildgebendes Verfahren in der Nuklearmedizin zur Erkennung von Stoffwechselstörungen. Da diese aber schlecht zu lokalisieren sind, wird die PET in der Praxis heutzutage kombiniert mit der CT, der Computertomografie. Das Verfahren heißt infolgedessen PET/CT.

Neodym

Der Name Neodym setzt sich zusammen aus den beiden griechischen Wörtern *neos* für »neu« und *didymos* für »Zwilling«. Mit Zwilling ist das Metall Lanthan gemeint.

Erstmals isoliert wurde Neodym zusammen mit Praseodym 1885 durch Carl Freiherr Auer von Welsbach (1858–1929, siehe Monazit) aus Didym, das 1839 von Carl Gustav Mosander (1797–1858, siehe Cer) im Mineral Cerit gefunden wurde (siehe auch Praseodym). Reines metallisches Neodym konnte erstmals 1925 hergestellt werden.

Die wichtigsten Eigenschaften von Neodym

Neodym ist gegenüber vielen anderen Seltenerdmetallen korrosionsbeständiger, eine rosafarbene Oxidschicht blättert leicht ab. Mit Wasser reagiert es unter Wasserstoffbildung. Neodym ist leicht entzündlich und reizend und hat somit die Gefahrstoffkennzeichnungen F und Xi.

Name, Symbol, Ordnungszahl: Neodym, Nd, 60
Massenanteil an der Erdhülle: 22 ppm
Dichte: 6,8 g/cm^3
Mohshärte: o. A.
Schmelzpunkt: 1024 °C
Elektrische Leitfähigkeit: 1,56 × 10^6 A/V × m

Vorkommen

Neodym kommt in der Natur nur in Gesellschaft mit anderen Lanthanoiden vor, in Monazit und Bastnäsit. Mischmetall (siehe Cer) enthält bis zu 18 Prozent Neodym. Der Hauptlieferant ist China, Vorkommen finden sich aber auch in Australien. Der Gewinnungsvorgang ist so wie bei den meisten anderen Seltenerdmetallen: Abtrennung, Umwandlung zu Fluorid, Reduzierung, Vakuumschmelze. Neodym lässt sich auch gewinnen durch Elektrolyse von Neodymhalogenid.

Anwendungen

Abb. 12.8: Ein Neodym-Magnet trägt das 1300-fache seines Eigengewichtes (© Shutterstock/Michael R Ross)

Neodym wird eingesetzt zur Herstellung sehr starker Magnete, beispielsweise für Kernspintomografen, Gleichstrommaschinen oder Generatoren. Neodym ist demnach wichtig für Elektroautos. Auch in Lautsprechermagneten wird Neodym verwendet. Der zurzeit stärkste Werkstoff für Permanentmagnete ist Neodym-Eisen-Bor (Nd_2 Fe_{14} B). Solche Magnete sind sehr temperaturstabil und können in unterschiedliche Formen gebracht werden. Die Magnete sind insbesondere in Kinderhand nicht ungefährlich. Verschluckte kleine Magnete können aufgrund ihrer starken Anziehungskraft in der Nähe von Eisen- oder Stahlteilen Körperteile perforieren. Auch muss man aufpassen, dass solche Magnete nicht in die Nähe von magnetischen Aufzeichnungen wie Disketten, Festplatten oder auch Bildröhren kommen. Abbildung 12.8 zeigt massive Eisenkugeln, die von kleinen Neodym-Magneten dazwischen gehalten werden.

Mit Neodymverbindungen kann man Emaille, Porzellan und Glas einfärben und UV-absorbierende Sonnenschutzgläser herstellen. Neodym wird auch in Lasern verwendet.

Eine interessante Anwendung ist die Dotierung von Polizeimunition, damit man nach einer Schießerei weiß, wer die Guten und wer die Bösen waren.

Der Bedarf an Neodym bis 2030 wird vermutlich um das Vierfache des heutigen Bedarfs ansteigen.

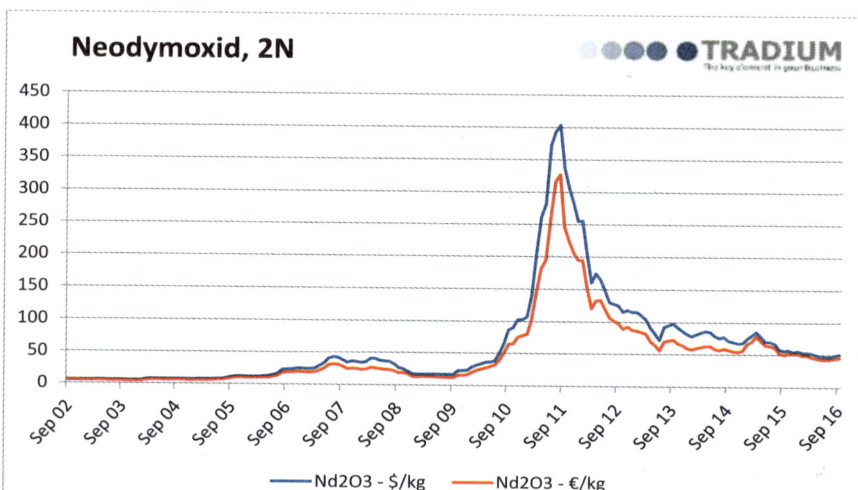

Abb. 12.9: Preisentwicklung von Neodym

Liefer- und Anlageaspekte

Neodym wird als Neodymoxid Nd_2O_3 in einer Reinheit von 99,0 Prozent gehandelt. Verpackt wird es üblicherweise in Plastik- oder Stahlfässern mit einem Gewicht von 25 oder 50 Kilogramm. Es ist sehr lagerstabil.

Praseodym

Auch der Name Praseodym ist eine Zusammensetzung, in der *didymos* für »Zwilling« vorkommt. Das griechische Wort *prásinos* heißt »lauchgrün« und bezeichnet die Farbe der Praseodymverbindungen.

Bei der Entdeckung dieses Metalls finden sich wieder die üblichen Verdächtigen: 1841 extrahierte Carl Gustav Mosander (1797–1858, siehe Cer) die von ihm so benannte seltene Erde Didym aus Lanthanoxid. Gemeint hatte er mit der Namensgebung die zwillingshafte Ähnlichkeit zu Lanthan. Friedrich Wöhler (1800–1882) spottete daraufhin, Mosander habe mit diesem albernen Namen nur seine vier Kinder, zwei Zwillingspaare, verewigen wollen. 1874 bemerkte Per Teodor Cleve (1840–1905, siehe Holmium), dass es sich bei Didym eigentlich um zwei Elemente handelte. Im Jahr 1879 isolierte Lecoq de Boisbaudran (1838–1912, siehe Dysprosium) Samarium aus Didym, das er aus dem Mineral Samarskit gewann. 1885 gelang es Carl Auer von Welsbach (1858–1929, siehe Monazit), Didym in Praseodym und Neodym zu trennen, die jeweils Salze mit verschiedenen Farben bilden.

Die wichtigsten Eigenschaften von Praseodym

Name, Symbol, Ordnungszahl: Praseodym, Pr, 59
Massenanteil an der Erdhülle: 5,2 ppm
Dichte: 6,64 g/cm^3
Mohshärte: o. A.
Schmelzpunkt: 935 °C
Elektrische Leitfähigkeit: 1,43 × 10^6 A/V × m

Praseodym ist weich und bildet an Luft eine leicht abblätternde grüne Oxidschicht aus. Es ist korrosionsbeständiger als Europium, Lanthan und Cer. Praseodym ist leicht entzündlich und hat die Gefahrstoffkennzeichnung F. Es gilt als wenig toxisch, soll aber leberschädigend wirken können.

Vorkommen und Anwendungen

Praseodym kommt als Begleiter in Cerit, Monazit und Bastnäsit vor. Gewonnen wird es im Prinzip ähnlich wie die anderen Seltenerdmetalle mit sehr aufwendigen Verfahren in vielen Schritten.

Aus Legierungen mit Cobalt und Eisen werden starke Permanentmagnete hergestellt, in Legierungen mit Magnesium hochfeste Metalle. Mit Praseodymverbindungen werden Gläser und Emaille grün eingefärbt. Sie können auch UV-Licht absorbieren und werden deshalb für Augenschutzgläser eingesetzt, beispielsweise für Schweißer.

Promethium

Promethium ist zwar von seinen Eigenschaften her ein typisches Lanthanoid, durch seine Radioaktivität hat es aber eine eigene Stellung innerhalb dieser Gruppe.

Dies bezieht sich auch auf seine späte Entdeckung. Seine Existenz wurde zwar schon 1902 aufgrund von Berechnungen vorhergesagt, es wurde jedoch erst 1945 als Spaltprodukt des Urans von Jacob Akiba Marinsky (1918–2005), Lawrence E. Glendenin (1918–2008) und Charles D. Coryell (1912–1971) entdeckt. Die drei Wissenschaftler waren Mitarbeiter des Oak Ridge National Laboratory (ORNL) in Tennessee, USA, einem Laboratorium des Energieministeriums. Gegründet wurde das ORNL im Jahr 1943, um die Urananreicherung für das »Manhattan Project«, die Deckbezeichnung für den Atombombenbau, zu untersuchen. In diesem Zusammenhang ist auch die Namensgebung für das Promethium zu verstehen. Die Entdecker nannten es warnend nach Prometheus, der in der griechischen Mythologie den Menschen das Feuer brachte. Heute ist das ORNL ein renommiertes Forschungsinstitut mit 4000 Mitarbeitern für viele Wissenschaften.

Metallisches Promethium konnte erst 1963 erstmals durch Erhitzen von Promethium(III)-Fluorid hergestellt werden.

Die wichtigsten Eigenschaften von Promethium

Name, Symbol, Ordnungszahl: Promethium, Pm, 61
Massenanteil an der Erdhülle: $1{,}5 \times 10^{-15}$ ppm
Dichte: 7,22 g/cm^3
Mohshärte: o. A.
Schmelzpunkt: 1100 °C
Elektrische Leitfähigkeit: $1{,}33 \times 10^6$ A/V × m

Promethium ist weich, reagiert langsam mit Wasser und oxidiert schnell an der Luft. Wässrige Lösungen sind violett bis rosa gefärbt. Es ist radioaktiv und muss entsprechend gekennzeichnet werden.

Vorkommen und Anwendungen

Promethium entsteht bei Kernspaltungsprozessen und wird künstlich hergestellt.

Promethium findet nur in kleinen Mengen Verwendung. Radionuklidbatterien werden in der Raumfahrt eingesetzt, die Betastrahlung nutzt man für radiometrische Dickenmessungen und für Kaltlichtquellen, wie wir sie für Leuchtziffern bei Armbanduhren kennen.

Samarium

Samarium ist benannt nach dem Mineral Samarskit, dieses wiederum wurde benannt nach dem russischen Bergbaubeamten, Oberst und Ingenieur W. M. Samarski, der das Mineral entdeckte.

Hinsichtlich der Entdeckung von Samarium gibt es verschiedene Versionen:

- 1853 wies der Schweizer Jean Charles Galissard de Marignac (1817–1894), der auch Ytterbium und Gadolinium entdeckte, Samarium spektroskopisch anhand einer scharfen Absorptionslinie im Didymoxid nach.
- 1878 entdeckte der schweizerische Chemiker Marc Delafontaine (1837–1911) Samarium, das er *Decipum* nannte, im Didymiumoxid. 1881 zeigte Delafontaine, dass sein isoliertes Element neben Samarium ein weiteres Element enthält.
- 1879 entdeckte unabhängig von ihm Paul Emile Lecoq de Boisbaudran (1838–1912, siehe Dysprosium) Samarium, das er aus dem Mineral Samarskit isolierte.
- 1903 stellte der deutsche Chemiker Wilhelm Muthmann (1861–1913) metallisches Samarium durch Elektrolyse her.

Die wichtigsten Eigenschaften von Samarium

Name, Symbol, Ordnungszahl: Samarium, Sm, 62
Massenanteil an der Erdhülle: 6 ppm
Dichte: 7,353 g/cm^3
Mohshärte: o. A.
Schmelzpunkt: 1072 °C
Elektrische Leitfähigkeit: $1{,}06 \times 10^6$ A/V × m

Samarium ist verglichen mit anderen Lanthanoiden relativ beständig. Es bildet an Luft eine gelbliche Oxidschicht aus, mit Wasser reagiert es heftig unter Bildung von Wasserstoff. Samarium unterliegt keiner Gefahrstoffkennzeichnung.

Vorkommen und Anwendungen

Elementares Samarium kommt nicht vor. In Verbindungen findet man es in den Mineralien Monazit, Bastnäsit und Samarskit. Nach deren Auftrennung wird Samarium aus Samariumoxid reduziert.

Samarium wird verwendet in Lichtbogenlampen und Lasern sowie als Magnetwerkstoff für viele Anwendungen. Samariumoxid nutzt man zur Absorption von infrarotem Licht und als Katalysator. Ein Samarium-Isotop wird in der Krebstherapie eingesetzt.

Scandium

Scandium ist benannt nach dem lateinischen Namen Scandia für Skandinavien, und zwar 1897 von seinem schwedischen Entdecker Lars Fredrik Nilson (1840–1899). Nilson war Chemiker, Professor an der Universität von Uppsala und der Königlichen Akademie in Stockholm. Er bestimmte die Atommasse von Beryllium (siehe Kapitel 11) und isolierte erstmals Thorium, ein Actinoid.

Schon 1869 sagte der russische Chemiker Dmitri Iwanowitsch Mendelejew (1834–1907, siehe auch Kapitel 5) aufgrund von Berechnungen ein Element mit der Ordnungszahl 21 voraus. Mendelejew war ein bedeutender Wissenschaftler, der sich in Russland auch gesellschaftlich und politisch engagierte. Nach entsprechenden Studien in den USA baute er in Russland die Ölindustrie auf, legte sich mit dem Zarregime an und ließ bei seinen Vorlesungen auch Frauen zu. Auf seinen vielen Reisen durch Russland suchte er stets den Kontakt mit der Bevölkerung und reiste immer nur Dritter Klasse. Er war Direktor des Russischen Amts für Maße und Gewichte und führte das metrische System in Russland ein. Eine für die russische Seele ganz wichtige Arbeit war seine Promotion: Seine Doktorarbeit handelte von Alkohol und Wasser zur Verbesserung der Wodkaherstellung und ist noch heute Grundlage der Wodkaproduktion. Mendelejew sagte noch zwei weitere neue Elemente voraus und erarbeitete das Periodensystem als Systematik der chemischen Elemente. Nach seinem

Namen ist das Element *Mendelevium* benannt. Später wurde er Professor an der Universität Sankt Petersburg.

Der schwedische Naturforscher Per Teodor Cleve (1840–1905, siehe Holmium) erkannte später die Übereinstimmung des von Mendelejew vorausgesagten Elements mit Scandium. Reines Scandium wurde erstmals 1937 elektrolytisch hergestellt.

Die wichtigsten Eigenschaften von Scandium

Name, Symbol, Ordnungszahl: Scandium, Sc, 21
Massenanteil an der Erdhülle: 5,1 ppm
Dichte: 2,985 g/cm^3
Mohshärte: 2,5
Schmelzpunkt: 1541 °C
Elektrische Leitfähigkeit: $1{,}81 \times 10^6$ A/V × m

Scandium zählt zu den Leichtmetallen. An der Luft bildet sich eine gelbliche Oxidschicht. Es reagiert mit verdünnten Säuren unter Bildung von Wasserstoff. Schwierigkeiten kann es bei analytischen Trennungen geben, da sich in wässrigen Lösungen Scandium-Kationen ähnlich wie Aluminium verhalten. Scandiumpulver ist leicht entzündlich und hat die Gefahrstoffkennzeichnung F.

Vorkommen und Anwendungen

Scandium findet sich zwar in geringer Konzentration in über 800 Mineralien und wird dort oft nur als Verunreinigung angesehen, es ist aber ein seltenes Element. Meist aus Thortveitit wird in mehreren Schritten Scandiumoxid gewonnen, das dann ebenfalls in mehreren Schritten zu metallischem Scandium reduziert wird.

Man findet Scandium in Hochleistungs-Hochdruck-Quecksilberdampflampen, oft zusammen mit Holmium und Dysprosium. Damit kann eine tageslichtähnliche Beleuchtung beispielsweise in Fußballstadien erzeugt werden. Scandiumlegierungen sind sehr leicht und stabil und können als tragende Elemente eingesetzt werden.

Terbium

Abb. 12.10: Terbium (© Wikimedia Commons/Hi-Res Images of Chemical Elements)

Wie auch Erbium, Ytterbium und Yttrium ist Terbium nach der Grube Ytterby bei Stockholm benannt, wo die ersten Seltenerdmetalle gefunden wurden.

Die von allen Seltenerdmetallen bekannten Schwierigkeiten ihrer exakten Bestimmung lassen auch die genauen Umstände der Entdeckungshistorie von Terbium bis heute ungeklärt. Wahrscheinlich fand Carl Gustav Mosander (1797–1858, siehe Cer) als Erster vermeintlich Terbium in Yttererde, wobei dieses aber mit anderen Lanthaniden gemischt war. Reines Terbium konnte erst 1945 mittels der Ionenaustauschtechnik hergestellt werden.

Die wichtigsten Eigenschaften von Terbium

Name, Symbol, Ordnungszahl: Terbium, Tb, 65
Massenanteil an der Erdhülle: 0,85 ppm
Dichte: 8,219 g/cm³
Mohshärte: o. A.
Schmelzpunkt: 1356 °C
Elektrische Leitfähigkeit: $0{,}87 \times 10^6$ A/V × m

Terbium ist duktil und schmiedbar. In Luft ist es beständig, überzieht sich aber langsam mit einer Oxidschicht. Mit Wasser reagiert es unter Wasserstoffentwicklung. Terbium hat keine Gefahrstoffkennzeichnungen.

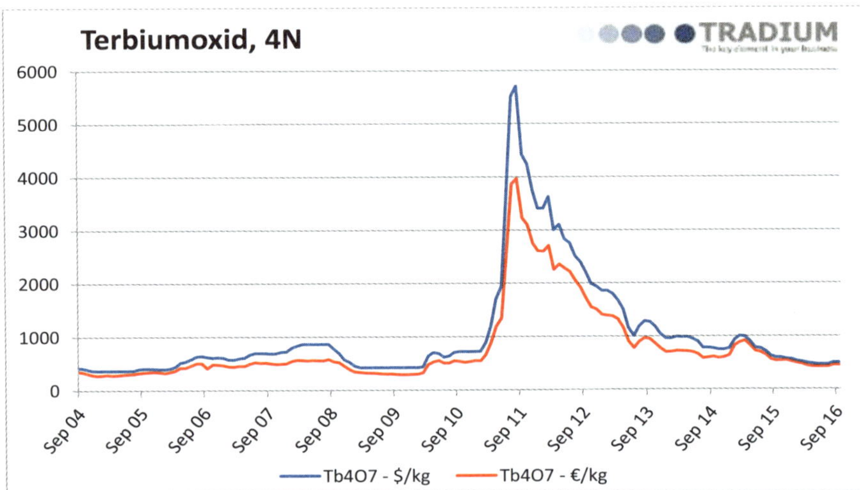

Abb. 12.11: Preisentwicklung von Terbium

Vorkommen und Anwendungen

Terbium kommt in der Natur nur in Verbindungen vor. Terbiumminerale sind unter anderem Cerit, Monazit, und Gadolinit.

Nachdem Terbiumoxid von den anderen Begleitstoffen aufwendig abgetrennt wurde, wird es in mehreren Verfahrensschritten über den Umweg Terbiumfluorid zu metallischem Terbium reduziert. Terbium wird zum Dotieren (Erklärung siehe Europium) verschiedener Verbindungen zur Verwendung in Halbleitern genutzt. Außerdem wird es verwendet in Brennstoffzellen, Fluoreszenzlampen und als Lasermaterial.

In Legierungen findet man es auf wiederbeschreibbaren magnetooptischen Disks. In Magneten erhöht es die Entmagnetisierungsresistenz. Es wird für die Motoren in Elektroautos benötigt.

Liefer- und Anlageaspekte

Terbium wird als Terbiumoxid Tb_4O_7 in einer Reinheit von 99,99 Prozent gehandelt. Verpackt wird es üblicherweise in Plastik- oder Stahlfässern mit einem Gewicht von 25 oder 50 Kilogramm. Es ist sehr lagerstabil.

Thulium

Thulium wurde 1879 von Per Theodor Cleve (1840–1905) zusammen mit Holmium in Erbiumoxid entdeckt und nach der nordischen Insel Thule benannt, die seit dem 4. Jahrhundert v. Chr. in vielen Mythologien herumgeistert und einst als nördlicher Rand unserer Welt angesehen wurde. Gemeint war mit diesem geheimnisvollen Ort nach heutiger Kenntnis entweder Island, Färöer, eine Shetland-Insel, oder die Insel Smøla vor Norwegen.

Die wichtigsten Eigenschaften von Thulium

Name, Symbol, Ordnungszahl: Thulium, Tm, 69
Massenanteil an der Erdhülle: 0,19 ppm
Dichte: 9,321 g/cm^3
Mohshärte: o. A.
Schmelzpunkt: 1545 °C
Elektrische Leitfähigkeit: $1{,}477 \times 10^6$ A/V × m

Thulium ist weich, gut dehnbar und schmiedbar. In trockener Luft ist es beständig, in feuchter Luft läuft es grau an. Mit Wasser reagiert es unter Wasserstoffentwicklung. Thulium ist gering toxisch, außerdem leicht entzündlich und reizend und hat somit die Gefahrstoffkennzeichnungen F und Xi.

Vorkommen und Anwendungen

Thulium kommt in der Natur nur in Verbindungen vor. In geringer Konzentration findet man es in Monazit und Gadolinit. Nach aufwendiger Abtrennung der anderen Stoffe wird das Oxid reduziert.

Aufgrund seiner Seltenheit gibt es nur wenige Anwendungen. Es aktiviert Leuchtstoffe auf Bildschirmen, dient als Röntgenstrahlungsquelle und als Medium in Festkörperlasern.

Ytterbium

Ytterbium wurde wie Yttrium, Terbium und Erbium nach der Grube Ytterby bei Stockholm benannt. 1878 entdeckte der Schweizer Jean Charles Galissard de Marignac (1817–1894, siehe Gadolinium) einen neuen Bestandteil, vermutete ein neues Element und nannte es *Ytterbia*. Dieses zerlegte jedoch 1907 der französische Chemiker Georges Urbain (1872–1938) in zwei weitere Komponenten, die er *Neoytterbia* und *Lutetia* nannte. Zur gleichen Zeit entdeckte auch Carl Auer von Welsbach (1858–1929, siehe Monazit) die beiden Komponenten, nannte sie aber *Aldebaranium* und *Cassiopeium* (siehe Lutetium).

Als Name für das neue Metall hat sich dann die Verkürzung von Neoytterbia, nämlich Ytterbium durchgesetzt. Reines Ytterbium konnte erstmals im Jahr 1953 hergestellt werden.

Die wichtigsten Eigenschaften von Ytterbium

Name, Symbol, Ordnungszahl: Ytterbium, Yb, 70
Massenanteil an der Erdhülle: 2,5 ppm
Dichte: 6,57 g/cm^3
Mohshärte: o. A.
Schmelzpunkt: 824 °C
Elektrische Leitfähigkeit: 4,0 × 10^6 A/V × m

Ytterbium ist dehnbar und weich. Es läuft in trockener Luft an. Mit Wasser reagiert es langsam unter Entwicklung von Wasserstoff. In Mineralsäuren löst es sich auf. Ytterbium ist gering toxisch, außerdem leicht entzündlich und gesundheitsschädlich und hat somit die Gefahrstoffkennzeichnungen F und Xi.

Vorkommen und Anwendungen

Ytterbium kommt nur vor in Verbindungen wie Monazit, Euxenit und Xenotim vor. Nach aufwendiger Abtrennung der anderen Bestandteile wird das Oxid reduziert.

Ytterbium kann als Legierungsbestandteil für rostfreien Stahl verwendet werden. Ein radioaktives Isotop wird als Strahlenquelle in der Nuklearmedizin genutzt. Ytterbium-Cobalt-Eisen-Mangan-Legierungen sind hochwertige Permanentmagnete.

Yttrium

Abb. 12.12: Yttrium (© Jurii)

Yttrium ist wie Ytterbium, Erbium und Terbium nach der Grube Ytterby bei Stockholm benannt. 1794 wurde es im Mineral Ytterbit von dem finnischen Chemiker Johan Gadolin (1760–1852, siehe Gadolinium) entdeckt. Friedrich Wöhler (1800–1882) konnte 1824 verunreinigtes Yttrium durch Reduktion von Yttriumchlorid mit Kalium herstellen. Friedrich Wöhler war einer der bedeutendsten Chemiker seiner Zeit. Geboren in Frankfurt am Main als Sohn eines Tierarztes und Agrarwissenschaftlers studierte er einige Jahre Medizin und

Abb. 12.13: Briefmarke mit Wöhlers Harnstoffsynthese (© Shutterstock/Igor-Golovniov)

promovierte in Heidelberg zum Doktor der Medizin. Zudem studierte Wöhler Chemie, die ihn noch mehr als die Medizin interessierte. So ging er zu Jöns Jakob Berzelius (1797–1848) nach Stockholm, um dort mehr über die analytische Chemie zu erfahren. Danach war er Professor an mehreren Standorten, zuletzt an der Universität Göttingen für Medizin, Chemie und Pharmazie. 1857 wurde er zum Ehrenbürger Göttingens ernannt und auch auf einem Denkmal und einer Briefmarke verewigt. Wöhler galt als Pionier der organischen Chemie und begründete gemeinsam mit seinem Freund Justus Liebig die sogenannte *Radikaltheorie.*

Die Trennung von Yttrium von den Begleitelementen Erbium und Terbium gelang aber erst 1842 durch Carl Gustav Mosander (1797–1858, siehe Cer).

Die wichtigsten Eigenschaften von Yttrium

Name, Symbol, Ordnungszahl: Yttrium, Y, 39
Massenanteil an der Erdhülle: 26 ppm
Dichte: 4,472 g/cm^3
Mohshärte: o. A.
Schmelzpunkt: 1526 °C
Elektrische Leitfähigkeit: 1,66 × 10^6 A/V × m

Yttrium ist an Luft zwar beständig, dunkelt aber unter Lichteinfluss langsam nach. Es ist ungiftig, aber leichtentzündlich und hat die Gefahrstoffkennzeichnung F.

Vorkommen

Yttrium findet sich vergesellschaftet mit anderen Yttererden in Monazit, Bastnäsit und Xenotim. Größter Produzent auch für Yttrium ist China. Aufkonzentriertes Yttriumoxid wird zu Fluorid umgesetzt und anschließend im Vakuum zu Yttrium reduziert.

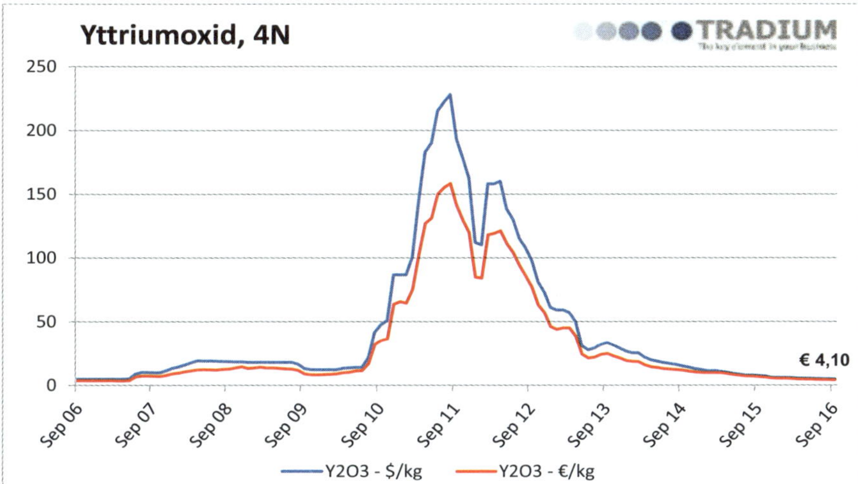

Abb. 12.14: Preisentwicklung von Yttrium

Anwendungen

Metallisches Yttrium wird in der Reaktortechnik verwendet. In der Metallurgie werden Yttriumzusätze zur Festigkeitssteigerung und für Heizleiterlegierungen eingesetzt. Oxidische Yttriumverbindungen nutzt man in Glühstrümpfen, Laserkristallen, Brennstoffzellen und als Mikrowellenfilter. In Verbindung mit anderen Stoffen benötigt man Yttrium in Bildröhren, Leuchtstofflampen, LEDs und Radarröhren. Yttrium-Keramiken werden genutzt in Lambda-Sonden, Supraleitern und Zündkerzen.

Liefer- und Anlageaspekte

Yttrium wird als Yttriumoxid Y_2O_3 in einer Reinheit von 99,99 Prozent gehandelt. Verpackt wird es üblicherweise in Plastik- oder Stahlfässern mit einem Gewicht von 25 oder 50 Kilogramm. Es ist sehr lagerstabil.

Fazit

Für diese Metallgruppe gilt generell das gleiche Fazit wie für die Strategischen Metalle in Kapitel 11.

Handelsformen sind aber hier nicht die Metalle selbst in verschiedenen Reinheiten, sondern in Form von Oxidverbindungen.

Viel mehr noch als die anderen Metalle sind die Seltenerdmetalle von der Entwicklung Chinas und von dessen Marktverhalten abhängig, da das Land nicht nur der größte Verbraucher, sondern mit Abstand auch der bedeutendste Lieferant ist. Aus diesem Grund wird für diese Metallgruppe mit den zu erwartenden steigenden Preisen zwangsläufig in Zukunft das Thema Recycling eine immer größere Rolle spielen sowie natürlich die inzwischen forcierte Suche und Exploration von Vorkommen in anderen Ländern.

13

Aktien, Indizes & Co.

Da, wie wiederholt in verschiedenen Kapiteln dieses Buchs ausgeführt, Technologiemetalle nicht an Börsen gehandelt werden, werden sie selbst nicht in Form von Aktien gehandelt und sind somit auch in keinem Index gelistet. Es gibt aber Aktien von Unternehmen, die Technologiemetalle suchen, fördern und/oder verarbeiten. Einige dieser Unternehmen sind neuerdings auch in Indizes gelistet und es gibt zugehörige ETFs oder Zertifikate. Dies sind relativ neue Finanzinstrumente, sodass mit Änderungen in deren Zusammensetzung und mit weiteren Entwicklungen und Emissionen permanent zu rechnen ist. Alle Angaben erfolgen ohne Gewähr. Die Erträge aus Kapitalanlagen wie Aktien, Fonds und Zertifikaten unterliegen natürlich der Abgeltungssteuer.

Vor einem Investment sollten Sie sich das Kurs-Gewinn-Verhältnis (KGV) eines Unternehmens genau anschauen. Ein KGV von 40 beispielsweise bedeutet, dass das Unternehmen gerade einmal 2,5 Prozent Gewinn bezogen auf den Aktienwert erwirtschaftet. Vor einer Beteiligung ist eine Bewertung des Unternehmens sehr sorgfältig, am besten unter Hinzuziehung eines Fachmanns, vorzunehmen. Die Problematik in der Beurteilung von Risiken und Chancen habe ich ausführlich in Kapitel 4 dargelegt. In den letzten Jahren sind viele neue Player auf den Hype Technologiemetalle und speziell Seltene Erden aufgesprungen. Alle benötigen Kapital und viele werben mit schwer nachvollziehbaren, übertrieben positiven Angaben.

Natürlich gibt es weltweit nicht nur Aktiengesellschaften, börsennotiert oder nicht, sondern auch viele Firmen mit anderen Gesellschaftsformen. Diese können wir hier nicht berücksichtigen.

Am Thema Interessierte müssen sich gut informieren und die Entwicklung sorgfältig beobachten. Empfehlungen kann dieses Buch nicht geben, ein Anleger sollte aber eine einmal getroffene Investitionsentscheidung ständig hinterfragen und eventuell korrigieren.

Es wird in den kommenden Jahren viele Veränderungen geben, Unternehmen werden kommen und gehen, sich zusammenschließen oder auch trennen und die Politik wird, nach Ländern und Möglichkeiten unterschiedlich, Einfluss nehmen.

Aktien

Aktiengesellschaften, die auch börsennotiert sind, gibt es viele. Nicht alle Aktien werden auch an deutschen Börsenplätzen gehandelt und viele von ihnen sind in anderen Bereichen unterwegs. Insofern ist eine Entscheidung für eine Investition auch eine Richtungsentscheidung für Ihren Anlagehorizont und Ihre Anlageziele: Wollen Sie in große Weltmarktführer, die breit aufgestellt sind, oder lieber in kleine, neue Gesellschaften mit der Hoffnung auf kurzfristig hohe Gewinne investieren?

Metall	Unternehmen	Land	WKN	Börse
Chrom	CHROMEX MINING PLC	GB	A0LAUU	BLN
	EURASIAN NATUREL RES. CORP.	GB	A0M9S2	FFM
Iridium	ADEX MINING INC.	CDN	A0MXC1	FFM
Kobalt	FORMATION METALS INC.	CDN	A0YEA0	FFM
	FORTUNE MINERALS LTD.	CDN	A0CAFV	FFM
	GEOVIC MINING CORP.	GB	A0LGDB	FFM
	KATANGA MINING LTD	GB	A0JKW3	FFM
Lithium	ADMIRALTY RES	AUS	A0B9TU	FFM
	AMERICAN LITHIUM MIN.	USA	A0N929	STG
	CANADA LITHIUM CORP.	CDN	A1C2JR	FFM

Metall	Unternehmen	Land	WKN	Börse
	FIRST LITHIUM RESOURCES	CDN	A0X8RC	FFM
	GALAXY RESOURCES LTD	AUS	A0LF83	FFM
	LATIN AMERICAN MINERALS	CDN	A0LF78	FFM
	LI3 ENERGY INC.	USA	A0YFFA	BLN
	LITHIUM CORP.	USA	A0YJFZ	STG
	LITHIUM ONE INC.	CDN	A0QYUB	FFM
	LOMIKO METALS INC.	CDN	A0Q9W7	FFM
	NEW WORLD RESOURCE CORP.	CDN	A0ETB6	FFM
	NORTH ARROW MINERALS	CDN	A0MRD5	FFM
	OROCOBRE LTD	AUS	A0M61S	FFM
	PAN AMERICAN LITHIUM	CDN	A0YJSY	FFM
	ROCK TECH LITHIUM INC.	CDN	A1CYGC	FFM
	RODINIA LITHIUM INC.	CDN	A1C1KB	FFM
	TNR GOLD LTD.	CDN	813049	FFM
Magnesium	ERAMET SA	F	892800	FFM
	GOSSAN RES LTD	CDN	904435	FFM
Mangan	COMPANIA MINERA AUTLAN B	MEX	A0Q1TP	FFM
	RED ROCK RES. PLC	GB	A0F60T	FFM
Niob	COMMERCE RESOURCES CORP.	CND	A0J2Q3	FFM
Tantal	COMMERCE RESOURCES CORP.	CDN	A0J2Q3	FFM
	GALAXY RESOURCES LTD.	AUS	A0LF83	FFM
	GIPPSLAND	AUS	851135	FFM
	MAGNUM MINING+ EXPLOR. LTD.	AUS	A0HG57	FFM

Metall	Unternehmen	Land	WKN	Börse
	TERTIARY MINERALS PLC	GB	794368	BLN
	WAR EAGLE MNG CO. INC.	CDN	A0BLDH	BLN
Vanadium	APELLA RESOURCES INC.	CDN	A0NJPC	FFM
	ENERGIZER RES. INC.	GB	A1CQW3	FFM
	LARGO RES LTD	CDN	A0LAXR	FFM
	REED RESOURCES LTD	AUS	722784	BLN
	WINDIMURRA VANADI-UM LTD	AUS	A0NAGJ	ETR
	VELLOW ROCK RES LTD	AUS	A0J2LV	FFM
Seltene Erden Aktien	ARAFURA RESOURCES LTD.	AUS	787896	FFM
	AVALON RARE METALS INC.	CDN	A0RF6R	FFM
	CHINA RARE EARTH HOLDINGS INC.	HK	590363	FFM
	GR.WEST.MIN.	CDN	886786	FFM
	LYNAS CORP. LTD	AUS	871899	FFM
	MOLYCORP INC.	USA	A1C2G7	FFM
	NAVIGATORS RES LTD	AUS	911185	FFM
	ORION METALS LTD	AUS	A0N9RJ	FFM
	QUANTUM RARE EARTH DEVEL.	CDN	A1CUNC	FFM
	QUEST RARE MIN.	CDN	A1CXPO	FFM
	RARE ELEMENTS RES. INC.	CDN	120701	FFM
	STANS ENERGY CORP.	CDN	A0RD0N	FFM
	TANTALUS RARE EARTH INH.	D	A0SMSL	FFM
	TASMAN METALS LTD	CDN	A0YGN1	FFM
	UCORE RARE METALS INC.	CDN	A1CO6Z	FFM

Auch in Frankfurt gelistet ist die in Kapitel 4, »Minen, Recycling« zitierte »Deutsche Rohstoff AG«, WKN A0XYG7, ISIN DE000A0XYG76

Indizes, ETFs, Zertifikate

Diese Finanzinstrumente sind bezogen auf Technologiemetalle relativ neu und einem permanenten Umbruch unterzogen. Vor allem kleinere Minenunternehmen müssen sich beweisen und so können sich Zusammensetzungen schnell ändern. Auch hier gilt wie bei Aktien: Anlagehorizont und Anlageziel müssen vor einer Entscheidung festgelegt werden. Und auch eine Entscheidung für ein Indexpapier in der Hoffnung auf Diversifikation und Risikostreuung anstatt eines Investments in einzelne Aktien entbindet nicht davon, sich weitere Informationen innerhalb einer selbst festgelegten Laufzeit einzuholen und zu bewerten.

Auch Indizes selbst können WKNs und ISINs haben, wenn sie gelistet sind und somit leichter aufgefunden werden. Sie können selbst aber nicht gehandelt werden, sondern nur Basis für Finanzprodukte sein.

Noch einmal zum Schluss der dringende Rat, sich bei einer Entscheidung für eines der oben genannten Investments nicht darauf auszuruhen, sondern die Entwicklung »seines« Papiers zu beobachten und sich permanent für die politischen und technischen Entwicklungen zu interessieren.

Zusammenfassung

Sie haben nun einiges an Informationen aufgenommen, falls Sie das ganze Buch gelesen haben. Ich hoffe, Sie waren nicht nur an den finanziellen Aspekten interessiert, sondern hatten auch Freude an den Geschichten, den Anekdoten, der Technik und den Entdeckern.

Forschung wird nun einmal nicht nur wegen der finanziellen Anreize der Ausübung politischer Macht betrieben. Nein, der Antrieb der Forschung ist die schlichte Neugierde des Menschen. Wie groß diese Neugier ist, zeigt eindrucksvoll das in Kapitel 6 beschriebene Forschungszentrum CERN, das Milliarden kostet und rein wissenschaftlichen Interessen dient. Gleiches gilt für die riesigen astronomischen Einrichtungen weltweit, mit denen die unermesslichen Tiefen des Weltraums erkundet werden. Dass hierbei oft auch Erkenntnisse für nutzbare Technologien entstehen, ist ein angenehmer Nebeneffekt, aber nicht das primäre Ziel dieser Forschungen.

Wer sich für das Thema interessiert, der muss also dranbleiben und sich permanent über alle verfügbaren Medien weiter informieren. Es lohnt sich, auch die Veränderungen in der Welt der Technik zu beobachten, denn man wird dort natürlich auf die Versorgungslage von Rohstoffen reagieren.

Den erforderlichen Rahmen mit den grundlegenden Daten habe ich Ihnen mit auf den Weg gegeben. Bei den Verlagsinformationen vorne im Buch finden Sie auch meine E-Mail-Adresse. Ich würde mich freuen, wenn Sie hiervon regen Gebrauch machen und mir für eine nächste Auflage Hinweise zukommen lassen.

Den letzten Absatz möchte ich gerne aus der Zusammenfassung von *Sicher mit Anlagemetallen* wiederholen, da er auch dieses Buch wunderbar abschließt:

Auch wer sich nur mit Grauen an Physik und Chemie in der Schule erinnert, wird sich der Informationen der Medienlandschaft über neue Technologien, die uns alle angehen, nicht verschließen können. Hierzu gehören nicht nur neue Anwendungen, die uns das Leben leichter machen, sondern insbesondere auch neue Technologien zur Energieeinsparung und der Entwicklung erneuerbarer Energien zum Wohle unseres blauen Planeten, der einzigartigen Erde. Alle sind mit Metallen verbunden.

Über den Autor

Mikael Henrik von Nauckhoff, Diplom-Ingenieur, geb. 1947 in Schweden, lebt und arbeitet in Frankfurt am Main:

- Maschinenbaustudium,
- Projektleiter, Vertriebsleiter und Geschäftsführer Anlagenbau.

In freiberuflicher Tätigkeit:

- Unternehmensberatung, Management auf Zeit bei Maschinenbauunternehmen,
- Leitung eines Finanzdienstleistungsunternehmens,
- freie Mitarbeit.